ANDREY FELIPE CÉ SOARES

A CULTURA E A ARTE NA ESCOLA E OUTRAS HISTÓRIAS...

HÁ POTÊNCIA NA ESCOLA PARA
CONSTITUIR-SE COMO UM
ESPAÇO CULTURAL E ARTÍSTICO
POR MEIO DA FORMAÇÃO
ESTÉSICA E DA MEDIAÇÃO CULTURAL

Editora Appris Ltda.
2.ª Edição - Copyright© 2024 do autor
Direitos de Edição Reservados à Editora Appris Ltda.

Catalogação na Fonte
Elaborado por: Dayanne Leal Souza
Bibliotecária CRB 9/2162

S676c 2024	Cé Soares, Andrey Felipe A cultura e a arte na escola e outras histórias... / Andrey Felipe Cé Soares. – 2. ed. – Curitiba: Appris, 2024. 251 p. : il. ; 21 cm. – (Coleção Educação, Tecnologias e Transdisciplinariedade). Inclui referências. ISBN 978-65-250-6703-2 1. Arte e educação. 2. Mediação - Cultura. 3. Antropologia educacional. 4. Cultura. 5. Arte. 6. Escolas. I. Cé Soares, Andrey Felipe. II. Título. III. Série. CDD – 370.13

Livro de acordo com a normalização técnica da ABNT

Appris editora

Editora e Livraria Appris Ltda.
Av. Manoel Ribas, 2265 – Mercês
Curitiba/PR – CEP: 80810-002
Tel. (41) 3156 - 4731
www.editoraappris.com.br

Printed in Brazil
Impresso no Brasil

ANDREY FELIPE CÉ SOARES

A CULTURA E A ARTE NA ESCOLA E OUTRAS HISTÓRIAS...

2ª EDIÇÃO

HÁ POTÊNCIA NA ESCOLA PARA CONSTITUIR-SE COMO UM ESPAÇO CULTURAL E ARTÍSTICO POR MEIO DA FORMAÇÃO ESTÉSICA E DA MEDIAÇÃO CULTURAL

Appris editora

Curitiba - PR
2024

FICHA TÉCNICA

EDITORIAL Augusto Coelho
Sara C. de Andrade Coelho

COMITÊ EDITORIAL

Ana El Achkar (Universo/RJ)
Andréa Barbosa Gouveia (UFPR)
Antonio Evangelista de Souza Netto (PUC-SP)
Belinda Cunha (UFPB)
Délton Winter de Carvalho (FMP)
Edson da Silva (UFVJM)
Eliete Correia dos Santos (UEPB)
Erineu Foerste (Ufes)
Fabiano Santos (UERJ-IESP)
Francinete Fernandes de Sousa (UEPB)
Francisco Carlos Duarte (PUCPR)
Francisco de Assis (Fiam-Faam-SP-Brasil)
Gláucia Figueiredo (UNIPAMPA/ UDELAR)
Jacques de Lima Ferreira (UNOESC)
Jean Carlos Gonçalves (UFPR)
José Wálter Nunes (UnB)
Junia de Vilhena (PUC-RIO)

Lucas Mesquita (UNILA)
Márcia Gonçalves (Unitau)
Maria Aparecida Barbosa (USP)
Maria Margarida de Andrade (Umack)
Marilda A. Behrens (PUCPR)
Marília Andrade Torales Campos (UFPR)
Marli Caetano
Patrícia L. Torres (PUCPR)
Paula Costa Mosca Macedo (UNIFESP)
Ramon Blanco (UNILA)
Roberta Ecleide Kelly (NEPE)
Roque Ismael da Costa Güllich (UFFS)
Sergio Gomes (UFRJ)
Tiago Gagliano Pinto Alberto (PUCPR)
Toni Reis (UP)
Valdomiro de Oliveira (UFPR)

SUPERVISORA EDITORIAL Renata C. Lopes

ASSESSORIA EDITORIAL Bruna Fernanda Martins

REVISÃO Jhary Artioll

DIAGRAMAÇÃO Nayara Stelmach de Melo

CAPA Tarliny da Silva

REVISÃO DE PROVA Sabrina Costa

FOTO DA CAPA Maggie Ziegler - Unsplash

COMITÊ CIENTÍFICO DA COLEÇÃO EDUCAÇÃO, TECNOLOGIAS E TRANSDISCIPLINARIDADE

DIREÇÃO CIENTÍFICA **Dr.ª Marilda A. Behrens (PUCPR)**   **Dr.ª Patrícia L. Torres (PUCPR)**

CONSULTORES

Dr.ª Ademilde Silveira Sartori (Udesc)

Dr. Ángel H. Facundo
(Univ. Externado de Colômbia)

Dr.ª Ariana Maria de Almeida Matos Cosme
(Universidade do Porto/Portugal)

Dr. Artieres Estevão Romeiro
(Universidade Técnica Particular de Loja-Equador)

Dr. Bento Duarte da Silva
(Universidade do Minho/Portugal)

Dr. Claudio Rama (Univ. de la Empresa-Uruguai)

Dr.ª Cristiane de Oliveira Busato Smith
(Arizona State University /EUA)

Dr.ª Dulce Márcia Cruz (Ufsc)

Dr.ª Edméa Santos (Uerj)

Dr.ª Eliane Schlemmer (Unisinos)

Dr.ª Ercilia Maria Angeli Teixeira de Paula (UEM)

Dr.ª Evelise Maria Labatut Portilho (PUCPR)

Dr.ª Evelyn de Almeida Orlando (PUCPR)

Dr. Francisco Antonio Pereira Fialho (Ufsc)

Dr.ª Fabiane Oliveira (PUCPR)

Dr.ª Iara Cordeiro de Melo Franco (PUC Minas)

Dr. João Augusto Mattar Neto (PUC-SP)

Dr. José Manuel Moran Costas
(Universidade Anhembi Morumbi)

Dr.ª Lúcia Amante (Univ. Aberta-Portugal)

Dr.ª Lucia Maria Martins Giraffa (PUCRS)

Dr. Marco Antonio da Silva (Uerj)

Dr.ª Maria Altina da Silva Ramos
(Universidade do Minho-Portugal)

Dr.ª Maria Joana Mader Joaquim (HC-UFPR)

Dr. Reginaldo Rodrigues da Costa (PUCPR)

Dr. Ricardo Antunes de Sá (UFPR)

Dr.ª Romilda Teodora Ens (PUCPR)

Dr. Rui Trindade (Univ. do Porto-Portugal)

Dr.ª Sonia Ana Charchut Leszczynski (UTFPR)

Dr.ª Vani Moreira Kenski (USP)

*Esta obra destina-se a todas as pessoas
que se comovem diante da beleza da vida e
da capacidade humana de sentir, de pensar e de criar histórias,
quer seja pela cultura, pela arte, pelo sensível, pelos saberes;
em um constante processo de devir e de potencialização
das forças e das zonas de expansão artística dentro ou fora da escola.*

AGRADECIMENTOS

Meus estésicos agradecimentos...

Aos meus pais amados, Ezequias (Quia) e Rosemary (Téia).

Ao meu noivo e companheiro de vida e alma, Luís Guilherme (GUI).

Aos afilhados amados, Kayo Matheus, Valenthina e Benjamim.

Aos amigos irmãos, Daniela e Marcelo; aos familiares de Itajaí/SC e de Gaspar/SC.

Enfim, a todos que, de uma maneira ou de outra, incentivaram-me e dedicaram um tempo de suas vidas para me enviar bons pensares ou um sorriso motivacional.

A todos, um abraço apressado, fraterno e sincero.

Nunca conheci quem tivesse levado porrada.
Todos os meus conhecidos têm sido campeões em tudo.

E eu, tantas vezes reles, tantas vezes porco, tantas vezes vil,
Eu tantas vezes irrespondivelmente parasita,
Indesculpavelmente sujo,
Eu, que tantas vezes não tenho tido paciência para tomar banho,
Eu, que tantas vezes tenho sido ridículo, absurdo,
Que tenho enrolado os pés publicamente nos tapetes das etiquetas,
Que tenho sido grotesco, mesquinho, submisso e arrogante,
Que tenho sofrido enxovalhos e calado,
Que quando não tenho calado, tenho sido mais ridículo ainda;
Eu, que tenho sido cômico às criadas de hotel,
Eu, que tenho sentido o piscar de olhos dos moços de fretes,
Eu, que tenho feito vergonhas financeiras, pedido emprestado sem pagar,
Eu, que, quando a hora do soco surgiu, me tenho agachado
Para fora da possibilidade do soco;
Eu, que tenho sofrido a angústia das pequenas coisas ridículas,
Eu verifico que não tenho par nisto tudo neste mundo.

Toda a gente que eu conheço e que fala comigo
Nunca teve um ato ridículo, nunca sofreu enxovalho,
Nunca foi senão príncipe - todos eles príncipes - na vida...

Quem me dera ouvir de alguém a voz humana
Que confessasse não um pecado, mas uma infâmia;
Que contasse, não uma violência, mas uma cobardia!
Não, são todos o Ideal, se os oiço e me falam.
Quem há neste largo mundo que me confesse que uma vez foi vil?
Ó príncipes, meus irmãos,

Arre, estou farto de semideuses!
Onde é que há gente no mundo?

Então sou só eu que é vil e errôneo nesta terra?

Poderão as mulheres não os terem amado,
Podem ter sido traídos - mas ridículos nunca!
E eu, que tenho sido ridículo sem ter sido traído,
Como posso eu falar com os meus superiores sem titubear?
Eu, que venho sido vil, literalmente vil,
Vil no sentido mesquinho e infame da vileza.

(Fernando Pessoa, 2013, p. 180)

Acreditar, não em um outro mundo,
mas no liame entre o homem e o mundo,
no amor ou na vida, acreditar nisso como no impossível,
no impensável, que, no entanto, só pode ser pensado:
'um pouco de possível, senão sufoco'.
(Gilles Deleuze, 2006)

APRESENTAÇÃO

Esta obra, intitulada *A arte e a cultura na escola...*, articula questões entre a cultura, a arte, a formação estésica, a mediação cultural e a escola. Tem o objetivo de problematizar a potência da escola como espaço cultural e artístico, de forma a discutir sua identidade a partir das possibilidades de mediações culturais e de formação estésica. A cultura e a arte na escola norteiam os olhares e os pensares até o reconhecimento de que existem encontros, agenciamentos e forças culturais que desencadeiam muitas outras histórias. Para esta pesquisa, foram escolhidas aquelas consideradas provocadoras de sentidos, de ampliação do olhar e de possibilidades de mediação cultural. Ao se pensar a escola, suas vivências promovidas dentro ou fora dela, ao buscar diferentes estudos e múltiplos olhares sobre esse espaço que se reconhece como o do conhecimento, e que, ainda, caminha para se autorreconhecer como um espaço sensível e cultural, é que se estabeleceu a ideia de que *há potência na escola para constituir-se como um espaço cultural e artístico por meio da formação estésica e da mediação cultural.* Para defender essa afirmação, foi preciso chamar ao palco um olhar misto, múltiplo, analítico, interpretativo, que apresentasse as descobertas, que compreendesse que há qualidades em vários espaços e sujeitos, que as imagens, as palavras e os signos falam por si, mas que também revelam o subjetivo, o intencional, o registro do processo, do movimento e das forças culturais. Nesse cenário, escritos, estudos, pesquisas e achados de alguns autores foram convocados: Deleuze, Guattari, Nietzsche, Schiller, Duarte Jr., Cuche, Coelho, Nóvoa, Paro, Barros, Neitzel, Carvalho, Martins, Pillotto etc. Este estudo está alicerçado na pesquisa exploratória e qualitativa, uma investigação no campo da educação concebida e realizada em estreita ação coletiva dos coordenadores pedagógicos das unidades de ensino de Itajaí, dos supervisores de gestão da Secretaria de Educação do Município de Itajaí e do próprio pesquisador – um contexto cooperativo e participativo. Como instrumentos metodológicos, este estudo contou com a aplicação de entrevistas e realização de rodas de conversa, visitas *in loco* às escolas, construção e análise de cartografias elaboradas pelos sujeitos, leitura e interpretação de documentos, bem como estudos teóricos de pesquisadores que representam uma fonte de encontros que permitiram considerar o movimento atual ou recente da escola da rede municipal de ensino e seus sujeitos sociais. A obra revela como resultado que há potência na escola para se tornar espaço de culturalização em parceria com outras instituições dedicadas à arte e a cultura, que ela é uma instituição cultural que se caracteriza como um espaço rico propício para a promoção da cultura artística. Além disso, a formação estésica pode, por meio do contato com a arte e as vivências culturais, possibilitar aos sujeitos o refinar de seus sentidos e de seu olhar. Um processo desencadeador de práticas estésicas, no campo da mediação cultural, por meio dos objetos propositores e dos sujeitos mediadores que perceberem as possibilidades de parceria com diferentes espaços culturais presentes no entorno da escola bem como com uma gestão e uma coordenação pedagógica mediadora. Por meio das cartografias, evidencia-se que há um relevante registro de acontecimentos artísticos e culturais nas escolas, assim como a formação estésica e a mediação cultural são partes integrantes e fundamentais na culturalização dos sujeitos, dos processos e na ressiginifação dos espaços da escola. Esta obra sinaliza que, por meio de posturas de curadoria estésica ou de proposição, a escola pode estabelecer parcerias com outros espaços e investir nas forças culturais que a identificam como espaço de cultura.

PREFÁCIO

REFLEXÕES SOBRE A EDUCAÇÃO ESTÉSICA E A MEDIAÇÃO CULTURAL

"Há potência na escola para constituir-se como um espaço cultural e artístico por meio da formação estésica e da mediação cultural." Essa é a premissa básica deste livro, construído com muitas mãos, entre elas, Duarte Jr., Martins, Schiller, Nietzsche, Deleuze, mas, sobretudo, as mãos dos pesquisadores do GP Cultura, Escola e Educação Criadora. Desde 2008, esse grupo vem pesquisando sobre a temática formação estética e, em 2013, enveredamos pela mediação cultural. O autor deste livro começou sua trajetória no grupo em 2009, quando, ao iniciar a pesquisa sobre coordenação pedagógica, descobre que uma das suas atribuições, que é a formação continuada dos professores, não contemplava a educação estética. Andrey encontra assim o caminho que deu origem a este livro: pesquisar acerca da educação estética na escola, com um olhar apurado sobre o coordenador pedagógico.

Explorar a potência cultural da escola por meio das artes e lançar o holofote sobre o professor e o coordenador pedagógico (assim como sobre o diretor/gestor) como propositores culturais e curadores estésicos foi a proposta. Muitos pensares sobre estesia e arte vão sendo tecidos paralelamente aos poemas de Manoel de Barros, à composição de Beto Cajueiro, às remissões a peças de teatro como *Leben des Galilei*, às obras visuais como a *Pietà* de Michelangelo, às tirinhas de Vettore, a filmes como *Samsara,* cuja direção é de Ron Fricke. Andrey quer nos afetar com essas obras, porque não basta falar de arte, é preciso desejá-la, vivê-la. Deixar-se afetar por ela. Assim, buscando respaldo em Schiller, Andrey afirma que há a necessidade de a escola ser um espaço de cultura para o desenvolvimento de um gosto cultivado pelo contato com as artes, apostando no refinamento estético do sujeito, e na "constituição de um espírito livre na possibilidade de reverter-se a postura de rudeza inerente a cada ser humano."

Mas como a escola pode explorar sua potência cultural? Andrey – ao dialogar com Martins e Duarte Jr. – sugere que apostemos na mediação cultural que convida à estesia. Mediar, para o autor, é provocar o outro a perceber o mundo por outros olhares, a aguçar nossos sentidos para que possamos ouvir, apalpar e sentir, ampliando nossas percepções de mundo. Assim, chegamos à conclusão de que mediar é promover encontros, um convite a sentir o mundo, à estesia, entrelaçando assim dois conceitos, a mediação e a educação estética.

Em seu diálogo com Deleuze, Andrey descobre que a arte é sempre um acontecimento, e, como tal, nos afeta. Sim, fala-se aqui também dos afetos. Nossas crianças precisam ser afetadas pelas artes, e nós, educadores, precisamos compreender que não há aprendizagem que se efetiva apenas pela razão, apreendemos o mundo pelos sentidos e não podemos excluir nossos afetos de nossas vivências na escola. Por isso a potência da escola está na formação estésica e na mediação cultural. É este o percurso que Andrey nos convida a trilhar: discutir a arte pelo viés da vivência artística, explorando o sensível, colocando foco na potência cultural da escola. E o faz de forma inovadora: propondo rizomas. Uma grande contribuição, sem dúvida, para a educação e para as artes. Uma proposta ousada, mas, sobretudo, estésica.

Dra. Adair de Aguiar Neitzel
Doutora em Literatura pela UFSC
(Univali)

SUMÁRIO

INTRODUÇÃO

PARA INÍCIO DA CONVERSA...

Eu acho que buscar a beleza nas palavras
é uma solenidade de amor. E pode ser instrumento de rir.
[...] Comecei a não gostar de palavra engavetada.
Aquela que não pode mudar de lugar.
Aprendi a gostar mais das palavras pelo que elas entoam
do que pelo que elas informam [...].
(Manoel de Barros)

Assim ecoa minha vida! Pelas palavras, pelos sentidos, pelos olhares! Nasci na cidade de Balneário Camboriú e, poucos dias depois, já estava em casa, em Itajaí/SC, no seio familiar que amo tanto, contexto em que aprendi os primeiros passos e a balbuciar as primeiras palavras. Nunca fui de cousas tradicionais. Sempre busquei nos sentidos, nas artes, na criatividade, uma forma de ver o mundo e seus encantos. Logo, percebi que muito havia, ainda, a ser vivenciado, conquistado, desbravado! O mundo convidara-me a viver! As artes envolviam-me intensamente!

Cedo, percebi que "brincar com as palavras" – quando fazia de conta que era professor –; que criar figurinos e personagens para as peças teatrais com os primos; que correr pela rua, inventando estafetas; que o meu deslumbrar com as cores dos programas infantis, encantavam-me! Fato! Nunca gostei da escola tradicional, e, por um olhar apurado de mamãe, fui inserido em um ambiente escolar rico em experiências artísticas, uma instituição educacional que ofertara vivências que me possibilitaram ser este homem sensível, sincero e deveras ingênuo!

Ao reler o poema *Cabeludinho*, de Manoel de Barros (2008), tive a grata satisfação em encontrar na epígrafe deste capítulo palavras desse renomado escritor que me convidaram a repensar toda uma trajetória acadêmica, profissional e, em especial, de vida! Sim, sou pesquisador, estudante, leitor, professor, coordenador pedagógico e ser humano! Um ser repleto de sonhos, de desafios, de conquistas e de pensamentos que me inquietam diariamente! Já disse: sou ser humano! Passível de erros e acertos! Certezas? Bom, elas duram pouco, pois, na minha busca incessante de novos saberes, de novas vivências, de novas culturas, aprendi que, quanto mais leio e estudo, menos sei! Que bom! Pois não almejo saber tudo, mas tenho sede de tudo!

Assim, vivendo, sonhando com uma vida melhor e buscando novos saberes nos livros, fui me encantando pelas palavras, que de informadoras passaram a me envolver em leituras literárias e acadêmicas que, rapidamente, trataram de convidar-me a viajar pelo mundo para conhecer as diferentes culturas tão citadas nos textos que ora me formavam como cidadão. Inevitavelmente, as palavras conduziram-me cada vez mais aos estudos e levaram-me à situação de doutorando em Educação. Pelo contato com as artes, sensibilizei-me, formei-me esteticamente e, hoje, reconheço que continuo em pleno processo de humanização e de culturalização. Quem diria, por meio do encantamento com as palavras, das artes e dos estudos, este filho de caminhoneiro e de costureira empreendedora chega ao doutorado, ao desenvolvimento de pesquisas cujos resultados contribuirão para a formação estésica[1] dos sujeitos interessados em saber mais sobre o processo de humanização e culturalização.

---

[1] Por meio da formação estética, os sujeitos encontram-se inseridos em pleno desenvolvimento do conhecimento sensível, seja por meio da música, da literatura, do teatro, da dança ou do cinema. Em contato com as diferentes linguagens artísticas – visuais, cênicas, musicais –, o sujeito educa-se, humaniza-se, sensibiliza-se, amplia seu repertório perceptivo e passa a ver o mundo por outras óticas. Na formação estésica, há um elo entre o cognitivo e o conhecimento sensível.

A idealização desta obra é desencadeada pós doutoramento, e surge dessa sede pelo saber, com o desenvolvimento da pesquisa de mestrado e na sequência de doutorado. Na ocasião do mestrado, encontrava-me atuante na função de supervisor escolar, com a carga horária de 40 horas semanais, no ensino fundamental de nove anos, no Centro Educacional Professor Cacildo Romagnani (Caic), pertencente à rede municipal de ensino de Itajaí, onde sou efetivo até os dias de hoje. Quem diria, a brincadeira de escolinha no quintal de casa, o encantamento com as palavras por meio das mais variadas linguagens artísticas, virou coisa séria! Pelos livros e com bons educadores, mergulhei nos estudos, fui provocado a pesquisar, a experimentar; e, assim, tão jovem, vi-me professor. Vi-me coordenador pedagógico, envolto em um contexto com inúmeras dificuldades para cumprir com as funções pedagógicas e administrativas delegadas ao supervisor escolar[2]. O menino sonhador, que brincava com as palavras e desbravava o mundo, agora era um gestor do processo de ensino-aprendizagem, inquieto frente à uma escola ainda tradicional e que tinha sede de cultura, e que, por meio da parceria com seus professores, se aventurara por experiências artísticas.

Com o desenvolvimento da dissertação de mestrado (Sé Soares, 2012), ao analisar as ações do coordenador pedagógico e suas relações com a legislação vigente, com a gestão escolar, foi possível trazer à tona a necessidade de uma Educação Estética. Como resultados, observei que: a) a gestão escolar pode dificultar as ações do coordenador pedagógico, e uma solução é investir em um trabalho relacional e complementar entre os especialistas; b) a nomenclatura "coordenação pedagógica" é indicada como a melhor a ser adotada pela rede municipal de ensino de Itajaí; c) os coordenadores pedagógicos precisam assumir a corresponsabilidade da elaboração, da execução e da reelaboração do Projeto Político Pedagógico; d) a substituição do professor ausente deve

---

[2] Na rede municipal de ensino de Itajaí, o coordenador pedagógico é denominado como supervisor escolar.

A ARTE E A CULTURA NA ESCOLA...
HÁ POTÊNCIA NA ESCOLA PARA CONSTITUIR-SE COMO UM ESPAÇO CULTURAL E ARTÍSTICO POR MEIO DA
FORMAÇÃO ESTÉSICA E DA MEDIAÇÃO CULTURAL

23

ser percebida pelo coordenador pedagógico como uma oportunidade de ação diagnóstica que norteará as intervenções pedagógicas individuais e coletivas; e) há necessidade de uma educação estética para os coordenadores, docentes e discentes, com o intuito de ampliar seu olhar, sua percepção, sua criatividade e sua sensibilidade. Dessa monta, a dissertação permitiu repensar as ações do coordenador e como este pode proporcionar momentos de reflexão frente ao processo de ensino e aprendizagem.

Estava, assim, plantada a semente! Era chegada a hora de dar sequência aos estudos qualitativos frente à função que exercia na sistematização do trabalho pedagógico da escola pública – a coordenação pedagógica –, fato que possibilitou a este pesquisador perceber que: *algumas perguntas estavam em pauta! Tantas perguntas! Tantas palavras engavetadas.*

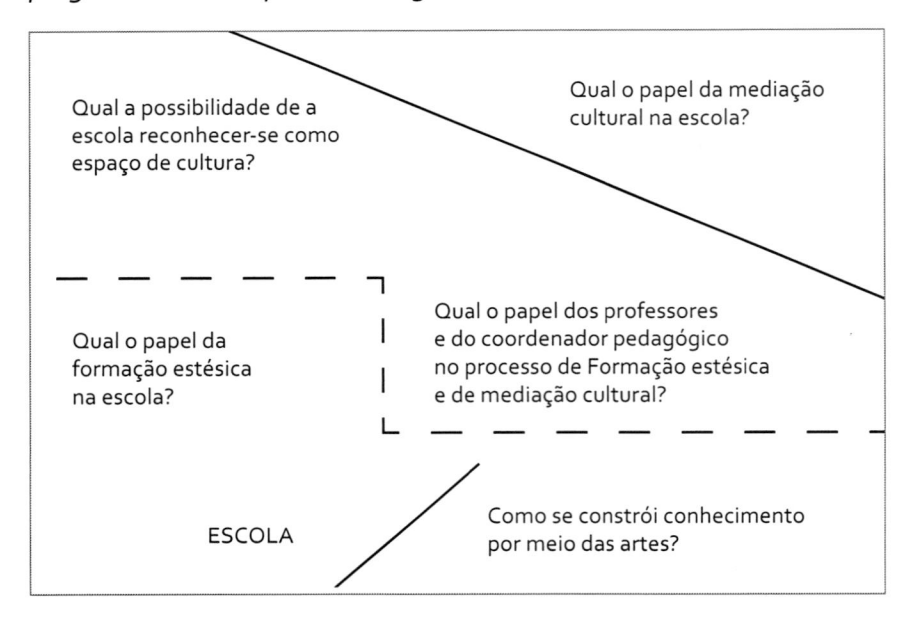

FIGURA 1: PERGUNTAS NORTEADORAS
FONTE: Elaborada pelo autor para fins de pesquisa

Pensando e repensando essas perguntas, compreendi que, para constituir uma escola mais sensível, era preciso investir cada vez mais em sua formação estética, continuar a pesquisar e a experimentar, assim como ampliar essa possibilidade a todos os interessados em potencializar o ambiente escolar. Diante desse cenário e buscando desengavetar as palavras, idealizei uma pesquisa que respondesse às perguntas em questão e, para tanto, estabeleci o propósito de responder ao seguinte questionamento:

A escola é um espaço cultural?

Pensar a escola, suas vivências promovidas dentro ou fora do espaço escolar, convida-nos a buscar diferentes estudos e múltiplos olhares sobre esse espaço que se reconhece como científico, e que ainda caminha para se autorreconhecer como um espaço sensível e cultural. Com base nesse e em outros tantos olhares que ainda serão apresentados ao longo do texto, apresento a ideia de que:

Há potência na escola para constituir-se como um espaço cultural e artístico, por meio da formação estésica e da mediação cultural.

Tecendo a caminhada metodológica: A pesquisa exploratória

Hoje eu atingi o reino das imagens, o reino da despalavra.
Daqui vem que todas as coisas podem ter qualidades humanas.
Daqui vem que todas as coisas podem ter qualidades de pássaros.

A ARTE E A CULTURA NA ESCOLA...
HÁ POTÊNCIA NA ESCOLA PARA CONSTITUIR-SE COMO UM ESPAÇO CULTURAL E ARTÍSTICO POR MEIO DA FORMAÇÃO ESTÉSICA E DA MEDIAÇÃO CULTURAL

25

Daqui vem que todas pedras podem ter qualidades de sapo.
Daqui vem que todos os poetas podem ter qualidades de árvore.
Daqui vem que os poetas podem arborizar os pássaros.
Daqui vem que todos os poetas podem humanizar as águas.
Daqui vem que os poetas devem aumentar o mundo com as suas metáforas.
Que os poetas podem ser pré-coisas, pré-vermes, podem ser musgos.
Daqui vem que os poetas podem compreender o mundo sem conceitos.
Que os poetas podem refazer o mundo por imagens, por eflúvios, por afeto.

(Barros, 2015, p. 117)

Um olhar misto, múltiplo, analítico, interpretativo, diferente, que compreenda que há qualidades em vários lugares e sujeitos, que as imagens, as palavras e os signos falam por si, mas que também trazem à tona o subjetivo, o intencional, o registro do processo, do movimento, das zonas de expansão, dos agenciamentos e das aproximações. Assim, esta obra está alicerçada na pesquisa exploratória, uma investigação no campo da Educação que é concebida e realizada em estreita ação coletiva – os coordenadores pedagógicos das unidades de ensino, os supervisores de gestão da Secretaria de Educação –, na qual os pesquisadores e os participantes representativos do contexto estão envolvidos de modo cooperativo e participativo.

Com base nos estudos de Gil (2007), posso afirmar que a pesquisa exploratória visa proporcionar maior familiaridade com o problema, com vistas a torná-lo mais explícito ou a construir hipóteses. Geralmente, envolve: (a) levantamento bibliográfico; (b) entrevistas com pessoas que tiveram experiências práticas com o problema pesquisado; e (c) análise de exemplos que estimulem a compreensão.

Nesse caso, o objeto da pesquisa exploratória é uma condição social situada em conjunto, que ultrapassa a lógica de variáveis isoladas que se poderiam categorizar ou analisar independentemente do resto. Os dados levantados são de extrema relevância, por considerarem o presente, o movimento atual ou recente da escola, da rede municipal de ensino de Itajaí e seus sujeitos sociais; um processo que permite a todos os envolvidos assumirem o papel de investigador em uma atitude participativa. Há de considerarmos que, quando o autor da obra participa da ação – da pesquisa como quem pesquisa, mas que também é objeto de investigação –, ele traz consigo uma série de conhecimentos que são matéria-prima da análise reflexiva sobre a realidade e os elementos que a integram. A reflexão sobre a própria prática – neste caso, da escola, da rede e da coordenação pedagógica – implica em modificações no conhecimento do pesquisador e do ambiente em que atua. Segundo Kastrup (2008, p. 465): "O ponto central nestas discussões é que processo de produção de conhecimento não se separa de uma transformação do objeto que é investigado".

Esta obra, portanto, trata de uma pesquisa exploratória de cunho educacional. A pesquisa exploratória possui perfil potencializador na sistematização de estudos com auxílio de parceiros em um olhar de coletividade, integrando seu próprio contexto, procedimentos de coleta e análise que permitem uma problematização profunda, ampla e compromissada, bem como articulando os diferentes olhares sobre o mesmo contexto ou situação.

As evidências apresentadas ao longo deste estudo estão diretamente ligadas à trajetória de interpretação dos dados coletados sistematicamente, os quais constituem um território de conceitos revisitados e de novos saberes. O saber não é uma coisa que flutua no espaço, "[...] o saber dos professores é o saber

A ARTE E A CULTURA NA ESCOLA...
HÁ POTÊNCIA NA ESCOLA PARA CONSTITUIR-SE COMO UM ESPAÇO CULTURAL E ARTÍSTICO POR MEIO DA
FORMAÇÃO ESTÉSICA E DA MEDIAÇÃO CULTURAL

27

deles e está relacionado com a pessoa e a identidade, com a sua experiência de vida e com a sua história profissional, com as suas relações com os alunos [...]" (Tardif, 2012, p. 11).

O saber... que outro *"objetivo qualquer"* teria este coordenador pedagógico de escola pública e pesquisador, senão o de problematizar o campo das relações que se dá entre o que acontece na escola por meio da prática pedagógica, da formação, do contato com a arte e o que os estudos científicos da academia apontam? Com certeza, o objetivo de aprofundar o estudo sobre a formação estésica. Sim, pois, ao realizar um estudo organizado frente a uma questão problema nascida dos anseios de um coordenador pedagógico, pretendi saber cada vez mais, e qualitativamente, sobre a trajetória de formação do sensível, possível e necessária para o contexto escolar.

Segundo Stake (2011, p. 23):

> O pensamento qualitativo é muito mais e está misturado a todas as etapas do trabalho científico. [...] é uma mescla dos pensamentos quantitativos e qualitativos. [...] é investigação, um estudo deliberado, uma busca pela compreensão.

Esse tipo de estudo tornou-se historicamente profissional pelo foco, pelos critérios e pelos valores claros que o caracterizaram como um estudo de credibilidade; uma vez que é interpretativo, possibilitando aos leitores e, principalmente, ao pesquisador um aprendizado triangulado, com grandes evidências assertivas e interpretações redundantes. Nessa perspectiva, este estudo caracteriza-se na abordagem qualitativa, por via do desenvolvimento de pesquisa norteada por uma problemática decorrente de questionamentos já apresentados neste início de conversa e que desencadearam a elaboração do seguinte objetivo geral:

Problematizar a potência da escola como espaço cultural e artístico, de forma a discutir sua identidade a partir das possibilidades de mediações culturais e de formação estésica.

Para alcançar o objetivo geral desta pesquisa, tracei os seguintes objetivos específicos:

- identificar concepções de cultura, movimento e formação cultural, formação estésica e mediação cultural;

- discutir como a escola pode potencializar sua identidade de espaço cultural e artístico;

- mapear o que ocorre no processo de culturalização do espaço escolar;

- analisar quais são as ações de promoção, de formação, de difusão e de circulação que fortalecem a identidade cultural e artística do espaço escolar;

- identificar qual o papel do professor, do coordenador pedagógico e da gestão no processo de formação estésica e de mediação cultural.

Esses objetivos traçam a trajetória desta pesquisa e, para tanto, no intuito de levantar evidências teóricas e filosóficas que sustentam esta obra delimitada, fiz uso de análise profunda dos dados quali-quanti, coletados de forma mista e que serão detalhados a seguir. Os achados estão apresentados na lógica de uma escrita científica, que se dedica a trabalhar com cartografias produzidas pelos sujeitos da pesquisa durante a coleta de dados, a fim de mapear, refletir, validar ou trazer à tona as zonas de expansão, os agenciamentos, conceitos, as ideias ou concepções identificadas ao longo da investigação e que servem de matéria prima para a problematização que ora se propõe.

A ARTE E A CULTURA NA ESCOLA...
HÁ POTÊNCIA NA ESCOLA PARA CONSTITUIR-SE COMO UM ESPAÇO CULTURAL E ARTÍSTICO POR MEIO DA
FORMAÇÃO ESTÉSICA E DA MEDIAÇÃO CULTURAL

29

A pesquisa científica implica em um conjunto ordenado de procedimentos de busca por agenciamentos, etapas comprometidas com o objeto de estudo, aproximações e distanciamentos, e que, por isso, constituem um campo de estudo exploratório profundo e sistematizado. A pesquisa qualitativa permitiu a esta obra um olhar profundo da "caixa cultural" da escola, um caminhar investigativo que perpassou pelos conteúdos, pelos procedimentos educacionais, pelo funcionamento das instituições escolares, chegando ao campo das relações sociais, ao processo de culturalização da escola, à possível mediação cultural e necessidade da formação estésica.

> Tudo isso levará tempo e não poderá ser feito sem levar em conta a realidade das práticas, das pessoas, das organizações, das políticas educacionais, do estado dos saberes, dos mecanismos de poder e do território dos atores. (Perrenoud, 2001, p. 166).

Uma pesquisa exploratória possibilita ao pesquisador um conhecimento aprofundado sobre a temática, neste caso, a constituição da escola como espaço cultural. Ela é também apropriada para esta obra, pois compreende estágios importantes para o sucesso da pesquisa: a familiaridade com o tema, o conhecimento resultante de uma coleta sistematizada dos dados, a compreensão do "fenômeno", a clarificação de conceitos, a construção de saberes pertinentes à questão-problema. Além disso, auxilia no desenvolvimento ou criação de hipóteses explicativas de fatos bem como na determinação de variáveis relevantes para o sucesso dos resultados que foram levantados.

Apresento reflexões frente às leituras no campo da educação, da arte, da cultura e da história da educação, bem como escritos resultantes de contraposições e de convergências diante de textos filosóficos de Deleuze e Guattari (2013) e Nietzsche (2015), com o intuito de fundamentar a análise e a escrita que considera os rizomas e as cartografias como meios de identificar as zonas de expansão cultural bem como para compreender o conceito de potência que ora utilizo para defender a obra de que a escola pode vir a ser um espaço de afetamentos, estranhamentos e agenciamentos artísticos de grande intensidade.

Ao longo do texto, também travei uma interlocução com os estudos teóricos de Gauthier e Mellouki (2004), Cuche (2002), Teixeira (2008), Nogueira (2008) e Uriarte (2015), quando abordei a relação da cultura com a arte. Nos demais capítulos, Arroyo (2013), Paro (2011) e Tardif (2012) permitem-nos entender o currículo escolar e suas múltiplas possibilidades da inter e da transdisciplinaridade, por meio das diferentes manifestações artísticas. Meira (2003), Duarte Jr. (2010) e Neitzel e Carvalho (2012, 2015) são chamadas a contribuir com este pesquisador para desvendar a lógica da estesia, assim como Martins (2014a, 2014b), Martins e Picosque (2012) e Darras (2009), os quais contribuem com os estudos voltados à mediação cultural.

Esta obra empenha-se em cumprir com o seu papel de propor aproximações teóricas, distanciamentos conceituais, afetamentos artísticos, estranhamentos filosóficos e agenciamentos potencializadores identificados nas cartografias construídas pelos sujeitos da pesquisa – coordenadores pedagógicos e supervisores de gestão – e que representam o movimento cultural da rede municipal de ensino de Itajaí bem como a constituição da identidade da escola como um espaço cultural. Um estudo sistemático e profundo que estabeleceu procedimentos metodológicos mistos que seguem a lógica de três importantes movimentos: o primeiro, também chamado de início de caminhada, que contemplou reuniões com a Secretaria de Educação, a aplicação de entrevistas com os sujeitos, visitas às 11 escolas e uma pré-análise das respostas; e, na sequência, o segundo movimento, que envolveu novamente os sujeitos da pesquisa em dois encontros cartográficos – por meio da realização de rodas de conversa. Acredita-se

A ARTE E A CULTURA NA ESCOLA...
HÁ POTÊNCIA NA ESCOLA PARA CONSTITUIR-SE COMO UM ESPAÇO CULTURAL E ARTÍSTICO POR MEIO DA
FORMAÇÃO ESTÉSICA E DA MEDIAÇÃO CULTURAL

31

que há potência na coleta de dados realizada por meio da roda de conversa, em especial, o ganho para os pesquisados, pois efetiva a possibilidade de diálogo e de reflexão, permitindo a todos os envolvidos uma compreensão aprofundada do tema em pauta.

A socialização das experiências de forma oral, via posicionamento dos sujeitos no grupo, e a troca de informações podem ser consideradas como uma vivência significativa e formadora de opiniões; além da riqueza de análise decorrente da abundância de material coletado. A roda de conversas é considerada um procedimento de coleta de dados qualitativo por excelência, que está alicerçado em uma proposta compreensivista e construcionista. Realizar uma roda de conversas consiste em reunir um ou mais grupos de sujeitos da pesquisa, que possuam amplo conhecimento e contato com o tema em questão, que, via mediação do pesquisador, discutem a respeito de temáticas em comum, com auxílio de imagens, questionamentos, frases ou vídeos. As verbalizações utilizadas nas pesquisas geralmente são áudio-gravadas e transcritas posteriormente, servindo de documento para o desenvolvimento da pesquisa em andamento.

Os dados qualitativos coletados na roda de conversas serviram de matéria-prima para o terceiro movimento que abordou a constituição da escola como um espaço cultural, movimento este que se dedicou ao tratamento dos dados via análise de conteúdos encontrados nos discursos e nos documentos coletados, ou seja, as cartografias. Vale ressaltar que uma análise de conteúdos está focada no tratamento de informações coletadas por meio de técnicas variadas, destinadas a registrar diferentes pensares sobre uma temática em questão. O objetivo em pauta consiste em decodificar documentos discursivos ou visuais, com o intuito de identificar os significados. Trata-se, especialmente, da análise das mensagens contidas no texto, seja ele escrito ou verbal. Para Franco (2008, p. 12), "[...] o ponto de partida da análise de conteúdo é a mensagem, seja ela verbal (oral ou escrita), gestual, silenciosa, figurativa, documental ou diretamente provocada". Necessariamente, ela expressa um significado e um sentido. Desse modo, um procedimento que permite reconstruir indicadores, valores, atitudes, opiniões, conceitos e estereótipos. Isso porque todo texto traz consigo a representação e a expressão de uma comunidade. Franco (2008, p. 25) enfatiza ainda que

> [...] toda mensagem falada, escrita ou sensorial contém, potencialmente, uma grande quantidade de informações sobre seu autor: suas filiações teóricas, concepções de mundo, interesses de classe, traços psicológicos, representações sociais, motivações, expectativas etc.

Assim, o resultado de uma análise de conteúdo é o que precisa ser problematizado, pois contém registros de eventos, valores, regras e normas, entretenimento e traços do conflito e do argumento. Enfim, o conteúdo traz consigo informações sobre o autor da verbalização e seu contexto social. Para melhor compreender a trajetória metodológica, trazemos a figura 2, a seguir.

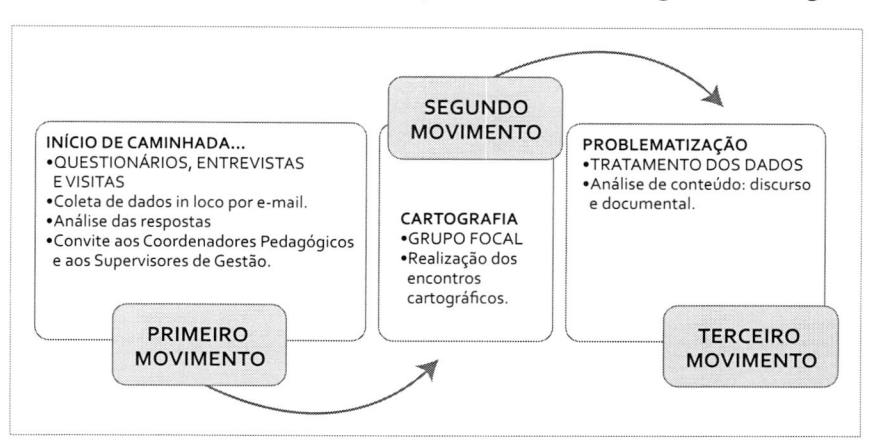

FIGURA 2: QUANTO AOS PROCEDIMENTOS METODOLÓGICOS

FONTE: Elaborada pelo autor para fins de pesquisa

A ARTE E A CULTURA NA ESCOLA...
HÁ POTÊNCIA NA ESCOLA PARA CONSTITUIR-SE COMO UM ESPAÇO CULTURAL E ARTÍSTICO POR MEIO DA FORMAÇÃO ESTÉSICA E DA MEDIAÇÃO CULTURAL

33

A seguir, descortinarei o perfil dos sujeitos da pesquisa e detalharei os procedimentos metodológicos, bem como dedicarei-me a apresentar alguns dos dados que foram tratados e que constituem um vasto campo de achados.

Uma parceria com os sujeitos da pesquisa

Os sujeitos da pesquisa constituem-se nos coordenadores pedagógicos que atuam nas escolas do ensino fundamental e nos supervisores de Gestão Escolar que atuam na Secretaria de Educação. Ambos os grupos pertencem à rede municipal de ensino de Itajaí. Essa rede pública de ensino atende desde a educação infantil até a educação de jovens e adultos. Para este estudo, estabeleci um recorte do público em questão e optei por envolver os sujeitos que realizam suas atividades com o ensino fundamental de nove anos, que coordenam, em parceria com a comunidade escolar, o pedagógico das escolas.

Optei pela inserção dos dados coletados com os sujeitos da escola, no intuito de especificar quais são as ações de promoção, formação, difusão e circulação da cultura no espaço escolar, bem como identificar a frequência e a sistematização dedicada ao processo de culturalização. Nesse contexto, algumas inquietações apresentadas anteriormente tomaram corpo para o desenvolvimento desta pesquisa, perguntas que auxiliaram na apresentação de uma escrita que propõe aproximações, diálogos e o estabelecimento de relações entre o que acontece na escola e a potencialização do perfil cultural das escolas e, consequentemente, da rede municipal de ensino em questão.

O tempo passou muito rápido e, em uma fração de segundos, me dei conta que esta caminhada, que iniciou em março de 2013, chegou à etapa de coleta de dados com os sujeitos da pesquisa.

Optei por uma forma de levantamento dos dados mista, pois acredito que: "A principal razão para optar pelos métodos mistos é, certamente, melhorar a qualidade das evidências" (Stake, 2011, p. 141). A seguir, os métodos adotados.

Após reunião com a coordenação técnica da Secretaria de Educação, todos os coordenadores pedagógicos das escolas que compõem o ensino fundamental da rede municipal de ensino de Itajaí foram convidados a responder a um questionário via *e-mail* até o final de agosto de 2015. Esse questionário foi inicialmente testado no formato de piloto com três pesquisadores. Todos os sujeitos da pesquisa foram devidamente informados sobre os objetivos da pesquisa, desde o secretário da Educação, a coordenadora técnica da Secretaria de Educação e os gestores (diretores escolares) até os coordenadores pedagógicos que assinaram os termos de esclarecimento e consentimento, bem como lhes foi garantido a retirada dos dados a qualquer momento, zelando pelo direito legal de cada sujeito com esta investigação.

Dos 49 questionários enviados para os coordenadores pedagógicos, retornaram 11 respondidos que foram criteriosa e sistematicamente analisados. Os pensares a respeito foram problematizados à luz do arcabouço teórico e apresentados tanto no olhar quantitativo como na constituição de um aporte qualitativo encontrado nos registros das falas individuais, mas que representaram o movimento cultural e artístico de uma rede de ensino. Para traçar um diálogo entre os olhares da escola e o da Secretaria de Educação, após reunião com a Diretoria de Ensino Fundamental, em meados de agosto de 2015, também apliquei um questionário com os supervisores de sestão e o supervisor de programas educacionais, que foram analisados e apresentaram importantes contribuições para a problematização a qual esta obra se dedica.

Tracei o perfil dos sujeitos que se constituem em um grupo diverso, visto que participam dois subgrupos que se convergem e divergem nas ideias, o que, para esta pesquisa que considera as

A ARTE E A CULTURA NA ESCOLA...
HÁ POTÊNCIA NA ESCOLA PARA CONSTITUIR-SE COMO UM ESPAÇO CULTURAL E ARTÍSTICO POR MEIO DA
FORMAÇÃO ESTÉSICA E DA MEDIAÇÃO CULTURAL

35

múltiplas qualidades e olhares, é uma característica importante, pois não almejava categorizar ou engavetar reflexões, pelo contrário, esta obra está pautada na multiplicidade. Com base nos estudos de Deleuze e Guattari (2013; 2014) – terreno fértil para uma análise diferenciada e qualitativa, que estabelece encontros e desencontros entre os dados coletados –, obteve-se um modo de olhar para o objeto de pesquisa sem estabelecimento de comparações ou hierarquização, mas de forma a considerar que há muitos movimentos a serem identificados e analisados no processo de potencialização cultural da escola que perpassam desde os sujeitos até os múltiplos caminhos a serem adotados individual ou coletivamente no fazer escolar.

Um dos subgrupos de sujeitos fora formado por representações dos 49 coordenadores pedagógicos, dos quais 11 responderam ao questionário e compareceram ao encontro cartográfico. Na qualidade de pesquisador, no momento da visita, reforcei o convite tanto para responderem ao questionário como para participarem do encontro, oportunidade em que foi assinado o termo de consentimento. Com base nas informações tabuladas e analisadas com vistas aos questionários respondidos, esse primeiro subgrupo caracteriza-se como um grupo de 11 coordenadores pedagógicos, sendo todos efetivos, atuando 40 horas semanais e com tempo de serviço entre 6 e 26 anos, com destaque para um iniciante no município de Itajaí, e um às vésperas da aposentadoria. Dentre eles, 90,9% são do sexo feminino e 50% encontram-se acima de 45 anos. Todos são habilitados para o exercício da função e procuraram complementar seus estudos nas seguintes pós-graduações em nível de especialização: Supervisão Escolar, Gestão Escolar, Psicopedagogia, Pedagogia Escolar (Orientação Educacional, Supervisão Escolar e Administração Escolar), Pré-Escolar, Educação Popular e Movimentos Sociais, Psicologia Escolar, Educação Brasileira e

História. A grande maioria já concluiu mais de duas especializações, e um deles, o mestrado em Educação Ambiental; o que demonstra ser um grupo que reconhece a importância de continuar seus estudos na área da educação.

O outro subgrupo é constituído pelos cinco supervisores de gestão e um supervisor de programas educacionais, que trabalham provisoriamente na Secretaria de Educação, pois estão designados para a função – cargos comissionados. Dentre eles, na função concursada, encontramos dois que são supervisores escolares, um orientador educacional, e os outros três são professores de sala de aula, sendo um da educação infantil e dois dos anos iniciais do ensino fundamental. Do total, cinco atuam sistematizando junto aos diretores de escola o processo de gestão, e um representa o Programa Cultura e Travessura – uma inciativa da Secretaria da Educação para possibilitar o contato com apresentações artísticas. Todos são efetivos – concursados, no momento da coleta dos dados. A sua maioria está entre 10 e 25 anos de vínculo com a rede municipal de ensino de Itajaí e, juntamente a uma Coordenadoria e uma Diretoria de Ensino Fundamental, eles acompanham o fazer pedagógico e administrativo das escolas. Por meio das respostas apresentadas no questionário, é possível identificar que todos são licenciados e habilitados para o fazer pedagógico, de acordo com a LDB 9394/96, e que investiram em sua formação por meio de pós-graduações em nível de especialização, um deles com mestrado em Educação concluído em 2012, e dois participando como alunos especiais.

As perguntas realizadas para ambos os grupos de sujeitos da pesquisa foram as mesmas e visaram identificar quais vivências artísticas estiveram presentes na trajetória cultural pessoal. A intenção não foi apresentar um paralelo entre um grupo e outro; tratou-se especialmente em considerar olhares tanto do órgão gestor como dos gestores do pedagógico da escola pública. Desse

A ARTE E A CULTURA NA ESCOLA...
HÁ POTÊNCIA NA ESCOLA PARA CONSTITUIR-SE COMO UM ESPAÇO CULTURAL E ARTÍSTICO POR MEIO DA
FORMAÇÃO ESTÉSICA E DA MEDIAÇÃO CULTURAL

37

modo, os dados serão apresentados conjuntamente, salvo um ou outro ponto que exija seu respectivo destaque. Nosso foco é qualitativo e as respostas foram analisadas sem a intenção de categorizar ou apresentar gráficos, mas de problematizar. Alguns desses dados são apresentados neste subcapítulo de modo generalizado, e particularidades são contextualizadas e discutidas ao longo do texto, visto que os dados qualitativos cumprem esta tarefa: de ilustrar as reflexões diante da problematização apresentada.

Após a análise criteriosa dos questionários respondidos, foi possível concluir, inicialmente, que o cenário da frequência de formação artística vivenciada pelos sujeitos – dos dois subgrupos – é frágil. A grande maioria registrou em suas respostas pouco contato com as diferentes manifestações da arte no período de julho/2014 a julho/2015, desencadeando em poucas experiências estéticas, conforme o registro da frequência entre "Raramente" e "Não ou Nunca". Outro fator que provavelmente reforce essa ideia de precariedade é o dado de apenas 29,9% dos sujeitos da pesquisa – coordenadores e supervisores – terem reconhecido a relevância de contribuir com uma pesquisa que tem como temática central a cultura promovida no espaço escolar. Quando perguntados se costumam ir ao teatro, assistir apresentações musicais ou de dança, se possuem o hábito de ir aos museus ou cinemas, se prestigiam exposições de arte e dedicam tempo ao hábito da leitura literária; a grande maioria registrou sua resposta entre o "raramente" (uma vez por ano) e o "não ou nunca", seguido pelo "às vezes" (uma vez por semestre) e com pouquíssima identificação do "sim" (mais de uma vez por semestre).

No entanto, também por meio do questionário, além da frequência de contato com as diferentes manifestações artísticas no período selecionado, foi possível verificar quais as principais ações culturais e os maiores focos de interesse frente às múltiplas possibilidades de expressão da arte. A seguir, os mais citados:

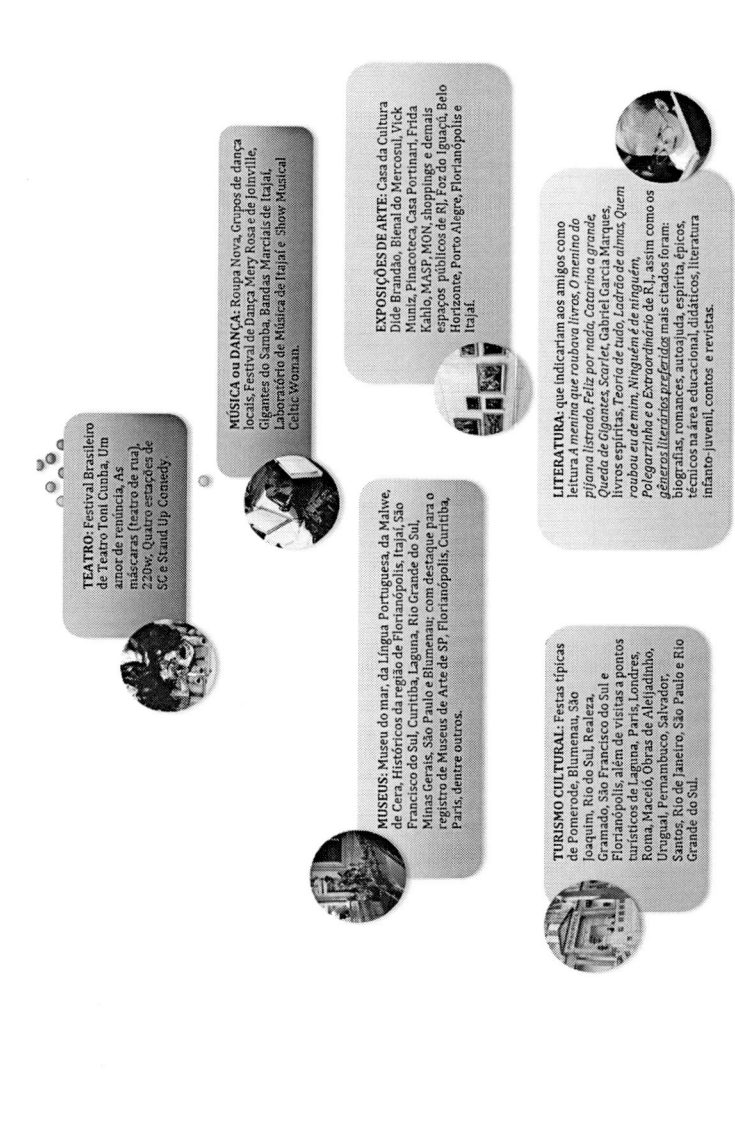

TEATRO: Festival Brasileiro de Teatro Toni Cunha, Um amor de renúncia, As máscaras (teatro de rua), 220w, Quatro estações de SC e Stand Up Comedy

MÚSICA ou DANÇA: Roupa Nova, Grupos de dança locais, Festival de Dança Mery Rosa e de Joinville, Gigantes do Samba, Bandas Marciais de Itajaí, Laboratório de Música de Itajaí e Show Musical Celtic Woman.

EXPOSIÇÕES DE ARTE: Casa da Cultura Dide Brandão, Bienal do Mercosul, Vick Muniz, Pinacoteca, Casa Portinari, Frida Kahlo, MASP, MON, shoppings e demais espaços públicos de RJ, Foz do Iguaçú, Belo Horizonte, Porto Alegre, Florianópolis e Itajaí.

LITERATURA: que indicariam aos amigos como leitura *A menina que roubava livros, O menino do pijama listrado, Feliz por nada, Catarina a grande, Queda de Gigantes, Scarlet, Gabriel Garcia Marques, livros espíritas, Teoria de tudo, Ladrão de almas, Quem roubou eu de mim, Ninguém né ninguém, Polegarzinha e o Extraordinário de RJ,* assim como os gêneros literários preferidos mais citados foram: biografias, romances, autoajuda, espírita, épicos, técnicos na área educacional, didáticos, literatura infanto-juvenil, contos e revistas.

MUSEUS: Museu do mar, da Língua Portuguesa, da Malwe, de Cera, Históricos da região de Florianópolis, Itajaí, São Francisco do Sul, Curitiba, Laguna, Rio Grande do Sul, Minas Gerais, São Paulo e Blumenau; com destaque para o registro de Museus de Arte de SP, Florianópolis, Curitiba, Paris, dentre outros.

TURISMO CULTURAL: Festas típicas de Pomerode, Blumenau, São Joaquim, Rio do Sul, Realeza, Gramado, São Francisco do Sul e Florianópolis, além de visitas a pontos turísticos de Laguna, Paris, Londres, Rona, Maceió, Obras de Aleijadinho, Uruguai, Pernambuco, Salvador, Santos, Rio de Janeiro, São Paulo e Rio Grande do Sul.

FIGURA 3: VIVÊNCIAS ARTÍSTICAS DOS SUJEITOS DA PESQUISA

FONTE: Elaborada pelo autor com base nos dados coletados nos questionários aplicados. Fotos do Google e imagens do acervo pessoal do pesquisador

A ARTE E A CULTURA NA ESCOLA...
HÁ POTÊNCIA NA ESCOLA PARA CONSTITUIR-SE COMO UM ESPAÇO CULTURAL E ARTÍSTICO POR MEIO DA FORMAÇÃO ESTÉSICA E DA MEDIAÇÃO CULTURAL

39

Comparando os dados da frequência de acesso com o número de vivências e a diversidade de manifestações apresentados pelos sujeitos via questionário, me pareceu existir uma discrepância, uma disparidade, pois se raramente ou às vezes costumam ir ao teatro, apreciam apresentações, cinemas, exposições, como podem elencar uma rica lista de vivências artísticas realizadas? Como podemos perceber, esse diagnóstico convida a refletirmos um pouco, pois nada condiz com a precariedade de frequência registrada, visto que sua diversidade temática, textual e de localidades representa um relevante interesse pelas diferentes linguagens artísticas e manifestações culturais.

Julga-se que, porventura, os sujeitos da pesquisa não tenham ainda se dado conta do movimento cultural existente em sua formação artística, isso porque, talvez, a grande maioria reproduz um discurso do senso comum de que não há divulgação de uma agenda cultural ou não há uma facilidade de acesso às diferentes ações culturais, assim como que esse limitante, por vezes, está ligado ao pouco tempo ou à falta de recursos financeiros. Isso aponta para a questão de que os sujeitos precisam de momentos de reflexão sobre o que é arte e qual o conceito de cultura, bem como qual a relação destes com sua vida e seu papel educacional. Esse diagnóstico reforçou a necessidade de aplicar uma coleta de dados mista, ampla e sistematizada gradualmente, pois, como já era previsto, aplicar o questionário não seria suficiente – era preciso buscar outras fontes de análise e instrumentos de coleta. Importante registrar que esta análise não termina aqui, ao longo do texto retornaremos a ela sempre que necessário para problematizar a potencialização da escola como espaço cultural.

No intuito de mapear o movimento cultural da rede, como previsto nos objetivos específicos, foi preciso visitar as escolas, conversar com os coordenadores pedagógicos e realizar dois encontros cartográficos, além de buscar dados em três importantes iniciativas que contribuem com o movimento artístico e cultural da rede municipal de ensino de Itajaí: o Pibid[3], o ContArte[4] e o Programa Cultura e Travessura[5]. A inserção dos dados coletados com essas três iniciativas justifica-se pela significativa movimentação artística que promovem em parceria com as escolas que compõem o campo de pesquisa problematizado. No caso do Pibid, por exemplo, das 13 escolas participantes, cinco possuem acadêmicos pibidianos nas seguintes áreas: Pedagogia, Matemática, Música e Práticas Interdisciplinares; graduandos que participam das práticas docentes e, em parceria com os professores públicos, ofertam vivências artísticas aos alunos. Já, em relação ao ContArte, o relatório apresentado registra as seguintes ações culturais promovidas nas escolas de Itajaí: contação de histórias, leitura compartilhada e interação, musicalidade e oficina "Varal Literário". Os dados do Programa Cultura e Travessura contemplam atividades de música, teatro, dança e oficinas de artes visuais, dentre outras que são apresentadas nos subcapítulos de acordo com a pertinência temática e contextual.

Apresento, a seguir (Figura 4), por intermédio de duas linhas de encontro, o olhar qualitativo estabelecido frente a coleta de

---

[3] **O Pibid** – Programa Institucional de Bolsa de Iniciação à Docência - é um programa do Governo Federal que visa inserir os licenciandos nas mais diversas atividades que envolvem as diferentes dimensões do trabalho docente, uma política de valorização do magistério público. Por meio da concessão de bolsas, o PIBID incentiva a formação de professores para a Educação Básica, proporcionando aos licenciandos participação em experiências metodológicas, tecnológicas e práticas docentes de caráter inovador e interdisciplinar. Na Univali, o PIBID se intitula Docência na Educação Básica. (Fonte: Portal UNIVALI).

[4] O Projeto **ContArte** é um projeto de formação de leitores da Universidade do Vale do Itajaí, que se inscreve na modalidade Extensão Universitária, uma proposta de incentivo à leitura e, consequentemente, de melhoria no desempenho escolar, atuando nos municípios de abrangência da UNIVALI. Ele iniciou suas atividades em setembro de 2003, como um grupo voluntário, que se apresentava em instituições de ensino da região, contando histórias infantis e apresentando saraus literários por meio de encenações teatrais, com o objetivo de promover a inserção do texto literário em ambientes Educativos formais. A partir de 2005, após a contação de histórias, o grupo passou a promover a roda da leitura, atividade que visa aproximar a criança do livro. (Fonte: Portal UNIVALI).

[5] O Programa **Cultura e Travessura**, da Secretaria de Educação de Itajaí, tem o objetivo de desenvolver atividades que favoreçam a apropriação de conhecimentos diversificados, de forma lúdica, ampliando o universo cultural das crianças e dos professores da Rede Municipal de Ensino. (Fonte: Portal Secretaria de Educação de Itajaí).

A ARTE E A CULTURA NA ESCOLA...
HÁ POTÊNCIA NA ESCOLA PARA CONSTITUIR-SE COMO UM ESPAÇO CULTURAL E ARTÍSTICO POR MEIO DA
FORMAÇÃO ESTÉSICA E DA MEDIAÇÃO CULTURAL

41

dados, apontando os principais instrumentos que contribuem na problematização da temática em questão.

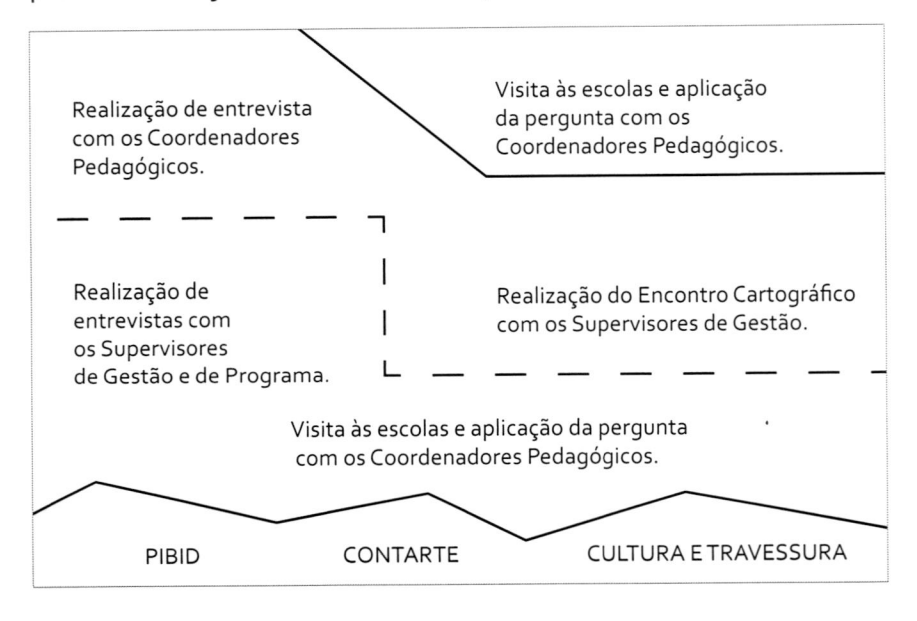

FIGURA 4: TRAJETÓRIA DA COLETA DE DADOS
FONTE: Elaborada pelo autor para fins de pesquisa

Constituir um estudo exige originalidade e, para tanto, a matéria prima é pesquisar, explorar novas possibilidades, problematizar diferentes conceitos e reformular algumas caminhadas metodológicas. Nesse olhar, os métodos empregados na investigação qualitativa compreendem desde os levantamentos de dados em fontes diversas, como podemos perceber na Figura 4 apresentada, bem como a compreensão de conceitos encontrados nos levantamentos bibliográficos, documentais, de estatísticas e de pesquisas complementares realizadas, até os dados identificados nas visitas *in loco* e na realização de encontros de debate com os sujeitos da pesquisa. Há de compreendermos que a coleta de dados quali-quantitativos de muitas fontes e com técnicas diversificadas, como questionários, encontros, observações informais, registros, dados de atividades em grupo etc., pode ser de difícil integração, em especial por se tratar de uma pesquisa que considera os múltiplos olhares, um estudo de olhar problematizador e que considera os rizomas e as cartografias como fontes de dados. Desse modo, tornou-se inevitável cartografar com os sujeitos da pesquisa, no intuito de juntos – pesquisador e sujeitos –, abrir a "caixa-preta cultural" que representa o movimento cultural da rede municipal de ensino de Itajaí no período de julho/2014 a julho/2015.

O conceito de movimento cultural sob o olhar dos sujeitos da pesquisa

Relembrando o diagnóstico do perfil cultural dos sujeitos da pesquisa, apresentado no subcapítulo anterior, e como esta pesquisa está alicerçada no campo da educação, foi preciso, na visita às escolas, verificar se os conceitos dos coordenadores pedagógicos a respeito justificavam a disparidade entre a precariedade identificada na frequência de acesso e a diversidade de ações culturais e artísticas registradas nos questionários. Era preciso verificar qual era o conceito que eles tinham sobre cultura, se para eles há uma ligação com a arte, com a antropologia, as ideologias ou até a evolução histórica da cultura. E assim, como uma linha de fuga ou uma linha que corta nosso pensar, trazendo novas possibilidades de reflexão, apresentamos as respostas coletadas frente à pergunta: *"qual seu conceito de movimento cultural?"*. São respostas que nos convidam a compreender a complexidade da temática e a necessidade de abordá-la, a fim de discutirmos como pode acontecer o processo de formação cultural, assim como investigar os conceitos relacionados ao termo *movimento cultural*.

A ARTE E A CULTURA NA ESCOLA...
HÁ POTÊNCIA NA ESCOLA PARA CONSTITUIR-SE COMO UM ESPAÇO CULTURAL E ARTÍSTICO POR MEIO DA FORMAÇÃO ESTÉSICA E DA MEDIAÇÃO CULTURAL

43

"Os movimentos culturais são de extrema importância, pois amplia os conhecimentos, tanto dos alunos quanto dos envolvidos na escola, além dos pais. Poesia, música, cultura regional e local podem ser utilizados no dia a dia das aulas como forma de desenvolver as habilidades da matriz curricular." (Sujeito 7)

"É a sinergia num tempo/espaço oportunizando as pessoas a vivenciar o belo, o mágico em um vai e vem da alegria através das manifestações artísticas e culturais." (Sujeito 5)

"Deve ser divulgado e promovido em todo os anos (iniciais e fundamental). (Sujeito 11)

"Movimento cultural: eu conceituo como a manifestação da cultura, onde se demonstra a maneira de viver e até mesmo de ver as coisas a sua volta." (Sujeito 13)

"Um trabalho sistematizado envolvendo dança, teatro, poesia, música, cinema etc... que seja marcante, inovador e que amplie o conhecimento sobre diversos movimentos." (Sujeito 2)

"Alegria, socialização, resgate histórico. Cultura é tudo o que existe na ação do ser humano." (Sujeito 9)

"Tudo que se refere à música, poesia, arte, dança; movimento!" (Sujeito 6)

"Penso que o movimento cultural deve fazer parte do cotidiano social e assim estar incluso na rotina escolar." (Sujeito 8)

"Penso na valorização das pessoas envolvidas na dança, música, teatro e pintura." (Sujeito 7)

"Envolvimento, aprendizado e conhecimento." (Sujeito 4)

"Movimento significa deixar de estar parado, movimento cultural, movimentar sentidos, expressar sentimentos, integrar as pessoas, dialogar, trocar ideias e ideais..." (Sujeito 12)

"Indispensável para o desenvolvimento do ser humano, já que cada um traz consigo uma história de vida e a sua cultura." (Sujeito 14)

"Penso que é vida, envolvendo crescimento individual e pessoal." (Sujeito10)

"Muito importante, pois muitas vezes é o único contato que alunos e professores tem para desfrutar de peças teatrais, musicais e exposições." (Sujeito 1)

"Importantíssimo para um ser pensante e sensível." (Sujeito 3)

Há uma riqueza e multiplicidade de pensares frente ao conceito de movimento cultural, agregando a ideia de que ampliamos nossos conhecimentos por meio do contato com as diferentes manifestações culturais, assim como podemos desencadear o desenvolvimento da nossa sensibilidade via contato com as artes. Podemos perceber que, para os sujeitos em questão, a cultura ultrapassa a lógica das crenças, dos costumes e dos hábitos repassados de pai para filho por intermédio da oralidade e da produção de instrumentos sociais, como aprendemos nas aulas de história. Para a maioria dos coordenadores, o movimento cultural contempla um processo dinâmico que pode ocorrer dentro ou fora da escola, que as artes podem estar nesse pensar, que a elitização artística precisa ser superada, e que falar de cultura é falar de vida, de sua importância para a toda a comunidade escolar, e de que esse movimento está relacionado ao acúmulo de diferentes saberes. Para Nogueira (2008, p. 16): "A formação cultural do indivíduo é mesmo semelhante a uma bagagem que acumulamos ao longo da vida e que, vez ou outra, encontramos em nossos pequenos objetos guardados...". Certamente podemos nos arriscar a dizer que esse acúmulo de saberes apresentado pelos sujeitos tem relação com a multiplicidade de vivências artísticas que contemplamos em nossas vidas, e que, consequentemente, constituem nossa formação cultural.

Diante dessa multiplicidade de conceitos apresentados nas respostas, torna-se possível afirmar que não há uma unicidade conceitual no seio da escola, visto que, em uma mesma rede de ensino, os sujeitos adotam diferentes conceitos para movimento cultural e cultura; não que estejam equivocados, pelo contrário, os sujeitos demonstram interessar-se pelo assunto, e essa diversidade de olhar tende a contribuir com a multiplicidade de oportunidades de acesso às diferentes culturas e às manifestações artísticas. Esse pensar comparado à disparidade apresentada via

A ARTE E A CULTURA NA ESCOLA...
HÁ POTÊNCIA NA ESCOLA PARA CONSTITUIR-SE COMO UM ESPAÇO CULTURAL E ARTÍSTICO POR MEIO DA
FORMAÇÃO ESTÉSICA E DA MEDIAÇÃO CULTURAL

45

questionário, permite-nos refletir sobre o reconhecimento da importância do movimento artístico na formação cultural de toda a comunidade escolar, e que, mesmo diante da reprodução de um discurso do senso comum pautado na limitação, há um significativo movimento em prol do acesso a diferentes ações culturais, em especial as que dialogam com as artes.

É possível perceber, também, nas respostas de ambos os instrumentos de coleta, que a concepção de arte e cultura para os sujeitos é fator determinante para o desenvolvimento do olhar estético e sensível. Desse modo, supera-se a ideia de que atividades artísticas são supérfluas ou apenas relacionadas à disciplina de Arte. A palavra movimento é compreendida pelos sujeitos como um processo que envolve muitos fatores: a sinergia, as artes, a cultura, os alunos, os professores, a comunidade escolar e a escola. Pelas respostas apresentadas, fica evidente que já há um desenvolvimento do pensamento dos sujeitos frente à importância da cultura no ambiente escolar, o que sinaliza que há matéria prima a ser trabalhada em prol da constituição da escola como um espaço cultural de fato, como uma pedra bruta que tem subsídios para um *devir* – segundo Nietzsche (2015), um vir a ser, a vida em constante processo de mudança, onde tudo muda o tempo todo –, mas que precisa ser lapidada. Resta-nos identificar quais as zonas de expansão presentes no dia a dia da escola para que se possa potencializar esse perfil cultural.

O fato de os sujeitos não terem identificado que todo o movimento cultural apresentado por eles no questionário – onde podemos encontrar desde peças teatrais, apreciação de galerias e museus, até visitas a centros históricos, artísticos e culturais nacionais e até internacionais: Paris, Roma, Buenos Aires etc. – não condizia com a frequência de acesso, parece-nos estar relacionado à falta de formação e de estudo na área cultural e artística. Segundo Nogueira (2008), essa falta de formação cultural sugere um paradoxo curioso, por um lado, "[...] se valoriza e prestigia os conhecimentos para além do saber especializado; por outro, não oferece condições para que [...] se desenvolvam seus próprios processos de formação cultural" (Nogueira, 2008, p. 15). Isso não quer dizer que não compreendam a importância da cultura ou das artes, pelo contrário, na roda de conversa, os participantes sinalizaram a relevância e destacaram as limitações que serão discutidas no último capítulo, o qual se dedica a discutir as zonas de expansão e potencialização da identidade cultural da escola.

Se houvesse de fato uma mobilização para a constante formação cultural e artística dos sujeitos, que ora discutimos, talvez eles teriam estabelecido naturalmente tal conexão entre a frequência e a diversidade vivenciada, superando a discrepância de pensamento identificada. Diante do perfil levantado, ficou evidente que os sujeitos responderam aos questionários às pressas; provavelmente, se não estivessem imersos de trabalhos burocráticos inerentes aos serviços de coordenação pedagógica, tivessem apresentado melhores reflexões – essa afirmação está pautada nas entrevistas realizadas com os sujeitos quando, ao receberem a visita deste pesquisador, fizeram questão de trazer à tona o fluxo estressante de trabalho burocrático e disciplinar que eles vêm vivenciando nos últimos meses.

Com base nos questionários respondidos, em especial pela diversidade de vivências artísticas registradas pelos sujeitos, há uma multiplicidade de oportunidades de acesso à cultura, mas que, segundo os sujeitos, parece não ser suficiente a ponto de conceber sua frequência de contato com as diferentes linguagens artísticas como algo significativo, ou seja, mesmo frequentando e tendo acesso, os sujeitos sentem a necessidade de mais; o que para nossa pesquisa fortalece uma das hipóteses da pesquisa: a de que os sujeitos que possuem formação cultural podem ser grandes potencializadores da escola como espaço cultural. No

A ARTE E A CULTURA NA ESCOLA...
HÁ POTÊNCIA NA ESCOLA PARA CONSTITUIR-SE COMO UM ESPAÇO CULTURAL E ARTÍSTICO POR MEIO DA
FORMAÇÃO ESTÉSICA E DA MEDIAÇÃO CULTURAL

47

entanto, ainda é muito precoce afirmar isso. Segui, então, adiante, no anseio de que logo à frente, via análise das cartografias, das demais questões que compõem o questionário e dos discursos coletados nas rodas de conversa, pode-se apresentar maiores subsídios que comprovam tal ideia.

Nem início, nem fim. A travessia é o que interessa! Vamos cartografar?

Carregamos pela vida afora os cheiros dos encontros raros,
dos acontecimentos, da nossa primeira casa, do quintal,
se houve quintal, da mãe na cozinha, dos sonhos quando acordamos.
Se houvesse uma caixa para guardá-los, seriam nosso tesouro.
E então, em dias de saudade, abriríamos nossa caixa
e mergulharíamos como num túnel do tempo.
(Murray, 2014)

Na lógica de mergulhar no túnel do tempo, do pensar a vida, o processo, de como se dá a caminhada, do percurso e da necessidade de olhar para o movimento, é que optei por trabalhar com a metáfora das caixas dos "tesouros artísticos", as quais podem trazer à tona as ações que acontecem dentro ou fora da escola. Acredito que a coleta de dados pautada na pesquisa qualitativa, por meio da elaboração de cartografias envolvendo os "tesouros" retirados das caixas, apresenta-se relevante perfil interpretativo e analítico, visto que se dedica a trabalhar com elementos diversificados: registros fotográficos, trabalhos manuais, convites, linhas e agenciamentos etc.

É... a realização de uma pesquisa qualitativa é algo provocador e intrigante, que, neste caso, utiliza o método misto, por ser bastante ampla, profunda e versátil, podendo ser considerada como uma triangulação, pois aumenta a confiança frente às evidências que são levantadas.

Cartografar é perceber as coisas por meio da experiência, do deixar vir e trazer isso à arte de maneira poética, intertextual ou inovadora. Trata-se de um método de acompanhamento de um campo sensível, do que está acontecendo no processo, pois registra o movimento do grupo, nesse caso a difusão, a promoção, a formação e a circulação da cultura na escola.

É importante ressaltar que toda cartografia refere-se ao estudo do processo, da rede processual, um método que visa desenhar um certo rizoma, imbuído de vetores heterogêneos, cujo princípio da multiplicidade de olhares e possibilidades se faz presente. Segundo Deleuze e Guattari (2014, p. 22): "O mapa é aberto, é conectável em todas as suas dimensões, reversível, suscetível de receber modificações constantemente". Nessa lógica, para os autores, a cartografia é um dos princípios de funcionamento do rizoma, pois um mapa é sempre mapa de um rizoma, um todo aberto e em constante movimento, composto de múltiplas linhas cujas conexões podem ser interrompidas ou modificadas – linhas de fuga.

> "A cartografia é um método proposto por Gilles Deleuze e Félix Guattari (1995) para o estudo da dimensão processual da subjetividade e de seu processo de produção. O método não se equivale a um conjunto de regras prontas para serem aplicadas, mas exige uma construção ad hoc, que quer a habitação do território investigado e a implicação do pesquisador no trabalho." (Kastrup, 2008, p. 467).

Cartografar, portanto, é propor um mapa rizomático que registra linhas duras, flexíveis e de fuga, movimentos e um coletivo de forças; um método que procura dedicar-se ao estudo dos signos e dos territórios semióticos, que implica atenção cartográfica para identificar as zonas onde existem as forças que pedem expansão, e que, para esta obra, servem de elemento de estudo para a potencialização. "A cartografia surge como um princípio

A ARTE E A CULTURA NA ESCOLA...
HÁ POTÊNCIA NA ESCOLA PARA CONSTITUIR-SE COMO UM ESPAÇO CULTURAL E ARTÍSTICO POR MEIO DA FORMAÇÃO ESTÉSICA E DA MEDIAÇÃO CULTURAL

49

do rizoma que atesta, no pensamento, sua força performática, sua pragmática [...], nesse mapa justamente porque nele dada se decalca, não há um único sentido para sua experimentação nem uma mesma entrada" (Kastrup, 2014, p. 10). Em uma cartografia, as entradas são múltiplas, e todo o movimento e a realidade cartografada, segundo Deleuze e Guattari (2014, p. 21), representam um movimento de significações de territórios, de agenciamentos, de platôs.

Nesse pensar, cartografar é experimentar, é fugir da lógica pré-determinada, é aventurar-se na multiplicidade de olhares, sem abrir mão do rigor científico. Este é repensado, principalmente em uma obra que se propõe a tratar de artes, culturas e rizomas. A pesquisa em questão é vista como um caminho, um processo de observação e problematização, um fazer cartográfico que

> [...] propõe uma reversão metodológica: transformar o *méta-hodos* em *hódos-metá*. Essa reversão consiste numa aposta de experimentação do pensamento – um método não para ser aplicado, mas para ser experimentado e assumido como atitude" (Kastrup, 2014, p. 10-11).

Era uma vez um homem
O homem tinha um filho
O filho amava o homem
e o homem amava caixas.
Caixas grandes
caixas redondas
caixas pequenas
caixas altas
todos os tipos de caixas!
(King, 1997).

Ao se tratar do movimento cultural, em especial as vivências artísticas promovidas na e pela escola, coloca-se o pesquisador frente a elementos emergentes, que clamam por atenção e problematização. Um território fértil para o desenvolvimento desta pesquisa, pois o antes despercebido passa a ser refletido com atenção, focalização e reflexão frente aos signos que ora representa e se tornam perceptíveis ao olhar do investigador. Uma atenção minuciosa que rastreia – como em um mapeamento do campo; que toca – como um rápido sentir –; que pousa – assim como uma percepção –; e que estabelece um reconhecimento atento – uma intersecção entre o percebido e o que está presente na memória.

Essa lógica cartográfia faz-se presente ao longo desta obra, pois compete à prática metodológica da cartografia tratar da pesquisa com atenção, de forma "flutuante, concentrada e aberta" pois, no olhar de Kastrup (2008, p. 474): "O cartógrafo interfere no processo de produção de subjetividade atualizando e cultivando virtualidades." Assim, uma pesquisa exploratória de escrita cartográfica considera procedimentos metodológicos de rigor, levantamento de dados e de análise profunda de um processo, por estar alicerçada em um princípio de rizoma. A prática de mapear – registrar o movimento – desencadeia um estudo sistemático e complexo que fortalece o desejo de olhar atentamente o estado das coisas, de perceber o contexto de estudo por meio dos sujeitos da pesquisa, e que pode contribuir com o ambiente de pesquisa, bem como ampliar as posturas e os olhares de todos os envolvidos.

Após a realização da entrevista, o pesquisador visitou os 17 sujeitos – os 11 coordenadores pedagógicos entrevistados, e mais seis selecionados em parceria com a Diretoria de Ensino Fundamental sob o critério de incluir as escolas que, segundo a Secretaria de Educação, apresentam um perceptível movimento cultural –; visita *in loco* às escolas que possibilitou a entrega de um convite personalizado (vide apêndice E). Nessa ocasião, foi solicitado que levassem à roda de conversa a caixa entregue pelo pesquisador,

A ARTE E A CULTURA NA ESCOLA...
HÁ POTÊNCIA NA ESCOLA PARA CONSTITUIR-SE COMO UM ESPAÇO CULTURAL E ARTÍSTICO POR MEIO DA
FORMAÇÃO ESTÉSICA E DA MEDIAÇÃO CULTURAL

51

contendo registros da movimentação cultural da escola referente ao período de junho/2014 a julho/2015 – fotos, relatos, convites; enfim, elementos que ilustrassem as práticas artísticas e culturais. Esse procedimento de coleta e seleção dos materiais contou com a personalização da caixa com diferentes elementos artísticos que representam, neste ato, o olhar cultural de cada coordenador pedagógico, como podemos apreciar a seguir.

IMAGEM 1: VAMOS ABRIR AS CAIXAS
FONTE: Acervo pessoal do autor

Ao se abrir uma caixa, pode-se pensar como o poema "O homem que amava caixas" de Stephen Michael King (1997) – ilustrador sensível e autor atento, cujos textos e desenhos são pura poesia e permitem conexão com temas atuais. O poema traz *à* tona a possibilidade de estabelecer-se um diálogo por meio de caixas... eis nossa intenção, ao abrirmos as caixas, não sabemos o que pode ser encontrado, mas há de se considerar que os achados revelam uma gama de significados que carecem de uma multiplicidade de olhares apreciativos e investigativos.

No dia marcado para os Coordenadores Pedagógicos convidados, 11 compareceram nas dependências da Universidade do Vale do Itajaí (Univali). Eles participaram de um encontro no formato de roda de conversa, que desencadeou na produção da cartografia com uso de imagens e que representam o movimento cultural de um grupo — uma amostragem — da rede municipal de ensino de Itajaí no período de julho/2014 a julho/2015, sob o olhar da escola.

O encontro contemplou duas importantes etapas: a primeira dedicada a responder, via rodada de diálogo, a duas perguntas: a) Como vocês percebem o movimento cultural da rede municipal de ensino? b) Qual o papel do supervisor escolar neste processo de culturação? A segunda etapa visou a abertura das caixas que foram entregues pelo pesquisador aos coordenadores pedagógicos na visita às escolas convidadas. As caixas foram personalizadas pelos sujeitos e receberam elementos que representavam as manifestações artísticas de cada escola participante — uma amostra do perfil cultural da rede: convites, fotografias, produções discentes, etc. –, a qual serviu de matéria-prima para a construção da cartografia. Os sujeitos construíram as cartografias com base nos elementos retirados de cada caixa. Cada elemento, ou agrupamento dele, significou um movimento ou acontecimento na cartografia. Todo o processo de debate sobre as perguntas e a produção cartográfica foi fotografado, o áudio gravado e filmado, além de observado por três colaboradores. O registro fotográfico das duas cartografias elaboradas nos encontros de

A ARTE E A CULTURA NA ESCOLA...
HÁ POTÊNCIA NA ESCOLA PARA CONSTITUIR-SE COMO UM ESPAÇO CULTURAL E ARTÍSTICO POR MEIO DA
FORMAÇÃO ESTÉSICA E DA MEDIAÇÃO CULTURAL

53

roda de conversa será profundado e amplamente analisado e pro-blematizado nos capítulos que tratam da formação estésica e da mediação cultural.

IMAGEM 2: CARTOGRAFIA 1 – O OLHAR DE PARTE DAS ESCOLAS SOBRE O MOVIMENTO CULTURAL DA REDE
FONTE: Acervo fotográfico do autor

Exatamente 11 dias após realizar o encontro com os coorde-nadores pedagógicos, foi a vez de aplicar a mesma coleta de dados com os representantes da Secretaria de Educação de Itajaí. Eles participaram de um encontro que desencadeou na produção da cartografia que representa o movimento cultural na rede municipal de ensino de Itajaí no período de julho/2014 a julho/2015, sob o olhar do órgão gestor. Em uma tarde de sexta-feira, nas dependências do

Departamento de Ensino Fundamental da Secretaria de Educação, participaram a Diretoria e a Coordenação de Ensino do referido departamento, bem como cinco dos seis supervisores de gestão convidados a responder o questionário. Na ocasião, a Supervisão de Programas não se fez presente, alegando ter acontecido um imprevisto de ordem profissional, o que impediu sua participação na oficina. O encontro transcorreu conforme o previsto, contemplando a mesma lógica de perguntas e produção cartográfica realizada com o subgrupo de sujeitos anteriormente explicitado.

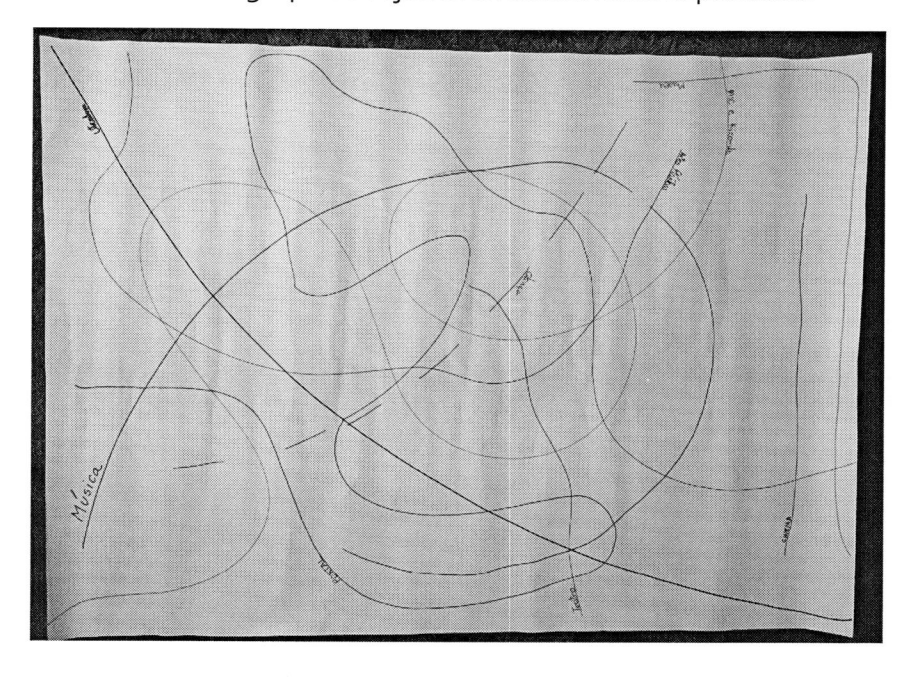

IMAGEM 1: CARTOGRAFIA 2 – O OLHAR DO ÓRGÃO GESTOR SOBRE O MOVIMENTO CULTURAL DA REDE
FONTE: Acervo fotográfico do autor

A ARTE E A CULTURA NA ESCOLA...
HÁ POTÊNCIA NA ESCOLA PARA CONSTITUIR-SE COMO UM ESPAÇO CULTURAL E ARTÍSTICO POR MEIO DA
FORMAÇÃO ESTÉSICA E DA MEDIAÇÃO CULTURAL

55

A partir da leitura de Deleuze e Guattari (2014), percebemos a importância do uso das imagens no processo metodológico que estabeleci para este estudo. Em rizomas, podemos encontrar cartografias – mapas cujos signos e significados precisavam ser interpretados e problematizados. Tratar da imagem como um dos recursos metodológicos em uma pesquisa científica não é tarefa simples, mesmo vivendo em uma época em que a cultuação da imagem parece tomar muito espaço no dia a dia das pessoas. Vivemos em uma sociedade que está envolta da imagem imediatizada, que nos chega de diferentes formas e possibilidades, que veiculam as mais variadas concepções plásticas, estéticas, políticas, ideológicas e sociais. As imagens representam um amplo meio de comunicação, de representação de mundos e que, por essas características, compõem um campo metodológico contemporâneo e pós-moderno.

> Entendo a imagem como produto e produtora do cotidiano contemporâneo, presente no contexto comunicativo pós-moderno, por isso a considero como um importante *corpus* de pesquisa no campo educacional. (Schwengber, 2012, p. 265).

Desse modo, o uso das imagens ao longo do texto revela representações gráficas e registros fotográficos que convidam o leitor a mergulhar em uma trajetória escolar apresentada pelos sujeitos da pesquisa no formato cartográfico, e que torna possível descortinar o movimento cultural da rede municipal de ensino de Itajaí. Considero relevante a combinação entre texto escrito e o uso de imagens para o sucesso analítico proposto por este estudo doutoral, o que implica dedicar tempo e diferentes maneiras de olhar bem como de identificar as principais unidades simbólicas e significativas que constituem os dados qualitativos que carecem de compreensão e de problematização.

As imagens – registro fotográfico das cartografias que apresento nesta obra –, possuem significação cultural, artística, estésica e mediadora que permitem transitar pelas cartografias produzidas pelos sujeitos da pesquisa e que convidam a analisar os rizomas, a fim de identificar os platôs – zonas de expansão, agenciamentos e territórios de potencialização cultural da escola.

> Uma imagem não é apenas um [...] pensamento plástico, ela existe como um pensamento político, histórico e cultural. Assim, a leitura de uma imagem exige esforço de reconhecimento que [...] cada imagem conta a sua história. (Schwengber, 2012, p. 267).

O olhar rizomático: um campo de múltiplas qualidades

O processo de análise desta pesquisa constitui-se em um olhar rizomático, cujos dados qualitativos provêm dos estudos teóricos e filosóficos, bem como dos depoimentos e das respostas dos sujeitos. Além disso, a análise pautada em eixos ou platôs e a decorrente argumentação apoiada nos dados pode favorecer-se do uso de uma abordagem rizomática, com base nos estudos de Deleuze e Guattari (1996). O estudo por meio do olhar rizomático possibilita a organização e/ou problematização de diferentes fontes, fornece informações de maneira organizada e/ou descentralizada, possibilita estabelecer ligações entre diferentes tipos de materiais coletados e, também, permite a análise profunda com enfoque qualitativo.

O rizoma, inicialmente compreendido como uma raiz – conceito provindo da botânica –, convida-nos a pensar nas bases, nas ramificações e nas múltiplas possibilidades de crescimento e sustentação. Logo, ao revisitar os estudos de Deleuze e Guattari no livro *Mil Platôs* (2014), podemos ampliar o conceito botânico associando o rizoma a uma raiz que apresenta uma rede móvel de fluxos, a uma estrutura complexa de passagens, a um labirinto

A ARTE E A CULTURA NA ESCOLA...
HÁ POTÊNCIA NA ESCOLA PARA CONSTITUIR-SE COMO UM ESPAÇO CULTURAL E ARTÍSTICO POR MEIO DA FORMAÇÃO ESTÉSICA E DA MEDIAÇÃO CULTURAL

57

sem começo e sem fim, mas que traz em seu infinito interior uma diversidade de atalhos, desvios, entradas, saídas, meios, centros, periferias, linhas de fuga e platôs.

"Um rizoma não começa nem conclui, ele se encontra sempre no meio, entre as coisas, inter-ser, intermezzo. A árvore é filiação, mas o rizoma é aliança, unicamente aliança. A árvore impõe o verbo "ser", mas o rizoma tem como tecido a conjunção "e... e... e..." Há nesta conjunção força suficiente para sacudir e desenraizar o verbo ser. Entre as coisas não designa uma relação localizável que vai de uma para outra e reciprocamente, mas uma direção perpendicular, um movimento transversal que as carrega uma e outra, riacho sem início nem fim, que rói suas duas margens e adquire velocidade no meio." (Deleuze; Guattari, 2014, p. 48).

Um olhar rizomático para a análise dos dados coletados nas entrevistas, na visita às escolas, na produção cartográfica e nos registros das conversas informais durante a realização das oficinas de cartografia, permitiu problematizar a potência da escola como espaço cultural, discutindo sua identidade a partir das possibilidades de mediações culturais e de formação estésica.

É importante deixar claro que este texto ora parece estar um tanto desordenado, periférico ou inquietador, mas, na verdade, é parte inerente à escrita desta obra que considera rizomas, cartografias, imagens, discursos e uma formatação provocadora. Uma pesquisa que pode apresentar uma multiplicidade de encontros felizes e de enfrentamentos frente aos pensares formatados pelo sistema. Pensar uma obra nessa proposta de análise rizomática convida a sistematizar um movimento cognitivo repleto de afetamentos, de regiões de intensidade (Platôs), de encontros com imprevistos e surpresas no momento de analisar os dados, além de compreender que, no rizoma, em decorrência das linhas de fuga, alguns tópicos não estão fechados, pois a riqueza da pesquisa nessa abordagem está na multiplicidade de olhares, de diálogos e de conexões textuais.

Um rizoma possibilita as "bodas" entre as ideias e o sensível, pois está pautado na lógica do intensivo, da multiplicidade que pode agenciar ou conectar intensidades; olhar este que justifica a utilização dessa abordagem na análise dos dados e na escrita desta obra, pois, ao se tratar da potência da escola como instituição cultural, somos convidados a trazer à tona as virtualidades no processo que ora mapeamos e problematizamos com o auxílio da cartografia; um estudo que apresenta frutos de agenciamentos coletivos que desencadeia enunciações, diferentes olhares, um acontecimento, movimento, estranhamento. Para Deleuze e Guattari (2014), um acontecimento nunca se repete pois sempre trará novo fruto do campo das intensidades, em que reproduções e produções de dispositivos estão baseados no que nos afeta e que nos permite criar o novo, um acontecimento. A complexidade, ampla e heterogênea constitui o campo das possibilidades de encontros ao longo do percurso, permitindo-nos pensar as linhas que são inerentes ao rizoma.

Desse modo, pensar um tratamento dos dados via análise de cartografias e rizomas, em prol da identificação da potência da escola, convida-nos a analisar os microespaços, os platôs, as linhas de fuga que nos provocam, nos afastam, nos conectam ao estranhamento e aproximam da multiplicidade de olhares. Um ato problematizador que convida a perceber detalhes dos processos que, por ora, poderiam passar despercebidos. Territórios – zonas de expansão e agenciamentos que foram identificados nas duas cartografias e que são problematizadas sob à luz dos dois eixos chaves que são apresentados nesta obra: Formação Estésica e Mediação Cultural.

A ARTE E A CULTURA NA ESCOLA...
HÁ POTÊNCIA NA ESCOLA PARA CONSTITUIR-SE COMO UM ESPAÇO CULTURAL E ARTÍSTICO POR MEIO DA
FORMAÇÃO ESTÉSICA E DA MEDIAÇÃO CULTURAL

59

MÚLTIPLOS OLHARES SOBRE A CULTURA E A ARTE

Cultura é um termo polissêmico,
aberto a várias interpretações.
Por isso, possibilita entendimentos diversos,
às vezes paralelos, outras vezes contraditórios.
(Nogueira, 2008, p. 22)

Entro em uma grande livraria. Tantas pessoas, tantos livros, tantos saberes, tantos pensares, tanta cultura... ou tanta sede pela cultura? Mas que cultura seria essa? A cultura ideológica, comercial ou econômica? Assim como outros tantos leitores que ali estavam – sou submetido a uma "chuva" de pensamentos. Seria esse campo de múltiplos significados para uma mesma palavra – CULTURA – que me levara a pensar nesse sentido?

Logo, vejo-me na necessidade de definir a qual dos múltiplos significados de cultura esta pesquisa se refere. No entanto, como deixar evidente que esta obra visa abordar a relação da cultura com a arte? Seria a arte um meio de se chegar a cultura ou a cultura que pode envolver as diferentes manifestações da arte? Esta é uma das intenções desta pesquisa: desbravar esse território; problematizar sobre as diferentes e as múltiplas possibilidades de perceber a arte e a cultura, seus encontros e desencontros. Perguntas que me colocam em um estado introspectivo em plena livraria, que me convidam a investigar o que é cultura e o que podemos chamar de cultura. Nesse pensar, por vezes reproduzi a ideia do senso comum de que ter nascido "livre" – ser humano – e ter vivido mais de 30 anos imerso no meio escolar e social tenha me tornado um ser humano culto, pensante, culturalizado, civilizado talvez.

O conceito de cultura é múltiplo, origina-se do latim *cultur* e seu significado está relacionado ao cultivar, assim como ao conceito de cultivo do espírito. Quando falamos em cultura, referimo-nos "[...] unicamente a todo movimento social que se aplica aos seres humanos" (Cuche, 2002, p. 13). Mesmo que tratemos de objetos, manifestações artísticas, movimentos ideológicos, políticos ou econômicos, o resultado sempre envolverá o humano. Por isso, o processo de culturalização é tão discutido e recebe inúmeras interpretações e estudos que caminham pela etnografia, a antropologia até a fenomenologia.

O que está em jogo, no movimento cultural, é a constituição e a preservação da identidade coletiva, que só pode ser compreendida quando estudamos ou procuramos conhecer as relações dentro desse agrupamento social e na sua interação com grupos vizinhos. "Cultura e 'identidade' são conceitos que remetem a uma mesma realidade" (Cuche, 2002, p. 14, grifo do autor). Pela cultura, acontece o movimento da sociedade como uma via de mão dupla, em que o humano é influenciado pela cultura, mas a cultura também é tocada pelo humano.

Apesar de todos os seres humanos terem nascido com o mesmo código genético, é a cultura que vai nos diferenciar. Essa cultura é marcada pelas escolhas individuais de cada ser e pelas coletivas de cada grupo cultural ou social. Seja na família, na igreja, na escola ou no grupo de amigos, o que vivenciamos em sociedade contribui diretamente na constituição do perfil cultural. Ainda, segundo Cuche (2002, p. 10, grifo do autor): "Se todas as 'populações' humanas possuem a mesma carga genética, elas se diferenciam por suas escolhas culturais, cada uma inventando soluções originais para os problemas que lhe são colocados". O poder de escolha de um grupo revela o poder das influências sociais, midiáticas, políticas e econômicas. Desse modo, o contato com as diferentes manifestações artísticas pode direcionar o indivíduo ou grupo social para práticas diferenciadas e que passam a caracterizar o perfil cultural que ora se apresenta.

Defendo a ideia de que um coletivo ou individual com olhar amplo e com bagagem cultural, sensível e científica, não se permite ser condicionado, mas se permite viver diante de escolhas realizadas frente às múltiplas possibilidades referenciais. Quando pensamos em cultura, dentre tantos significados, tratamos também de modos de vida, de diferentes pensamentos, escolhas e sentidos, pois, para a humanidade, nada é puramente natural, tudo é resultado de escolhas de um grupo, dentro de um coletivo em relação a outros grupos.

Com o passar dos tempos, após uma evolução gradativa do termo, cultura passa a ser associada à "formação" dos homens – ação de instruir, evolução, progressão, e a "educação" do espírito – ao estado de espírito cultivado pela instrução, a constituição do homem que tem cultura, aquele que se destaca na sociedade em decorrência de seus conhecimentos científicos e artísticos (voltado à elitização por meio da arte – uma posição fundamental para os pensadores iluministas). Para Nogueira (2008, p. 23), "[...] cultura é um termo que se torna emblemático do pensamento iluminista, associado sempre às ideias de progresso, educação e razão". Esse pensar pode ser identificado em diversos gêneros textuais, como, por exemplo, na letra da música *Cultura Racional*, interpretada por Tim Maia em 1976[6] e de composição de Beto Cajueiro:

.

---

[6] Em seu sétimo álbum de estúdio da carreira e o segundo e último enquanto esteve ligado à Cultura Racional, Tim Maia, vol. 2 "mostra" os princípios que regem a Ideologia Racionalista.

A ARTE E A CULTURA NA ESCOLA...
HÁ POTÊNCIA NA ESCOLA PARA CONSTITUIR-SE COMO UM ESPAÇO CULTURAL E ARTÍSTICO POR MEIO DA
FORMAÇÃO ESTÉSICA E DA MEDIAÇÃO CULTURAL

63

> *A cultura racional*
> É cultura sem igual
> É cultura do desencanto
> É cultura transcendental
>
> *Linda cultura*
> *Foi feita pra gente saber*
> *De onde viemos*
> *Pra onde vamos voltar*
>
> *Linda cultura*
> Foi feita pra desencantar
> Pra toda tristeza do mundo
> Se acabar [...]

> ***
>
> Não é raro encontrarmos gêneros textuais que abordam essa lógica da cultura associada à evolução humana, ao progresso contínuo relacionado à razão, ao acúmulo de informações evidenciando que é cultural o ser que somatiza saberes.
>
> ***

Apresento a seguir os estudos de Denis Cuche (2002). Este se dedicou a mapear o conceito de cultura, o qual começou a ser delineado na França, no século XVIII, associado à ideia de civilização, que representava o arcabouço de saberes acumulados e que podiam ser transmitidos: "[...] a civilização é então definida como um processo de melhoria das instituições, da legislação e da educação" (Cuche, 2002, p. 22). A partir desse período, o homem foi colocado no centro dos processos e do universo. O debate franco-alemão (século XVII – XX) entre cultura e civilização ganhou força nesse período, quando os franceses associavam a ideia de civilização ao termo, que dialogava com o conceito de refinamento, de progresso social, de saberes universais. Com o pensamento alemão, o conceito de cultura passou a distinguir cultura de civilização, pois "[...] a cultura se opõe à civilização como a profundidade se opõe à superficialidade" (Cuche, 2002, p. 25).

Os estudos de Edward Tylor e Franz Boas, nesse mesmo período, corroboraram para a definição de cultura como "estilo" particular que se exprime por meio da língua, das crenças, dos costumes, também da arte, mas não apenas dessa maneira. Esse estilo, esse "espírito" próprio de cada cultura influi sobre o comportamento dos indivíduos (Cuche, 2002). A cultura, nesse pensar, exprime o modo de ser humano específico aos pensares e às escolhas de cada grupo social. Esse olhar sobre a cultura que se impõe em virtude das escolhas coletivas e individuais fortalece--se nos Estados Unidos, um olhar antropológico que consagra a cultura como ciência em relação ao fortalecimento da Psicologia e da Sociologia.

Com a Antropologia americana, a cultura só existe em relação aos indivíduos; momento em que Edward Sapir (1884-1939) propõe uma corrente teórica denominada "cultura e perso-nalidade" que influencia tal postura antropológica. Nesse mesmo momento em que Sapir debruça-se sobre a referida corrente, Ruth Benedict (1887-1948) dedicada-se aos estudos dos "tipos culturais"; ela apresenta a ideia de um "arco cultural" – as dife-rentes culturas, as múltiplas possibilidades culturais, a configu-ração de cada cultura ganha força na riqueza de troca com as outras culturas. "Toda cultura é coerente, pois está de acordo com os objetivos por ela buscados, ligados a suas escolhas, no conjunto das escolhas culturais possíveis" (Cuche, 2002, p. 77) – em cena, o poder das escolhas, das significações de um coletivo, que influencia outros grupos, influenciados por outros mais como resultado dessas interações culturais – a aculturação.

Os estudos na área que se sucederam a esse posicionamento, em especial os pensares de Roger Bastide (1898-1974), propõem uma renovação do conceito de cultura, passando a considerá-la como um movimento cultural profundamente dinâmico, um pro-cesso de estruturação; superando o pensamento estruturalista de Lévi-Strauss. A cultura deixa de ser ponto de partida para entender o processo de aculturação – de troca de traços culturais localizados nas margens das áreas culturais – para que movimento intera-

A ARTE E A CULTURA NA ESCOLA...
HÁ POTÊNCIA NA ESCOLA PARA CONSTITUIR-SE COMO UM ESPAÇO CULTURAL E ARTÍSTICO POR MEIO DA
FORMAÇÃO ESTÉSICA E DA MEDIAÇÃO CULTURAL

65

cional entre diferentes culturas contribua com a compreensão da cultura. Segundo Cuche (2002, p. 137): "Toda cultura é um processo permanente de construção, desconstrução e reconstrução. O que varia é a importância de cada fase, segundo as situações". Como podemos constatar, a cultura constituída pelas interações sociais, por meio do contínuo movimento de construção, de desconstrução e de reconstrução conceitual, decorrente das diferentes situações vivenciadas, passa a ser reconhecida. É um momento histórico em que as escolhas individuais ou coletivas, pautadas na interação, ganham força e desencadeiam uma discussão intensa que leva a Escola de Frankfurt a conceber o conceito de formação cultural como "[...] um conjunto de múltiplas leituras da realidade que se constituem, através das gerações, na própria essência da humanidade" (Nogueira, 2008, p. 22).

Com base nessa múltipla possibilidade de ler a realidade e as interações, a cultura começa a ser compreendida como um sistema extremamente dinâmico e complexo, um conjunto de elementos culturais que não estão necessariamente interligados, uma vez que: "Os elementos que compõem uma cultura não são jamais integrados uns aos outros pois provém de fontes diversas no tempo e no espaço" (Cuche, 2002, p. 140). Cultura, portanto, como um movimento complexo que se "alimenta" de diferentes processos sociais, artísticos, históricos, religiosos e políticos, que não se integram, mas se interrelacionam. E, por vezes, acabam se integrando como decorrente desse constante movimento de construção, de desconstrução e de reconstrução, pois eles se "misturam" no indivíduo. "Talvez fosse melhor substituir a palavra 'cultura' por 'culturação' para sublinhar esta dimensão dinâmica da cultura" (Cuche, 2002, p. 137, grifos do autor). Compreende-se que nesse movimento de interação, de integração e de vivência pode-se formalizar a apropriação cultural, cujos elementos passam a constituir o perfil do sujeito, o que podemos chamar de

CULTURAÇÃO – o processo de interação social cujos elementos artísticos, históricos, religiosos, políticos e culturais contribuem para a formação do sujeito.

Por meio dos estudos de Cuche, podemos afirmar que cultura se refere ao movimento dinâmico, complexo e sistemático de construção, de desconstrução e de reconstrução. Um conceito que corrobora com o posicionamento de Gauthier e Mellouki (2004, p. 543): "[...] cultura que é, ao mesmo tempo, conhecimento e relação construída, relação em construção, sempre inacabada, relação consigo mesmo, com o Outro e com o mundo". Cultura que habita no campo que nos liga a nós mesmos, a nossa autoformação, que considera nossas heranças e histórias de vida, bem como reside no campo da amplitude cognitiva, artística e histórica que tem como aliada a estética e os movimentos sociais.

Como vimos, com base nos estudos de Cuche (2002), Nogueira (2008) e Gauthier e Mellouki (2004), o termo cultura pode receber inúmeros significados devido à diversidade de áreas em que está presente, bem como a que movimento ou época pode ser atribuído. A cultura é vista pelos autores em questão como um movimento de formação humana, que envolve diversos elementos culturais e sociais. Pensamento que contribui para o conceito de que o ser cultural é um ser humano dedicado a cultivar o saber, a ampliar seu olhar diante da realidade e de produzir cultura por meio das múltiplas possibilidades de manifestação artística e cultural.

Cultura resultante de vivências interativas que podem causar um afetamento decorrente das escolhas de cada sujeito ou do disponibilizado no meio social. Um repertório artístico e cultural que nos convida a refletir sobre os possíveis encontros entre a arte e a cultura bem como sobre o desenvolvimento de um perfil cultural que instiga o sujeito a ampliar seu olhar investigativo, curioso, estético, refinado e emancipatório.

A ARTE E A CULTURA NA ESCOLA...
HÁ POTÊNCIA NA ESCOLA PARA CONSTITUIR-SE COMO UM ESPAÇO CULTURAL E ARTÍSTICO POR MEIO DA
FORMAÇÃO ESTÉSICA E DA MEDIAÇÃO CULTURAL

67

Ao mapear o conceito de cultura, Cuche (2002) faz uso do pensamento de Sapir (1949 *apud* Cuche, 2002, p. 105), quando afirma que: "o verdadeiro lugar da cultura está nas interações individuais" – um movimento complexo que reconhece que, antes de olhar a coletividade, seria pertinente pensar as interações e as vivências individuais e como estas podem determinar o perfil de cada sujeito. Trata-se de entender que esse processo de formação envolve a ampliação do repertório artístico, que as escolhas culturais influenciam na constituição da personalidade e no modo de ver as diferentes realidades e que as interações corroboram para o refinamento dos sentidos.

São posicionamentos que convidam esta obra a reconhecer a cultura como *um constante movimento complexo de construção, de desconstrução e de reconstrução, pautado nas interações individuais e que, por meio das diferentes manifestações artísticas e culturais, pode ser potencializador de sensações, de afetamentos e de agenciamentos.* Na sequência, trato das diferenças e das semelhanças entre ambas manifestações.

Convergências e divergências entre cultura e arte

> *Eu te digo, aquele que não conhece a verdade*
> *é simplesmente um ignorante, mas aquele que*
> *a conhece diz que é mentira, este é um criminoso.*
> *A culpa de Galileu consistiria assim,*
> *no "pecado original" da ciência moderna.*
> (Trecho do texto de Brecht, em 1945)

Galileu Galilei – *"Leben des Galileu"* – é uma peça teatral que esteve em cartaz no Teatro Tuca, na Pontifícia Universidade Católica de São Paulo (PUC). Com texto de Bertold Brecht, de

1945, escrito em colaboração com o ator anglo-americano Charles Laughton, a peça convidou-nos a trazer a epígrafe citada. A vida de Galileu, uma peça encenada nos palcos de teatro, cuja montagem tem como atriz principal Denise Fraga, narra parte da biografia do artista italiano que conseguiu provar que a Terra girava em torno do Sol. Essa obra-prima cênica representa um testamento filosófico de Brecht, cujo texto *Infeliz a terra que precisa de heróis* sintetiza os temas mais frequentes de sua obra: o problema do herói, sua discutível utilidade e o uso da razão como instrumento de luta contra a barbárie.

IMAGEM 2: GALILEU GALILEI

FONTE: Fragmentos do encarte da Peça teatral *"Leben des Galilei"*

A ARTE E A CULTURA NA ESCOLA...
HÁ POTÊNCIA NA ESCOLA PARA CONSTITUIR-SE COMO UM ESPAÇO CULTURAL E ARTÍSTICO POR MEIO DA FORMAÇÃO ESTÉSICA E DA MEDIAÇÃO CULTURAL

69

A peça teatral submete o público presente a uma formação estésica, ao refinamento dos sentidos por meio da arte, da literatura e da filosofia, ou seria à culturalização, à civilização? O espetáculo discute: Quem foi Galileu? Ele tinha razão? Luzes, cenários, um sobe e desce do palco, movimentos marcados, público compenetrado – podia-se ouvir o respirar de algumas pessoas –, uma oratória impecável dos atores em cena e um texto clássico e ao mesmo tempo contemporâneo.

Seria esse movimento a cultura? Ou seria isso Arte? Deixar-nos estesiados de tanta beleza e por inúmeros estranhamentos, colocar-nos imersos nessa gama de conhecimentos e de sensações, envoltos em pensares vinculados aos sentidos aflorados pelo contato com as diferentes manifestações artísticas será papel da cultura ou cabe à arte? É... creio que seja a hora de compreender melhor esse território da arte e a sua relação com a cultura! Qual sua relação com o jogo ideológico, político e econômico a que estamos submetidos diariamente... Como pode a arte – a cultura – nos provocar a pensar e a viver? Permitindo-nos agenciamentos? Já afirmara Friedrich Nietzsche (1844-1900) que "[...] a arte e nada mais que arte é a grande possibilitadora da vida, a grande aliciadora da vida, o grande estimulante da vida".

Desde a Renascença, no final do século XIX, a arte tem sido visualizada por muitos como uma forma de rebeldia frente às regras de civilização e da elitização. A arte estaria associada a um olhar e a um movimento social individual, e não coletivo, enquanto a cultura estaria diretamente associada ao pensar coletivo. Segundo Teixeira Coelho (2008, p. 117): "A arte é vizinha da cultura mas as aproximações entre uma e outra acabam na zona movediça que, de algum modo, delimita os territórios

"A arte é uma questão de desejo, enquanto a cultura surge como resposta inevitável a uma necessidade: uma inevitabilidade" (Coelho, 2008, p. 125).

de uma e outra. As diferenças entre cultura e arte são mais significativas que suas semelhanças [...]". De certo que há, de fato, convergências e divergências entre esses dois movimentos. Ao ler o livro *A cultura e seu contrário* (Coelho, 2008), fui surpreendido por diferentes olhares conceituais. Saberes que não eram contemplados em meus pensares! Por isso a necessidade de desvendar os múltiplos conceitos sobre a ARTE e a CULTURA – podendo até reconhecer que a cultura existe sem a arte! Coelho (2008), um conceituado pesquisador e curador que atuou no Museu de Arte de São Paulo (Masp), apresenta as diferenças entre cultura e arte. Ele traz em seu livro uma síntese para entendermos a obra de cultura e a obra de arte; enfim, as políticas culturais de nosso país e do mundo.

No olhar do autor, na arte se destaca o pensar do sujeito, do indivíduo, do grupo que cria a obra para uma comunidade, e não uma comunidade que cria ou reproduz em prol de uma necessidade. "A arte é uma questão de liberdade [...]" (Teixeira, 2008, p. 125). A arte é fruto do desejo, da liberdade, por isso é ímpar, única, independente, visa primeiramente atender ao artista, e depois, quem sabe, ao grupo que pode ou não apreciar a criação. A arte é subjetiva, mexe com o emocional, provoca, incomoda e gera pensares. Na arte, encontramos pequenos, mas grandiosos em significado, fragmentos de um sujeito que não tem a intenção de comunicar ou tampouco influenciar com suas ideias, mas que busca representar, expressar seus pensares e sentimentos, seu ideal para si mesmo; busca socializar, externalizar para o mundo o que vem refletindo a respeito do que vive. Talvez, por isso, toda obra de arte, por querer ser única, exclusiva, por vezes pode até ser considerada de risco, pode desestabilizar sentimentos, anunciar mudanças conceituais e está pautada na singularidade.

A cultura, por ser coletiva, não depende unicamente do indivíduo para acontecer, tampouco da arte, pois a cultura está relacionada aos movimentos históricos e sociais, e às vezes artísticos,

A ARTE E A CULTURA NA ESCOLA...
HÁ POTÊNCIA NA ESCOLA PARA CONSTITUIR-SE COMO UM ESPAÇO CULTURAL E ARTÍSTICO POR MEIO DA
FORMAÇÃO ESTÉSICA E DA MEDIAÇÃO CULTURAL

71

de vários sujeitos. Ela, a cultura, tem a pretensão de comunicar pensares ou ideologias de outrém; opera com signos e símbolos que representam uma escolha coletiva, portanto visa acomodar certos pensamentos, regras, normas no intuito de confortar. Busca trazer estabilidade, que desencadeia uma identidade, um atender à necessidade de um determinado grupo, pois tem uma oratória, um discurso como narrativa, como um enredo, uma apresentação, um reproduzir, um desenvolver, uma solução.

Para Coelho (2008), a cultura, por ser temporal e contextualizada historicamente, pode ser interpretada, esclarecida, já a arte é matéria-prima para apreciação, deleite, investigação ou negação. A cultura pode ser construída, elaborada e constituída, duradoura, cumulativa, assegura continuidade, cultua um patrimônio; enquanto a arte mostra-se efêmera, particular, atemporal, dispensa a continuidade, não acumula, está focada no instante, na unicidade. Tem-se como exemplo a arte contemporânea, que, por meio de sua manifestação artística, tem a intenção de provocar, afetar, incomodar, convidar a pensar. Seja uma letra de música, uma pintura, uma *performance*, uma poesia ou até uma instalação artística, no momento da interação entre sujeito e objeto de arte contemporânea muitas são as possibilidades de afetamento, estranhamento, apreciação ou imparcialidade.

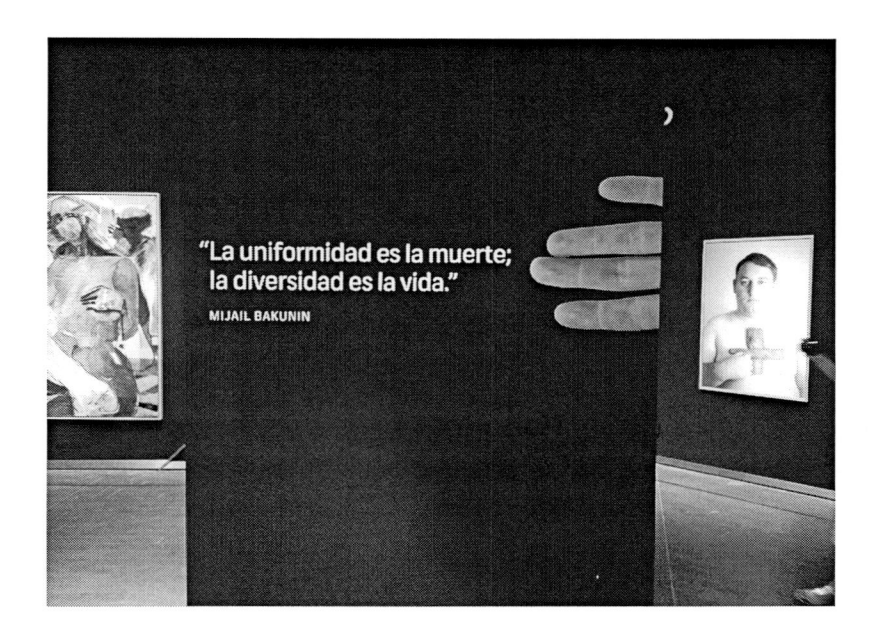

IMAGEM 3: ARTE CONTEMPORÂNEA - V Bienal de Arte Contemporáneo – Fundación Once – de 21 de maio a 14 de setembro de 2014 no Palácio de Cibeles[7], Paseo De Recoletos, Madri, Espanha

FONTE: Acervo fotográfico do autor

Por mais inesperada que seja, a arte contemporânea recebe essa nomenclatura pela sua particularidade de estar focada no instante, dispensa entendimento, instiga o pensar, desencadeia por vezes a fruição e estabelece interações particulares a cada sujeito. A arte foge da uniformidade, ela está no campo da diversidade, das múltiplas possibilidades de pensar, na riqueza da manifestação artística e na pluralidade de olhares. A arte tem o poder de possibilitar a ampliação de nossas capacidades cognitivas para além dos limites originalmente impostos pela natureza.

---

[7] O Palácio das Comunicações em Madrid está situado junto à Fonte de Cibeles. Esse edifício, que é a estação central de correios de Madrid, é conhecido também por Nuestra Señora de las Comunicaciones, devido ao seu aspecto ser semelhante a uma catedral.

A ARTE E A CULTURA NA ESCOLA...
HÁ POTÊNCIA NA ESCOLA PARA CONSTITUIR-SE COMO UM ESPAÇO CULTURAL E ARTÍSTICO POR MEIO DA
FORMAÇÃO ESTÉSICA E DA MEDIAÇÃO CULTURAL

73

Segundo Deleuze e Guatarri (2013, p. 193, grifos dos autores):

> A arte conserva, e é a única coisa no mundo que se conserva. Conserva e se conserva em si *(quid juris?)*, embora de fato, não dure mais que seu suporte de materiais *(quid facti?)*, pedra, tela, cor, química, etc.".

O que se conserva são as sensações, que, para os autores, trata-se dos perceptos e dos afectos[8]. Ainda para os autores, há três ordens de saberes: a filosofia criadora de conceitos; a arte que possibilita sensações, afetamentos; e a ciência que cria conhecimentos. Há uma relação transversal entre elas na constante busca de colocar ordem no caos. A arte como criadora de sensações, de forças de imanência, de virtualidades, de acontecimentos, de singularidades e de potências culturais, cujo objetivo não está em reproduzir formas, mas em identificar forças e dar visibilidade a elas como em um processo de potencialização, de dar atenção aos pequenos detalhes, que são o que de fato importa.

Nesse contexto, alguns conceitos são oriundos da filosofia, mas, segundo Deleuze e Guattari (2013), há também os que fazem parte do mundo das artes, que podemos chamar de perceptos. O artista pode ser um criador de perceptos, que não significa a mesma coisa que percepções. O percepto é um conjunto de sensações e percepções complexas que vai além daquele que a sente – como se fosse uma descrição de determinada situação imaginada ou vivida pelo artista e que nos permite ver o mundo de outra maneira. Não há perceptos sem afectos, por sua vez, são os devires – constantes processos de mudança atuais e não futuros – que transbordam o pensar. O afecto é o modo de sentir e existir que atua sobre a vida daquele que o observa.

---

[8] Importante ressaltar que o conceito de perceptos e afectos é definido por Spinosa em sua tese, que apresenta que não há diferença de natureza entre o corpo e a alma, e sim que esses dois corpos constituem juntos um único ser. Com essa afirmação, ele vai contra o pensamento que valorizava essa dualidade, onde normalmente havia presente a intenção de desvalorização do corpo e o enobrecimento da alma.

Uma obra de arte pode liberar os afectos, visto que a criação do artista representa um conjunto de percepções e sensações, que faz com que sentimentos se tornem afectos, e aquilo que as pessoas veem se torne percepto. A função da arte é despertar o percepto das percepções, é instigar o afecto das afecções – "[...] um extrair de sensações, um puro ser de sensações" (Deleuze; Guattari, 2013, p. 197). Um convite a ver os detalhes, as aberturas, as vibrações e os agenciamentos presentes nas relações entre os seres humanos. Os perceptos e os afectos possibilitam junto aos conceitos resistir à banalidade da vida. A arte que atua como uma resistência para suportar a trágica existência humana, um meio de resistir, colocar ordem ao caos, e assim conseguir transformar a existência em uma obra de arte chamada vida. A arte, portanto, pode ser vista nesta obra como um meio de potencializar a "vida" cultural da escola pelo viés artístico desencadeador de afectos e perceptos.

Destaco que arte e cultura, apesar de suas divergências, apresentam também convergências. É, nesse caso, acreditar que, para ambas – ARTE e CULTURA – o que está em jogo não são as verdades absolutas, mas a multiplicidade de olhares, de fazeres e de movimentos artísticos e culturais. Uma cultura que pode ser artística quando se dedica a olhar o mundo e fazer o mundo a sua maneira. Uma parceria entre as diferentes linguagens artísticas e as múltiplas facetas culturais. Uma arte que pode nos remeter a um movimento cultural, que, por meio da sua transversalidade com a filosofia e a ciência, pode despertar no homem novos pensares, ampliar o olhar e refinar os sentidos cada vez que provoca sensações.

Nesta obra, defino a **cultura** como um constante movimento complexo de construção, de desconstrução e de reconstrução, pautado nas interações individuais e que, por meio das diferentes manifestações artísticas e culturais, pode ser criadora

A ARTE E A CULTURA NA ESCOLA...
HÁ POTÊNCIA NA ESCOLA PARA CONSTITUIR-SE COMO UM ESPAÇO CULTURAL E ARTÍSTICO POR MEIO DA FORMAÇÃO ESTÉTICA E DA MEDIAÇÃO CULTURAL

75

de sensações, afetamentos e agenciamentos. A **arte**, como um conjunto de movimentos que pode provocar sensações, afetamentos, estranhamentos, conexões e aproximações entre o objeto de arte e o ser humano, em uma contínua relação entre os afectos e os perceptos.

Proponho pensar que ambas, a cultura e a arte, possuem importante papel na escola, desde que esses movimentos culturais sejam de promoção da cultura artística, e não da cultura de civilização. Que a fomentação da arte seja natural, envolvente e convidativa, e não limitadora de pensamentos. A arte que supera a função instrumental e que possibilita a sensibilização, a culturalização voltada à apreciação e à criação artística. A ideia de reconhecer na escola um lugar para as diferentes manifestações artísticas que compõem um movimento cultural que, por sua vez, privilegia a formação estésica e a mediação cultural.

A escola vista como um espaço educacional que possui potência para constituir-se um espaço cultural, que se encontra em constante movimento, que prepara para a vida, que possibilita a internalização de vários conceitos, que envolve a comunidade escolar na formação humana, integral e social. "O fundamental é que a escola estimule e desenvolva todo o potencial humano, que aponte para uma efetiva formação integral [...]" (Nogueira, 2008, p. 140). Entretanto, será que essa escola reconhece suas possibilidades de autopotencialização?

A escola como instituição cultural...

> *[...] a educação é mediatizada pelo mundo em que se vive, formatada pela cultura, influenciada por linguagens, impactada por crenças, clarificada pela necessidade, afetada por valores e moderada pela individualidade.*
> (Barbosa, 2010)[9]

[9] Professora da Pós-Graduação da Escola de Comunicações e Artes da Universidade de São Paulo

ANDREY FELIPE CÉ SOARES

O papel da escola – da educação – mudou. Se, no princípio, ela foi construída como instituição que se ocupava com a transmissão de saberes, no decorrer dos anos, sua função social e política foi se delineando, e, hoje, ela é percebida como uma instituição cultural. Um espaço que pela sua organização possui meios e agentes para a promoção das diferentes culturas, em especial o contato com a cultura artística, que pode possibilitar o despertar dos afectos e dos perceptos, e um refinamento dos sentidos. Trata-se de uma escola com o olhar pautado na valorização das manifestações culturais, da formação estésica, do diálogo sobre a arte, do estabelecimento de interações sociais, do incentivo para a vivência cultural artística, do reconhecimento de valores e da prática de gerar significados que permitam um aprendizado individual e coletivo.

Para Gauthier e Mellouki (2004, p. 538), o papel mudou ainda mais: "[...] a escola é uma instituição cultural no sentido pleno do termo". Os autores apresentam três importantes argumentos: a) cultura é mais que o acúmulo de diferentes conhecimentos; b) os professores possuem importante papel frente à culturalização dos alunos; c) os professores são mediadores culturais. Essa abordagem dos autores permite-nos perceber a escola não como um espaço de falência frente à cultura; pelo contrário, trata-se de reconhecer sua potência para tornar-se um meio de culturalização, que pode ser pelo viés artístico, assim como preconizam as Diretrizes Curriculares Nacionais para a Educação Básica (Brasil, 2010), quando afirma que há de se contemplar nos currículos organizados e implantados pelos sistemas de ensino em todo território nacional os princípios éticos, políticos e estéticos. Com

---

– ECA, Ana Mae Barbosa é uma das principais referências brasileiras em arte-educação. Desenvolveu o que chamou de abordagem triangular para o ensino de artes, influenciada diretamente por Paulo Freire, concepção sustentada sobre a contextualização da obra, sua apreciação e o fazer artístico. A pesquisadora foi, também, a primeira a sistematizar o ensino de arte em museus, quando dirigiu o Museu de Arte Contemporânea da Universidade de São Paulo – MAC.

A ARTE E A CULTURA NA ESCOLA...
HÁ POTÊNCIA NA ESCOLA PARA CONSTITUIR-SE COMO UM ESPAÇO CULTURAL E ARTÍSTICO POR MEIO DA
FORMAÇÃO ESTÉSICA E DA MEDIAÇÃO CULTURAL

77

base nesses princípios, acrescento, assim, quatro ideias as quais defendemos nesta pesquisa e que nos convidam a ampliar a discussão sobre a potencialização da escola como espaço cultural:

a) A escola é uma instituição cultural que se caracteriza como um espaço rico propício para a promoção da cultura artística, superando a lógica da transmissão de informações e apropriando-se da prática do diálogo frente aos diferentes olhares;

b) A formação estésica pode, por meio do contato com a arte e as vivências culturais, possibilitar aos sujeitos o refinar de seus sentidos e de seu olhar;

c) A mediação cultural, por meio de seus sujeitos mediadores, objetos propositores e as possibilidades de parceria com diferentes espaços culturais, pode promover o desenvolvimento da sensibilidade;

d) A escola pode constituir sua identidade de espaço cultural de fato por meio dos acontecimentos, dos agenciamentos e das forças culturais intensificados pela formação estésica e da mediação cultural.

Quando se evidencia essa concepção de uma escola como instituição cultural plena, é importante identificar que não se fala apenas do ambiente escolar como encontro de diversas culturas, um espaço multicultural que acolhe pessoas de diferentes regiões, com experiências diversas, um lugar que está imerso na cultura da humanidade, que está pautado na comunicação, mas que, também, se caracteriza como espaço de vivências artísticas e estéticas. Como vimos em Cuche (2002), deve-se à "escola cultura e personalidade" a ênfase na importância da educação no processo de diferenciação cultural. A educação é necessária e determinante entre os homens, pois o ser humano quase não tem programa genético que guie o seu comportamento. A escola que, desde os tempos remotos, busca cumprir seu papel de ofertar, aproximar e convidar ao saber.

A escola entendida como espaço que prioriza a cultura, que se dedica ao processo de culturalização dos sujeitos, que considera o contato com as artes como um dos fatores determinantes na formação pessoal, social e profissional dos sujeitos. Pela cultura artística, aprendemos a comunicar-nos com o mundo de diferentes formas, ampliamos nosso olhar, passando a respeitar diferentes culturas, cabendo à escola provocar esse acesso. No entanto, a escola, que deveria ser o espaço primeiro para o desenvolvimento de atividades culturais – pois ela é a instituição social que lida com a formação do ser, com sua preparação para a vida –, parece, em muitos casos, não reconhecer sua devida potência artística e cultural. Por vezes, a escola desconhece sua capacidade de promover boas experiências artísticas. Iniciativas voltadas às artes, tais como projetos de formação de leitores por meio da fruição literária, visitações a museus e galerias de arte, programas culturais envolvendo a música, dança ou teatro, entre outras vivências, nem sempre fazem parte do currículo escolar. Além disso, a escola sente uma necessidade de didatizar todas as suas práticas e, sem perceber, deixa de investir no despertar da curiosidade, de permitir a fruição e de incentivar o estabelecimento de parcerias.

A cultura nos proporciona um movimento que nos leva a pensar, a querer saber mais, a buscar novos olhares, nos permite ser tocados pelo objeto artístico que, por sua vez, oferece uma gama de experiências sensíveis, culturais, históricas, políticas e sociais. Pela cultura e pelo contato com a arte, representamos pensamentos, sentimos o mundo, somos afetados; deixamo-nos tocar pelas cores das imagens, pelos sons de instrumentos musicais, pelas palavras das poesias e pelas formas expressas em argila ou madeira, por exemplo.

A ARTE E A CULTURA NA ESCOLA...
HÁ POTÊNCIA NA ESCOLA PARA CONSTITUIR-SE COMO UM ESPAÇO CULTURAL E ARTÍSTICO POR MEIO DA
FORMAÇÃO ESTÉSICA E DA MEDIAÇÃO CULTURAL

79

As sensações que fruem dos momentos de formação cultural, das múltiplas leituras de mundo, das interações com objetos de arte são ímpares, pois, assim como em uma viagem, quando nos permitimos conhecer algo novo ou revisitar espaços até então vistos apenas por intermédio da mídia ou de livros didáticos, pelo contato com as manifestações artísticas pode-se desencadear *insights* e experiências estéticas que possibilitem o desenvolvimento de um olhar investigativo, sensível, curioso e cultural (Martins; Picosque, 2012).

A cultura é matéria-prima para a escola, para o repensar de como tem se implementado a formação individual e coletiva dos sujeitos, pois, por meio da formação cultural, possibilita-se o desenvolvimento do conhecimento sensível, do modo de ver a si mesmo e aos outros. A cultura "[...] permite definir, elaborar ou modificar a relação consigo mesmo, com os outros e com o mundo" (Gauthier; Mellouki, 2004, p. 540). A cultura tem seu significado mais antigo relacionado à formação, à melhoria e ao refinamento do homem, e que, por esse viés de aprimoramento, exercita seu "poder/direito" de escolher diante de diferentes modos de viver, de pensar e de conviver. Assim, pelo exercício da escolha, constitui sua personalidade humana, colocando em prática sua capacidade de autoalimentar-se culturalmente ou de colocar-se na condição de aprendiz frente às possibilidades de formação em sociedade, na escola ou na família (Abbagnano, 2007).

> Penso a mediação cultural como aproximação, como conhecer por diversos olhares, como pensar que "[...] cada conceito remete a outros conceitos, não somente em sua história, mas em seu devir ou suas conexões

Como muitos pesquisadores, incomodado diante da lógica de uma escola que, por vezes, condiciona e pacifica, era preciso mais! Era preciso desvendar o processo de construção do conhecimento, a formação dos sujeitos por meio do contato com as artes, rompendo a ideia de uma sociedade que reproduz discursos do senso comum, que, com certa influência, enaltece os valores individualistas, supervaloriza o consumo e atrela felicidade ao sucesso profissional a qualquer preço. Há de fato a necessidade de revermos a escola, os saberes docentes, os processos de formação estésica, de investirmos na busca do refinamento dos sentidos, a fim de possibilitar o desenvolvimento da percepção, da sensibilidade humana e da constituição da coragem. Repensar a escola, convida-nos a entender que a prática docente está diretamente associada à "[...] compreensão do valor dos sentimentos, das emoções, do desejo, da insegurança a ser superada pela segurança, do medo que, ao ser 'educado', vai gerando coragem" (Freire, 2014, p. 45, grifo do autor).

As práticas escolares carecem tanto do sensível como do inteligível. Nesse repensar, pode ser um caminho superar o olhar tecnicista e assumir a lógica de práticas escolares transdisciplinares – abordagem científica que visa a unidade do conhecimento, que procura estimular uma nova compreensão da realidade articulando elementos que passam entre, além e por meio das disciplinas –, que propiciem a constituição de um ambiente escolar promovedor de formação estésica.

A educação conta com professores intelectuais, técnicos, profissionais, éticos e políticos que desconhecem seu perfil de propulsores culturais, perceptíveis ao senso estético e à sensibilidade. Esse aprendizado

> Investir na formação sensível torna-se necessário em prol da dinamização do processo formador, visando possibilitar o desenvolvimento de um olhar mais humanizado, de forma a viabilizar a todos os seres humanos reconhecerem-se como sujeitos culturais. Para tanto, problematizar sobre a formação estésica contribuirá na reflexão frente à arte e à cultura presentes no espaço escolar.

A ARTE E A CULTURA NA ESCOLA...
HÁ POTÊNCIA NA ESCOLA PARA CONSTITUIR-SE COMO UM ESPAÇO CULTURAL E ARTÍSTICO POR MEIO DA FORMAÇÃO ESTÉSICA E DA MEDIAÇÃO CULTURAL

81

pode ser oportunizado por meio do contato com a arte, por meio da educação estética e da vivência com as diferentes formas de expressão cultural que possibilitam o desenvolvimento da sensibilidade humana. É sob essa ótica que a estética pode ser considerada como um dos meios fundamentais para o desenvolvimento da percepção, da atitude crítica e da atividade imaginária e criativa, elementos primordiais para uma escola que se reconhece como um dos muitos lugares de manifestação da arte.

Torna-se relevante concordar com Gauthier e Mellouki (2004, p. 538) quando dizem que "[...] a escola é uma instituição cultural no sentido pleno do termo e que os professores são seus principais atores". A escola é lugar de formação constante e, por estar repleta de movimentos sociais, torna-se espaço fértil para a promoção da formação cultural, para agenciamentos culturais, o despertar dos afectos e dos perceptos.

Nesse pensar, a formação de professores "[...] deveria ser uma autêntica *Bildung* [(construção e reconstrução)], formação em sua integridade" (Lüdke *et al.*, 2004, p. 181-192), superando uma habilitação apenas técnica. Essa afirmação permite-nos pensar que o processo de formação dos sujeitos precisa contemplar além da formação específica (técnica) e geral, a formação estésica, por compreender que, por meio dela, desenvolvemos os sentidos e aprimoramos a forma de ver e de ler o mundo que nos cerca.

No transcorrer das páginas desta obra e na tentativa de desengavetar as palavras, de apresentar os diferentes olhares e de ampliar o repertório do pensamento, veremos que a cultura e a arte são matérias-primas para constituição do perfil artístico e cultural da escola, e que, para isso, precisa estar em pleno processo de humanização, por meio da formação estésica.

Vamos abrir a "caixa": Há potência artística e cultural na escola?

Deleuze e Guattari (2014), no livro *O que é a filosofia*, defendem a ideia de que a função principal do pensamento humano é organizar todas as forças, as zonas de expansão, e as intensidades que possam existir na vida e agem como potências que vislumbram um devir, um vir a ser, um processo de mudança pautado no agora. O conceito de potência que adotamos nesta obra está alicerçado nos estudos de Friedrich Nietzsche e nos pensares de Gilles Deleuze e Feliz Guattari, quando propõem que a potencialidade contempla uma multiplicidade de qualidades, um olhar transversal de ver as coisas do mundo, um intensificar da vontade e das forças que atuam no tempo presente, nos processos e nos movimentos, "[...] uma constante atenção ao mundo a ao tempo presente, a busca dos pequenos detalhes que são o que de fato importa" (Gallo, 2007, p. 18). Por isso a escolha da epígrafe e da metáfora para esta obra, bem como do convite de abrir-se a "caixa" cultural da escola, pois defendemos a ideia de que, neste desbravar do movimento cultural representado nos rizomas – as duas cartografias construídas pelos sujeitos da pesquisa –, é possível identificar as zonas de expansão, as linhas, os territórios e os agenciamentos (platôs) que podem contribuir para a potencialização da escola como espaço cultural.

Ao pensar-se em potência, inverte-se o olhar platônico, com a filosofia de Nietzsche, ao invés de buscar as formas puras – as verdades únicas, *a priori* e universais. Dedica-se à procura dos detalhes, dos encontros, das múltiplas possibilidades e às coisas que passavam despercebidas. O foco na teoria Nietzschiana não são as verdades ou as objetividades, trata-se de uma filosofia que se dedica à multiplicidade, ao diferente, aos "[...] 'múltiplos olhos' que podem nos possibilitar um conhecimento mais com-

A ARTE E A CULTURA NA ESCOLA...
HÁ POTÊNCIA NA ESCOLA PARA CONSTITUIR-SE COMO UM ESPAÇO CULTURAL E ARTÍSTICO POR MEIO DA
FORMAÇÃO ESTÉSICA E DA MEDIAÇÃO CULTURAL

83

pleto e mais complexo" (Gallo, 2007, p. 31, grifo do autor). Para Nietzsche, o conceito de vontade de potência trata-se de uma proposição cosmológica que alicerça toda sua teoria e sua genealogia da moral. Ele toma, inicialmente, o conceito de Schopenhauer, cuja vontade é cega e insaciável, uma força que estaria para além de todos os nossos sentidos. A vontade de potência é a vida, não somente a orgânica, faz parte do mundo e está presente em tudo, está nas relações simples e nas complexas, é múltipla e está relacionada à forma de ver o mundo, que se encontra em pleno movimento e desequilíbrio.

No pensamento pré-socrático, há uma conjugação natural e equivalente entre a arte, o pensamento – filosofia, e o saber – e a ciência. Olhar que leva Nietzsche (2015) a entender que o homem, na sua essência, não é o homem idealizado, "construído" na modernidade e percorrido como referência, mas é um "super-homem", um ser de "espírito livre" que está na superação de si mesmo, na aceitação da mudança constante, e não no estabelecimento da verdade absoluta imposta pela religião ou pela sociedade. Para o autor, o homem não é o centro de tudo. Nietzsche provoca o homem a descer do pedestal imposto socialmente na modernidade e passar a reconhecer que o homem é, na sua essência, um constante devir.

> Você deve torna-se senhor de si mesmo, senhor também de suas próprias virtudes. [...] Você deve ter domínio sobre seu pró e o seu contra, e aprender a mostrá-los e novamente guardá-los de acordo com seus fins. Você deve aprender a ser um espírito livre e começar a ver com seus olhos (Nietzsche, 2015, p. 12, fragmento do aforismo 6, grifos meus).

Há potência e vontade de potência em um constante vir a ser pautado no agora, e não idealizando um futuro, pois todo olhar futurista e idealizador, para Nietzsche, é como um niilismo – visto que o idealista se refugia em um mundo imaginário que nega a realidade que o cerca. A potência entendida como um processo de constante mudança, sem estar pautada em interpretações superficiais. Como no diálogo entre Glauco e Sócrates, em *A República*, de Platão, em que se supera a lógica de interpretar apenas as sombras refletidas na caverna. A sensação dá espaço ao inteligível na superação do primeiro olhar e, após muito esforço, pode-se conhecer de fato algo, no lugar de apenas interpretá-lo.

A vontade de potência é a incansável busca de expandir-se, superar-se, agrupar-se e tornar-se ainda mais forte, melhor e maior, sem repouso, sem titubear; é a capacidade de efetivar-se, nesse instante, como um espírito livre, superando a lógica da valorização das formas, do belo e do sublime. "É marca de uma cultura superior estimar as pequenas verdades despretensiosas achadas com método rigoroso, mais do que erros que nos ofuscam e alegram, oriundos de tempos e homens metafísicos e artísticos" (Nietzsche, 2015, p. 16). O autor, por meio de seus aforismos, além de convidar o leitor – homem – a superar a lógica platônica e assumir uma postura dionisíaca, provoca-nos a pensar e a considerar os pensares metafísicos e artísticos, tão pouco valorizados na época de seus escritos, mas que trataram de desencadear mudanças profundas na filosofia. De fato, essa é uma de suas características; como se estivesse na contramão do pensamento da época, na intenção de causar estranhamentos que desencadeassem, e desencadeiam até hoje, o rompimento da constituição de verdades absolutas. Para ele, não se deve buscar uma cultura superior, mas sim a constituição de um espírito livre – capaz de realizar escolhas sem influência dos pensamentos dominantes, a fim de constituir-se uma nova cultura, uma nova forma de pensar.

Nietzsche opõe-se aos estudos de Darwin, quando afirma que o homem não pode e não quer permanecer ou acomodar-se frente às situações limitantes para sobreviver. O homem quer

A ARTE E A CULTURA NA ESCOLA...
HÁ POTÊNCIA NA ESCOLA PARA CONSTITUIR-SE COMO UM ESPAÇO CULTURAL E ARTÍSTICO POR MEIO DA FORMAÇÃO ESTÉSICA E DA MEDIAÇÃO CULTURAL

85

viver em plenitude, quer expandir-se, conquistar, implementar, dominar, criar valores, dar sentidos às ações humanas e sociais. A vontade de potência é "[...] a vontade de durar, de crescer, de vencer, de estender e intensificar a vida. É vontade de mais" (Nietzsche, 2011, p. 104). O homem precisa e quer ser atuante no mundo, criar suas próprias condições de potência por intermédio do encontro com outras forças. A potência fortalece-se na vontade de querer, um sim ao devir – um eterno vir a ser –, busca ser completa e plena de si, o que dá sentido, cria valores, cresce e ultrapassa-se, pois é excesso que transborda.

Com a concepção de forças ativas e passivas, Nietzsche cria seu método genealógico e pretende realizar a transvaloração de todos os valores, defende a ideia de que é necessário ao homem reapropriar-se do seu querer ser, e assim criar valores, livrar-se das amarras colocadas pela sociedade. Para tanto, ele afirma que: "Partindo da arte, pode-se passar mais facilmente para uma ciência filosófica realmente libertadora" (Nietzsche, 2015, p. 35). Ainda, segundo o autor, pode-se recorrer à arte para superar a cultura da necessidade aprendida, passando a ficar embriagado pelo aroma das flores (aforismo 29), ou seja, pela vida e seus "erros", acreditando que, quanto mais independente, rigoroso e profundo for o pensamento humano, quanto mais delicado estiver seus sentimentos, quanto mais conhecedor de si e, consequentemente, automotivado, mais o ser humano estará demasiadamente humano, um espírito livre[10] em sua plenitude.

A escola, para o autor, não tem tarefa mais importante do que ensinar o pensamento rigoroso – um pensamento pautado no olhar estésico, que se constitui por meio da arte, da cultura e do conhecimento de si mesmo e da vida, um pensamento que

---

[10] "É chamado espírito livre aquele que pensa de modo diverso do que se esperaria com base em sua procedência, seu meio, sua posição e função, ou com base nas opiniões que predominam em seu tempo. Ele é a exceção, os espíritos cativos são a regra [...]" (Nietzsche, 2015, p. 143).

desenvolve o julgamento prudente e o raciocínio coerente. Ela é, portanto, espaço de formação constante. Em nosso pensar, possui potência para tornar-se espaço cultural; um processo de aprendizado profundo e rigoroso que nos permite ler o mundo com olhar ampliado, crítico, com os sentidos refinados, que nos convida a exercer uma postura mais humana.

A escola pode ser o lugar para a *aisthesis*, entendida aqui como estesia, "[...] um dedicar-se ao desenvolvimento e refinamento de nossos sentidos, que nos colocam face a face com os estímulos do mundo" (Duarte Jr., 2010, p. 13). Uma educação para o sensível, que pode dar-se por diversas vias, diversas manifestações culturais, dentre elas o contato com as diferentes linguagens da arte, uma potência, um *devir*, segundo Nietzsche (2011), um ideal de formação humana completa, autêntica, vital, um conjunto de manifestações da força interior, um desejar ser, um vir a ser, um ser fiel a nós mesmos.

Como canta Maria Bethânia em *Quem me leva os meus fantasmas:*

> De que serve ter o mapa se o fim está traçado,
> De que serve a terra à vista se o barco está parado,
> De que serve ter a chave se a porta está aberta,
> De que servem as palavras se a casa está deserta...
> (Pedro Machado Abrunhosa, 2007)

...e que me atrevo a complementar:

> ...de que serve uma escola que tem potência para algo se não mobiliza forças para um devir, um vir a ser um espaço cultural? Quais os caminhos, os encontros, os agenciamentos, os trajetos de leitura possíveis para a potencialização da cultura e da arte na escola?

Sem identificar suas zonas de expansão, seus platôs, suas forças vitais, suas linhas de fuga, a escola perde a oportunidade

A ARTE E A CULTURA NA ESCOLA...
HÁ POTÊNCIA NA ESCOLA PARA CONSTITUIR-SE COMO UM ESPAÇO CULTURAL E ARTÍSTICO POR MEIO DA
FORMAÇÃO ESTÉSICA E DA MEDIAÇÃO CULTURAL

87

de constituir-se como um espaço de múltiplas qualidades.

Era preciso trazer à tona que as possibilidades de potencialização artística e cultural da escola estão disponíveis, mas era preciso cartografá-las...

> A **formação estésica** está diretamente ligada à ideia de a escola proporcionar uma educação do olhar – pela humanização –, um refinamento dos sentidos – pelo contato com as artes –, aliado ao inteligível – pela construção e reconstrução de conceitos.
>
> A **mediação cultural** está associada à lógica de uma rede de possibilidades de aprimoramento da formação humana, do aprendizado por meio da apreciação estética, do contato com as artes, da parceria com os espaços culturais e dos possíveis meios de promoção de vivências artísticas dentro ou fora da escola.

Ao identificar e estabelecer as devidas concentrações teóricas que apresento nos capítulos a seguir, foi preciso compreender que elas não são hierárquicas. Cada uma é base para o sucesso e para o desenvolvimento da outra, mas que age como possibilidades que ora convergem e ora divergem em práticas, pensares e resultados, como em um rizoma, que possibilita encontros e desencontros, pois o foco está no processo, no movimento cultural que pode ser potencializado pela escola pelo viés artístico. Um ponto de vista que nos convida a refletir sobre a grandeza de desbravar-se na constante busca pelo saber, pelo refinamento dos sentidos, pela educação sensível que tende a existir na escola, por gestores da aprendizagem que compreendem a riqueza do estabelecimento de parcerias e da constituição de meios e de mecanismos para o pleno convívio com a cultura artística.

Penso que, por meio da formação estésica e da mediação cultural, a escola possa assim constituir-se como um espaço de muitas possibilidades culturais e artísticas. *Uma escola [espaço cultural] que prioriza uma aprendizagem culturalizada, que reco-*

nhece o valor dos componentes artísticos e culturais, que percebe seu potencial, que permite ao homem se fazer mais livre [o pensar] em decorrência do seu envolvimento com a cultura.

O ser humano, para realizar-se como tal,

> [...] não precisa apenas de conhecimentos e informações. A cultura, na forma de todo desenvolvimento científico, filosófico, ético, tecnológico etc., é o próprio substrato da liberdade do homem, para além da necessidade natural (Paro, 2011, p. 496-497).

Assim, na necessidade de estabelecer uma rede de relações e de possibilidades culturais para discutir-se a realidade social, a vida e a docência, pode-se proporcionar um processo de ensino e aprendizagem que privilegie a estruturação do olhar sensível, um perfil individual e coletivo que valoriza a vida, a cultura, as artes e o pleno desenvolvimento humano.

Quando se trata da necessidade de refinar os sentidos, sinaliza-se que, pelo desenvolvimento dos sentidos, pode-se aperfeiçoar a imaginação por meio da arte que atua como meio potencializador do conhecimento. Na lógica de que perceber é conhecer, na escola ou na vida, as múltiplas vivências que possibilitam o desenvolver dos sentidos reforçam a ideia de que cultura, arte e educação aliam o desenvolvimento da sensibilidade à liberdade cognitiva dos sujeitos – a escola pensada pelas múltiplas relações entre a formação estésica e a mediação cultural no processo de potencialização do seu perfil cultural.

A ARTE E A CULTURA NA ESCOLA...
HÁ POTÊNCIA NA ESCOLA PARA CONSTITUIR-SE COMO UM ESPAÇO CULTURAL E ARTÍSTICO POR MEIO DA FORMAÇÃO ESTÉSICA E DA MEDIAÇÃO CULTURAL

89

FORMAÇÃO ESTÉSICA – O ESTÉTICO E O INTELIGÍVEL

Acho que o quintal onde a gente brincou é maior do que a cidade.
A gente só descobre isso depois de grande.
A gente descobre que o tamanho das coisas há
que ser medido pela intimidade que temos com as coisas.
(Manoel de Barros)

Ao ler o poema *Achadouros*, de Manoel de Barros (2008, p. 159), temos a grata alegria de encontrar "o olhar estésico" do autor, uma leitura dos seus escritos que permite **o entrelaçar da sensibilidade com a razão,** um exemplo de como uma vivência do saber pelos sentidos aliada à descoberta pelo olhar curioso pode aproximar-nos do conhecimento sensível – aquele que provém da intimidade com as coisas. Segundo Schiller (2005): "O que nenhum ouvido percebeu, e que os olhos não viram é na verdade o belo, o verdadeiro!". Afirmação que, certamente, nos convida a refletir sobre o desconhecido, o que não fora ouvido ou visto anteriormente, a estética percebida como um conhecimento sensível que permite perceber os detalhes do mundo, a ver, a sentir e a ouvir além do primeiro contato; um processo de diálogo com as diferentes linguagens artísticas e culturais diante da intimidade com as coisas, como nos alerta a epígrafe. O estésico – compreendido, neste capítulo, segundo os estudos de Meira (2003), Schiller (2013) e Duarte Jr. (2010), com contribuições de Neitzel e Carvalho (2012) –, como decorrente de experiências sensíveis, cognoscíveis e culturais, que permitem alterar o estado humano embrutecido para um estado humano culturalmente refinado e desenvolvido.

Na Idade Média, as pessoas deixavam-se guiar pela religiosidade, pelo mítico e místico. Após o século XV, com as grandes descobertas científicas, o inteligível foi se firmando, a ciência foi modificando a relação do homem com o universo, a ponto de, no século XVII, a lógica cartesiana – *penso, logo existo*[11] – tomar força. Essa teoria de fortalecimento do inteligível foi colocada em questionamento a partir do Iluminismo, que rompeu a dicotomia entre o racionalismo e o sensível. Desde então, a partir dos estudos de Baumgarten e Kant, dentre outros, têm-se sinalizado a importância de uma formação estésica, e, hoje, procuramos um equilíbrio conjugando o sensível com o inteligível[12], ou seja, uma educação estética aliada à educação cognoscível, constituindo-se como parte fundamental no processo de formação humanística e cultural. Nesse pensar, o estético extrapola a procura do verdadeiro belo pautado no conteúdo e dedica-se à valorização da forma para o refinar dos sentidos; um processo em que o sensível, a criatividade, a percepção complementam o olhar inteligível – a razão e o conhecer –, constituindo uma formação estésica dedicada à aproximação do pensamento, do entendimento e da cientificidade com o sentimento, a sensação e a intuição.

Com base nos estudos de Nietzsche (2015), como vê-se no capítulo anterior, o olhar humanístico a que nos referimos con-

---

[11] O discurso sobre o método, para bem conduzir a razão na busca da verdade dentro da ciência, é um tratado matemático e filosófico de René Descartes, publicado na Holanda, em 1637. Em toda a obra, permeia-se a autoridade da razão e rejeita-se a autoridade dos sentidos (ou seja, as percepções do mundo). A verdade, o conhecimento significativo, segundo o tratado, só pode ser atingido pela razão. Uma das mais conhecidas frases do discurso é "Je pense, donc je suis" (citada, frequentemente, em latim: "cogito ergo sum" - penso, logo sou) (Descartes, 2006).

[12] Assim, parece pertinente estabelecer-se uma distinção entre o inteligível e o sensível, ou seja, entre o conhecer e o saber. O inteligível consiste em todo aquele conhecimento capaz de ser articulado abstratamente por nosso cérebro por meio dos signos eminentemente lógicos e racionais como, por exemplo, as palavras, os números e os símbolos da química. Já o sensível, diz respeito à sabedoria detida pelo corpo humano e manifestada em situações variadas como o equilíbrio que nos permite andar de bicicleta, o movimento harmônico das mãos ao fazerem soar diferentes ritmos em um instrumento de percussão. [...] Conhecer, então, é coisa apenas mental, intelectual, ao passo que o saber reside também na carne, no organismo em sua totalidade, em uma união de corpo e mente. "[...] saber implica em saborear elementos do mundo e incorporá-los a nós (ou seja, trazê-los ao corpo, para que dele passem a fazer parte). Muitas vezes essa dimensão ampla do saber é referida como intuição" (Duarte Jr., 2010, p. 127).

sidera o constante processo de busca da realização de potencialidades do ser, como a possibilidade de cada indivíduo se descobrir, revelando para si mesmo sua própria identidade. Para o autor, **há de constituir-se** um espírito livre, um "super-homem", um caminho de potencialização das energias humanas, dos aconteci-mentos e dos agenciamentos, e que se convertem no próprio sentido de ser e de viver de cada ser humano, como percebemos em Deleuze e Guattari (2014).

O que está em cena é o próprio fato de viver, de acreditar na capa-cidade humana e na importância do olhar e do sentir no processo de inti-

A cultura visual institui um campo imagético que tende à miscigenação, impulsionado pela interferência cada vez mais intensa [...]. O papel da arte é retirar as sensações do fisiologismo biológico, psicológico e social, abrir asas da mente e dos saberes do corpo, para imanar e contaminar energeticamente um contexto facilitador aos atos de criação. A cultura que nos atravessa é modulada e modelada pela vida social como um todo, onde poderosas forças entram em tensão com as forças locais (Meira, 2009, p. 67).

midade com as coisas. O conhecimento da realidade e o reconhe-cimento dessas forças vitais e de potência para a constituição de um ser livre também deriva da observação sensível e inteligível dos fenômenos naturais e sociais, assim como a cultura visual ins-titui um campo imagético que possui muito das forças locais que interferem no processo de formação humana. Um processo que se dá no devir, um vir a ser no agora, e que considera essa gama de informações e sentimentos que a natureza humana pode pos-sibilitar como vivência.

Nesse contexto, o conhecimento humano é fortemente influenciado pelas diferenciações e limitações do olhar, que são fatores indispensáveis à percepção. Entendemos as diferentes linguagens artísticas e as diversas manifestações culturais como possibilidades de o ser humano encontrar condições para o

A ARTE E A CULTURA NA ESCOLA...
HÁ POTÊNCIA NA ESCOLA PARA CONSTITUIR-SE COMO UM ESPAÇO CULTURAL E ARTÍSTICO POR MEIO DA FORMAÇÃO ESTÉSICA E DA MEDIAÇÃO CULTURAL

93

desenvolvimento pleno do olhar os detalhes, da constante busca do saber, do aprimoramento via apreciação ou do estranhamento causado pelo contato cultural, experimental, artístico ou visual.

O desenvolvimento de um gosto cultivado pelo contato com a música, o teatro, a dança, a literatura e o cinema, por exemplo – que, segundo Schiller (2013), na carta X, refere-se à um processo cultural que envolve esse olhar refinado, que ora descrevemos, como a constituição de um espírito livre na possibilidade de reverter-se a postura de rudeza inerente a cada ser humano –, são momentos que podem contribuir para a saída de um estado de passividade para o estado de sujeito atuante em seu meio social. Schiller afirma que há um desvio no processo de humanização que precisa ser superado, um processo de recuperação do homem a fim de possibilitar meios para o ressurgimento do homem cultivado – cultural, sensível, um espírito livre, estésico.

Para o autor, assim como para Deleuze e Guatarri e para Nietzsche, o vir a ser humano é o agora – um devir; um ser constituído pelos sentidos que caminham ombreados pela razão, via os afectos e os perceptos, como já vimos nesta obra, assim como pela estesia, que considera os impulsos humanos. Para Schiller, há de se considerar a existência de um impulso sensível, e que é papel da cultura uma incumbência dupla:

> [...] em primeiro lugar, resguardar a sensibilidade das intervenções da liberdade; em segundo lugar, defender a personalidade contra o poder da sensibilidade. A primeira ela realiza pelo cultivo da faculdade sensível; a outra, pelo cultivo da faculdade racional (Schiller, 2013, p. 64).

O objeto do impulso sensível é a vida, que, segundo o autor, significa todo o ser material e toda a presença imediata dos sentidos. Este, por sua vez, pode dialogar com o impulso formal – que compreende todas as disposições da forma dos objetos e de suas relações com as faculdades do pensamento –, assim como com o impulso lúdico que, ainda segundo Schiller (2013, p. 73), pode "[...] ser chamado de forma viva, um conceito que serve para designar todas as qualidades estéticas...". O poeta e dramaturgo acredita nessa relação entre o impulso racional [formal] e o impulso da sensibilidade [sensível], criando um terceiro impulso, uma dimensão lúdica. O filósofo alemão apoia-se nos referenciais da Revolução Francesa (1789) e nos ideais de *liberté, igualité e fraternité* para defender a libertação do homem por meio da reunificação entre mente e corpo. Seu livro *Educação estética do homem* (2013) traz uma série de cartas escritas no período de 1791 a 1793, que trazem à tona a ideia de que a liberdade do homem está pautada na natureza humana que engloba racionalidade e subjetividade.

O homem só é pleno no momento em que vive este jogo de impulsos, que constitui um campo cultural, artístico, estésico e humanizador, visando a aproximação entre a sensibilidade e a razão. Uma relação tridimensional, um campo de impulsos que podemos vivenciar ao ler os escritos de Manoel de Barros, um poeta que, por intermédio de seu trabalho literário,

> Numa obra de arte verdadeiramente bela o conteúdo nada deve fazer, a forma tudo; é somente pela forma que se atua sobre o todo do homem, ao passo que o conteúdo atua apenas sobre forças particulares (Schiller, 2013, p. 107).

nos convida a alargar nossa percepção do mundo. Na poesia do autor, fica evidente o seu pensar de que é preciso olhar, olhar de novo, olhar por outro ângulo, se permitir ver os detalhes da vida, da humanidade, das coisas desinúteis.

Impulsos que tendem a levar em consideração mais a forma do que o conteúdo, pois, segundo Schiller, este último causa a limitação do espírito, impedindo-o de ser livre. Pela forma, pode-se

A ARTE E A CULTURA NA ESCOLA...
HÁ POTÊNCIA NA ESCOLA PARA CONSTITUIR-SE COMO UM ESPAÇO CULTURAL E ARTÍSTICO POR MEIO DA FORMAÇÃO ESTÉSICA E DA MEDIAÇÃO CULTURAL

95

esperar a verdadeira liberdade estética; é pelo reconhecimento da importância da representatividade das diferentes linguagens artísticas no processo de estesia que reconhecemos a relevância da forma e de como somos afetados por ela. A cor, a textura, o cheiro, a luminosidade, as sensações provocadas pela disposição no espaço, os afastamentos desencadeados pelo estranhamento diante de uma obra de arte constituída com elementos desconhecidos e inesperados, a fruição auditiva despertada pelo contato com uma orquestra ou banda; enfim, a forma de manifestação artística escolhida pelo artista ou o curador nos afetam muito mais do que o conteúdo de que se trata a obra.

Manoel de Barros, no documentário *Só dez por cento é mentira* (2008)[13], verbaliza:

Poesia não é para compreender, poesia é para incorporar. Manoel de Barros (2008)	[...] a poesia foge da explicação, ela não gosta de ser explicada, poesia que é explicada deixa de ser poesia para mim... começa a ser prosa, começa a ser influenciada pela razão. A razão é a última coisa que deve entrar na poesia. A poesia se dirige à sensibilidade, ela se dirige a percepção sensível que o ser tem, que o ser pode ter [...].

Para o poeta, a sensibilidade é a essência da vida, a intimidade com as palavras, é substrato da poesia, a beleza das coisas está nos detalhes do cotidiano, a razão vem como aliada, mas não como foco de atenção. Este pensar de Manoel corrobora com nosso olhar sobre a estesia, na lógica de que ambas – sensibilidade e razão – são imprescindíveis para a formação humana, artística e cultural dos sujeitos. As palavras..., a

---

[13] "O filme documentário de Pedro Cezar, Só Dez Por Cento é Mentira, é um original mergulho cinematográfico na biografia inventada e nos versos fantásticos do poeta sulmatogrossense Manoel de Barros. Alternando sequências de entrevistas inéditas do escritor, versos de sua obra e depoimentos de "leitores contagiados" por sua literatura, o filme constrói um painel revelador da linguagem do poeta, considerado o mais inovador em língua portuguesa. Só Dez Por Cento é Mentira ultrapassa as fronteiras convencionais do registro documental." Disponível em: http://cirandadefilmes.com.br/br/filme/70-So-Dez-Por-Cento-e-Mentira. Acesso em: 15 fev. 2016.

poesia de Manoel de Barros aguça nosso olhar. O que está em cena é o jogo dos impulsos e a estesia que a poesia pode desencadear, como vimos em Schiller.

Cada dia possui 24 horas, distribuídas em 1.440 minutos e, consequentemente, 86.400 segundos nos quais podemos vivenciar inúmeras situações, visto que estamos inseridos em um contexto histórico em que cada instante é um novo instante, repleto de signos, de ritos e de crenças. Um processo de humanização complexo e que, nessa lógica,

IMAGEM 4: SÓ DEZ POR CENTO É MENTIRA

FONTE: Minuto MS (2015)

depende, em parte, dos objetos artísticos e culturais que são introduzidos em nosso processo de formação. Segundo Candido (2011, p. 180), "[...] o conteúdo só atua por causa da forma, e a forma traz em si, virtualmente, uma capacidade de humanizar devido à coerência mental que pressupõe e que sugere". Por isso, a escolha dos objetos, dos signos representados, exerce papel fundamental no processo de formação estésica, uma vez que somos tocados e influenciados cognitiva e emocionalmente por eles.

A forma cumpre então o seu papel de representatividade do conteúdo. O conteúdo veiculado pelos signos nunca é neutro. As escolhas efetuadas, os objetos de arte selecionados, indicarão conteúdos que influenciarão de maneira determinante uma postura menos inumana. Para tanto, precisamos reconhecer que o objeto artístico ou cultural, seu conteúdo e sua forma, afetam-nos dependendo do nível estético em que nos encontramos, assim como nos permitem um desenvolvimento humano na medida em que nos tornamos mais compreensivos e abertos para a natureza, a sociedade, e o outro.

A ARTE E A CULTURA NA ESCOLA...
HÁ POTÊNCIA NA ESCOLA PARA CONSTITUIR-SE COMO UM ESPAÇO CULTURAL E ARTÍSTICO POR MEIO DA FORMAÇÃO ESTÉSICA E DA MEDIAÇÃO CULTURAL

97

Entendo que a arte convida a ir além das primeiras impressões, um ato que proporciona a humanização via o processo de sensibilização dos sentidos – estesia – e a educação do olhar via o contato com a cultura visual e os diferentes artefatos sensoriais, desencadeando o desenvolvimento do saber estésico. "Por intermédio da arte o ser humano torna-se mais sensível ao meio que o cerca [...]. A arte é um modo de demonstração cultural [...]" (Neitzel *et al.*, 2012, p. 48). Pela arte, o ser humano pode expressar-se de diferentes maneiras, ampliando suas relações sociais, bem como as possibilidades de contato com as diferentes linguagens artísticas tão importantes para a formação cultural e a humanização pela estesia.

Pensares sobre estesia e arte no processo de humanização

Há um mundo natural e cultural ao redor que precisa ser frequentado com os sentidos atentos, ouvindo-se e vendo-se aquele pássaro, tocando-se aquele outro animal, sentindo-se o perfume de um jardim florido ou mesmo o cheiro da terra revolvida pelo jardineiro, provando-se um prato ainda desconhecido e típico de uma dada cultura, bem como outras experiências de mesmo teor.
(João Francisco Duarte Júnior)

Segundo Duarte Jr. (2010), o que se está a indicar é que a educação do sensível contempla um vasto espaço natural e cultural que se entrelaça e que precisa ser frequentado, vivenciado por meio dos sentidos. Espaço este que compreende um diálogo entre a arte e a razão, o conhecer e o saber, a estética e a estesia. A função do estésico no processo de formação humana e cultural, das manifestações culturais, dos livros que lemos, das obras de arte que apreciamos, das vivências estéticas que somos submetidos, consciente e inconscientemente, são primordiais para o desenvolvimento da sensibilidade, do entendimento ou, ainda, da estesia.

É importante compreendermos que todo conhecimento humano começa com as intuições – "conhecer de modo intuitivo mostra-se, na prática, equivalente a se compreender de maneira sensível, pré--reflexiva" (Duarte Jr., 2010, p. 193). Manoel de Barros corrobora neste pensar da riqueza das sensações presentes que sentimos pelo corpo. Para o autor, os primeiros sentimentos desencadeados pelo contato com as coisas cotidianas ainda na infância são o quê de mais rico há no homem. Segundo o poeta, é preciso buscar no baú da infância nossas primeiras sensações, os primeiros olhares sobre as coisas do mundo, desprovidos de malícia, julgamento político, sem influência do pensamento do adulto; são sentires puros, verdadeiros, estéticos e ricos em poesia. Por isso, ele afirma ter vivido várias infâncias, pois nelas foi possível contemplar a vida, o mundo, os detalhes das coisas.

> O poema é antes de tudo um inuntensílio (Manoel de Barros 2010, p. 174)

> Que coisa maravilhosa, exclamar.
> Que mundo maravilhoso, exclamar.
> Como tudo é tão belo e tão cheio de encantos!
> Olhar para todos os lados,
> olhar para as coisas mais pequenas,
> E descobrir em todas uma razão de beleza. [...]
> (Barros, 2010, p. 63)

Para o poeta, é preciso desenvolver as habilidades de ver e ouvir a beleza e a desinutilidade das coisas, é possível humanizar-se pelo contato com a poesia que não tem intenção de explicar ou ilustrar. Um processo de formação humana visceral, repleto de afetamentos, estranhamentos, pensares, viveres e de invenções, como afirma Manoel. Trata-se de um saber que se revela pelo

A ARTE E A CULTURA NA ESCOLA...
HÁ POTÊNCIA NA ESCOLA PARA CONSTITUIR-SE COMO UM ESPAÇO CULTURAL E ARTÍSTICO POR MEIO DA
FORMAÇÃO ESTÉTICA E DA MEDIAÇÃO CULTURAL

99

corpo, um captar do mundo pelos sentidos, um saber que perpassa os conceitos e as ideias, assim como os impulsos sensíveis, formais e lúdicos – a relação tridimensional de Schiller, como acabamos de ver no subcapítulo anterior. O homem é livre, segundo Schiller (2013), quando possui a capacidade de "inventar" – de criar, de recriar, de pensar por si só sobre o mundo e sobre a vida – um processo que envolve curiosiodade, interesse, busca, olhar, contemplação, estranhamento, pensar.

Ao falar de formação humana, torna-se inevitável reconhecer que o pensamento de Kant (2013) marca uma divisão temporal e conceitual na filosofia, momento em que estava instaurada uma dicotomia entre o pensamento empirista de Francis Bacon[14] e o racionalismo Cartesiano[15] – uma disputa entre o conhecimento provindo da razão e o conhecimento decorrente da experiência. Com o Iluminismo, retoma-se a ideia de que podemos conhecer por meio do saber inteligível e, assim, superar a rivalidade filosófica entre o racionalismo e o empirismo, ou seja, via relação da intuição – que se dá por meio do sensível –, com o entendimento – que se dá por meio dos conceitos. Essa concepção é o travejamento da obra de Duarte Jr., *Sentido dos sentidos*, de 2010, que convida os leitores de sua tese a refletirem a respeito da importância de repensar-se a formação humana, a fim de os homens tornarem-se mais humanizados e esteticamente aprimorados, o que o autor vai denominar de **"formação estésica"** – o sensível e o inteligível ombreados em desvendar os mistérios e as maravilhas da existência.

Discuto, assim, por esse viés, a ideia de uma formação estésica que possibilite uma humanização com vistas a uma sociedade mais sensível e cultural, que perceba seu entorno,

---

[14] Francis Bacon (1561-1626) é considerado o pai do empirismo moderno por ter formulado os fundamentos dos métodos de análise e pesquisa da ciência moderna.

[15] O racionalismo Cartesiano provém do nome do filósofo francês Descartes (1596-1650), o qual se refere à forma de considerar um fenômeno ou um conceito e tem como método isolá-los do cenário geral em que aparecem.

ANDREY FELIPE CÉ SOARES

pautada na concepção de que os sujeitos possam ser vistos em um todo. Uma formação estésica, sensível com a nossa realidade, voltada à percepção artística que nos conecta a questões emergentes que tratam da vida.

> Uma educação do sensível, da sensibilidade inerente a vida humana, por certo constitui o lastro suficiente para que as naus do conhecimento possam singrar os mares mais distantes de nossas terras cotidianas, como os oceanos de matemática ou mecânica quântica (Duarte Jr., 2010, p. 181).

A reflexão sobre a formação de faculdades humanas isoladas, separando a sensibilidade do inteligível, precisa ser superada. O conhecimento é estésico e pode contribuir para o refinamento dos sentidos quando tende a ser fruto da relação com os "objetos" de arte. Meira (2003, p. 23) corrobora com esse pensar quando afirma: "A estética surgiu de uma interface e por necessidade de compreender o sentido das interações, do que transita e vibra, anima e é animado por tal relação". A estética não tem a função de explicar a arte. O termo "arte" (*ars, techné*) tinha nos antigos o sentido de arte de viver, e a vida movida pelas interações, pelos sentidos, pela aproximação do inteligível e o sensível. Arte e estética dialogam, e, segundo Meira, Nietzsche e Deleuze, a arte e a sensibilidade heteroinfluenciam-se no campo do sentido.

Uma vivência estética, por exemplo, contempla experiências sensíveis e cognitivas que cada participante consegue estabelecer de acordo com a relação entre a arte e o conhecimento. A estética possibilita a emersão de saberes que principiam no corpo, pelos sentidos despertados via experiência sensível. A sensibilidade, portanto,

> A arte pode consistir num precioso instrumento para a educação do sensível, levando-nos não apenas a descobrir formas até então inusitadas de sentir e perceber o mundo, como também desenvolvendo e acurando os nossos sentimentos e percepções acerca da realidade vivida (Duarte Jr., 2010, p. 23).

A ARTE E A CULTURA NA ESCOLA...
HÁ POTÊNCIA NA ESCOLA PARA CONSTITUIR-SE COMO UM ESPAÇO CULTURAL E ARTÍSTICO POR MEIO DA FORMAÇÃO ESTÉSICA E DA MEDIAÇÃO CULTURAL

101

pode ser vista como meio, como processo, como caminho a um conhecer por meio dos sentidos, que permite visualizarmos cada vez mais e melhor o espaço e a forma dos "objetos", constituindo um novo conhecimento por meio do entendimento.

> Quão fundamental para o ser humano constitui a sensibilidade, entendida como a capacidade de perceber e organizar estímulos, que eles provenham do mundo exterior, quer no próprio organismo. O sentimento consiste no mais básico processo cognitivo humano[...]" (Duarte Jr., 2010, p. 132).

Tanto Duarte Jr. como Schiller e Nietzsche consideram o pensamento Kantiano, que defende a ideia de que o entendimento, por sua vez, provém das experiências que possibilitam o pensar sobre os objetos e dá origem aos conceitos (Kant, 2013). Nesse processo, tenho a sensação de que se caracteriza pela representatividade dos signos, na medida em que somos afetados pelo objeto, também denominada de intuição empírica, o fenômeno – termo designado à cultura por Schiller, quando aborda a constituição do homem cultivado, aquele que reconhece sua liberdade estética e racional. Ideia que inclusive defendo no subcapítulo anterior.

O processo de formação humana passa a ser visto, após o Iluminismo, como um movimento estético que perpassa a lógica de que o conhecer dá-se como fruto do entendimento, da intuição dada pela sensibilidade e pensada pelo estudo dos fenômenos, ou seja, pela representatividade frente aos objetos de arte, a forma como foco no lugar do conteúdo, como vimos em Schiller, mas não somente por ela. A racionalidade aliada aos sentidos na constituição de um ser sensível, racional e estésico em sua plenitude de liberdade cognitiva. Assim, podemos afirmar que conhecer os objetos artísticos e culturais vai além da intuição, dos impulsos e dos sentidos; trata-se de um conhecimento decorrente <u>do desenvolvimento dos nossos sentimentos</u>

e de nossas percepções acerca da realidade vivida. A estesia em cena, que é estimulada pelas experiências artísticas e culturais em um fruitivo processo de saborear a vida por meio da sensibilidade e da razão. Os pensares de Duarte Jr. vêm ao encontro desse olhar de Schiller sobre racionalidade e sensibilidade quando afirma, no capítulo de seu livro intitulado *Saborear*, que "Schiller assumiu a ousadia de propor a educação do sensível como contrapeso e complemento da educação das faculdades racionais [...]" (Duarte Jr., 2010, p. 182).

Assim, se a sensibilidade é o primeiro passo para chegarmos ao conhecimento - mas não o único –, *há de entendermos que o objeto* primeiro nos é apresentado pelo sensível (pelas intuições) e, no processo do pensar, tratamos do conhecimento proveniente do entendimento. Esse, por sua vez, decorre do sentido que está entrelaçado com o experimentado, o que nos permite compreender que o conhecimento é fruto dos sentimentos e dos saberes empíricos, provindos da estesia.

O estabelecimento do conhecimento dos objetos dá-se pelos sentidos e pela intuição proveniente da experiência. Nesse momento, o sujeito afetado pelo objeto tem a repre-sentação, uma sensação, uma vez que a relação estabelecida entre sujeito e objeto carrega uma gama de sentidos. O conhecimento dá-se da relação do inteligível com o sensível, em pleno processo de estesia. Enquanto a matéria é dada por meio das sensações ou modificações produzidas no sujeito sob o objeto; a forma, ao contrário, não vem das sensações e da experiência, mas sim do sujeito, onde os múltiplos dados sensoriais são ordenados (Kant, 2013).

> A forma é o modo escolhido pelo artista para a representatividade dos elementos artísticos – signos que nos chegam por meio da sensibilidade. No momento em que o sujeito recebe os dados sensoriais, ela trata de organizá-

A ARTE E A CULTURA NA ESCOLA...
HÁ POTÊNCIA NA ESCOLA PARA CONSTITUIR-SE COMO UM ESPAÇO CULTURAL E ARTÍSTICO POR MEIO DA
FORMAÇÃO ESTÉSICA E DA MEDIAÇÃO CULTURAL

103

-los. Dessa monta, a intuição é a forma pura da sensibilidade, um movimento que acontece como uma rede de agenciamentos, aproximações e deslocamentos do olhar (Schiller, 2013).

A aproximação da sensibilidade com a racionalidade – o entendimento – é uma importante descoberta do século XVIII, com Kant (2013), reconhecida por Duarte Jr. e Schiller, que aliam a intuição ao fenômeno. Receptividade e espontaneidade caminham juntas, assim, <u>o objeto artístico e cultural **é-nos** "dado" pela sensibilidade, mas é pelo pensamento, por meio dos conceitos, do entendimento, pela razão que se torna possível a constituição de novos pensares.</u> A arte não tem a intenção de explicar, de ilustrar ou de ser interpretada, ela apenas é! É essência artística e cultural em sua plenitude! A música, a dança, a poesia e o teatro, por exemplo, apresentam-se a nós pela representatividade da forma que nos provocam afectos e perceptos, impulsos sensíveis, formais e lúdicos, aproximações, afastamentos e agenciamentos. A arte como meio cultural, por via da estesia, nos permite conhecer mais sobre o mundo, a vida e as diferentes manifestações culturais. Meira (2003), Duarte Jr. (2010) e, em especial, Kant (2013) em *a Crítica da Razão Pura* reconhecem que sem a sensibilidade nenhum objeto nos é dado, e sem o entendimento nenhum pode ser pensado, por isso a relevância da formação estésica que ora defendemos e cujos estudos tratam da razão e da sensibilidade caminhando ombreadas na constituição de um ser sensível.

O ser sensível caracteriza-se como o sujeito dotado de sensibilidade; que tem sentidos: o homem é um ser sensível. Um ser que interage com o meio e que se permite sentir o entorno, que se permite ser influenciado pelo meio, pelos objetos, pelo olhar, pela imaginação, pelo outro, e que reage, facilmente, às mínimas impressões físicas ou morais: sensível ao frio, aos elogios, por exemplo. Um ser emotivo ou reservado, embrutecido ou sensível, que, em decorrência das mediações culturais presentes ou ausentes no processo de formação pessoal e individual, está mais humanizado e culturalizado. Um ser humano provocado pela apreciação ou pelo estranhamento causado pelo contato com as artes. Um processo de formação dedicado à aproximação dos saberes da razão com os saberes sensíveis.

Um trabalho formativo no campo da estesia pode desenvolver nos seres humanos não só a contemplação, mas o estranhamento e a perplexidade frente à obra de arte e aos artefatos culturais, instigando a um contínuo oxigenar da atividade imaginativa e sensitiva. A arte e a cultura, que juntas extrapolam o primeiro olhar e que, pelo encantamento ou pelo estranhamento, cumprem, segundo Duarte Jr. (2010), uma ou mais das oito funções para a arte: a arte nos insere no campo dos sentimentos; o pensamento passa a ser liberto pelo contato com o objeto de arte; ela proporciona o desenvolvimento e a educação do sensível; a arte pode possibilitar a fruição do espectador; ela nos permite vivenciar momentos artísticos que só ela pode ofertar; ela se torna importante e necessária para se conhecer a cultura e as produções do tempo a que pertence; pela arte, podemos conhecer os elementos culturais de outros grupos e ter acesso ao modo de eles verem o mundo; e, por fim, a arte é capaz de nos apresentar as utopias – desejo de transformação – envolvidas no processo de criação artística.

A obra de arte, os artefatos culturais e artísticos; enfim, o artista, via o sensível, interrompe nossa tranquilidade, interrogando-nos, provocando **afetamentos e estranhamentos** não antes vividos e que desencadeiam uma formação estésica singular. Vê-se a sensibilidade no modo que somos afetados pela literatura, por exemplo, que, pela junção ao inteligível, possibilita o desenvolver do nosso olhar estésico. A arte como um saber que aprimora as emoções, as sensações e a forma de ver o mundo e os sujeitos, com base nos sentidos.

A ARTE E A CULTURA NA ESCOLA...
HÁ POTÊNCIA NA ESCOLA PARA CONSTITUIR-SE COMO UM ESPAÇO CULTURAL E ARTÍSTICO POR MEIO DA FORMAÇÃO ESTÉSICA E DA MEDIAÇÃO CULTURAL

105

A estesia, por meio da sensibilidade, desencadeia a humanização que aqui é entendida como condição humana, resultante do processo pelo qual surge e desenvolve-se a cultura, por meio do refinamento do olhar sensível e da valorização das sensações, as quais são provenientes do contato com os objetos artísticos, nos diferentes espaços culturais. Um ser que, para Deleuze, Nietzsche e Schiller, se constrói e se reconstrói nas relações de forças que compõem singularidades. Humanizar-se está, portanto, associado ao processo de reflexão; de interação com a forma e o conteúdo; de socialização; de desenvolver a racionalidade, a sensibilidade ou a criatividade; de equacionar ou de resolver problemas; do auto conhecer-se e de saber relacionar-se com os outros neste mundo que vivemos.

Assumo, portanto, que <u>a humanização se dá pelas vivências estéticas presentes no processo de formação que considera a vida; uma formação estésica vista como uma possibilidade de refinamento dos sentidos e de ampliação do olhar, bem como do contato com os artefatos artísticos que desencadeiam percepções das conexões entre os conhecimentos, os saberes, as expressões culturais e as ações cotidianas.</u> A humanização é resultante de processos que nos auxiliam a organizar as emoções, a compreender o mundo e suas complexas relações. Ela é resultado de práticas que colaboram para o exercício da reflexão, para a aquisição do saber, a valorização da vida, o colocar-se no lugar do outrem, para a apreciação do belo e o incentivo para vencer os desafios cotidianos.

> Eu queria usar palavras de ave para escrever. [...]
> Eram novidades que os meninos criavam com as suas palavras. [...]
> Nosso conhecimento não era de estudar em livros.
> Era de pegar de apalpar de ouvir e de outros sentidos.
> Seria um saber primordial?
> Nossas palavras se juntavam um na outra por amor e não por sintaxe.

A gente queria o arpejo. O canto. O gorjeio das palavras.
Um dia tentamos até de fazer um cruzamento de árvores com passarinhos
para obter gorjeios em nossas palavras. Não obtivemos.
Estamos esperando até hoje.
Mas bem ficamos sabendo que é também das percepções primárias
Que nascem arpejos e canções e gorjeios.
(Barros, 2010, p. 449-450).

Humanizar-se é descobrirmos que o tamanho das coisas há de ser medido pela intimidade que temos com as coisas, no apalpar, no ouvir, no sentir, no gorjeio das palavras, nas percepções primárias, como podemos ver na poesia de Manoel de Barros.

Por uma liberdade cognitiva: estética e moral

Douglas Julio Roque Vettore começou a desenhar aos seis anos de idade; sempre apaixonado por histórias em quadrinhos, sentiu-se motivado à produção de tirinhas. Suas primeiras criações eram registros de momentos vividos, sentidos, experimentados, que serviram de substrato para serem pensados e também desenhados no formato de tirinhas. Parece-nos que o olhar estésico está presente, uma vez que razão e emoção, racionalidade e sensibilidade constituem o perfil artístico da tirinha aqui adotada como epígrafe.

A ARTE E A CULTURA NA ESCOLA...
HÁ POTÊNCIA NA ESCOLA PARA CONSTITUIR-SE COMO UM ESPAÇO CULTURAL E ARTÍSTICO POR MEIO DA FORMAÇÃO ESTÉSICA E DA MEDIAÇÃO CULTURAL

107

A tirinha convida-nos a perceber que somos seres racionais e sensíveis; assim, buscar esse equilíbrio estésico é fundamental! Essas reflexões instigam-nos a pensar em uma escola cujo papel vai além daquele de possibilitar a aquisição do conhecimento científico, é um espaço que se constitui em um ambiente estésico. Um espaço onde esse conhecimento é considerado e interligado a elementos culturais e artísticos que desencadeiam uma formação estética, que valoriza o ser humano, sua convivência em sociedade, e o desenvolvimento da sensibilidade, que sistematiza meios para a constituição de um conhecimento científico e cultural, sensível e inteligível em parceria.

A humanidade vive uma constante busca de liberdade cognitiva, uma liberdade do ato de pensar, de poder exercitar a aplicação dos juízos com base na sensibilidade e no entendimento. O exercício do pensar livremente está diretamente ligado ao nível de mediação cognitiva que ora estamos submetidos. Essa liberdade está associada à superação da lógica de um pensamento que, às vezes, parece estar mais condicionado a padrões sociais e a convenções que inibem a escola de ousar formar sujeitos cada vez mais autônomos bem como de instaurar um processo que reconheça a importância dos sentidos aliados ao inteligível. Um processo estésico que nos leva a refletir, sentir e agir por meio das percepções. Pela estesia, pode-se proporcionar a constituição de um pensar que não nega os princípios éticos e morais, mas que dialoga com eles por meio dos princípios estéticos que norteiam o currículo, que carecem de estímulo e de espaço para acontecer.

[...] o grande papel da escola é a educação (= humanização) através do ensino, tomamos como critérios para a definição da escola que faz diferença, três aspectos intrinsicamente relacionados: a efetiva aprendizagem, o desenvolvimento humano pleno e a alegria crítica (docta gaudium) do conjunto dos alunos (Vasconcellos, 2009, p. 201).

Não se contentando com o que a natureza lhe permitiu naturalmente, dia após dia, o sujeito parte em busca de novos aprendizados frente às necessidades pessoais inerentes. O filósofo alemão Friedrich Schiller contribui com essa discussão por tratar, em seus estudos, da plenitude da vida humana, caracterizada pela relação da racionalidade com a sensibilidade. Para o autor, essa analogia possibilita viabilizar ao ser o pleno desenvolvimento da humanidade, a fim de que este supere as necessidades primordiais da natureza e amplie-se por meio de uma cultura, até chegar a um estado moral. Segundo Schiller, há três momentos, estados ou estágios de desenvolvimento que o homem tem de percorrer necessariamente: o físico, o estético e o moral.

> No estado físico o homem apenas sofre o poder da natureza, liberta-se deste poder no estado estético, e o domina no estado moral (Schiller, 2013, p. 113).

O estésico é involuntário, precisa ser dominado para se atingir o estado estético. O homem precisa superar a estesia que está acampada no estado físico, porque esta é uma apreensão involuntária da natureza. Para chegar à liberdade cognitiva, é preciso chegar ao estado estético, como um libertar-se do poder que a natureza exerce sobre os homens. "Em seu primeiro estado físico, o homem capta o mundo sensível de maneira puramente passiva, apenas sente, sendo plenamente uno com ele [...]" (Schiller, 2013, p. 119) É preciso movimento para que o homem em nenhum momento seja somente indivíduo passivo que serve à lei natural. Deve ser capaz de elevar-se do estado físico para o estético, que tira o homem da postura de servidão às necessidades básicas impostas pela natureza. O homem passa à contemplação e à reflexão sobre si, ou seja, o sentir e a observação em estado de passividade evoluem, libertando o ser do seu estado físico. Ainda, segundo o autor: "A contemplação (reflexão) é a primeira relação liberal do homem com o mundo que o circunda" (Schiller, 2013, p. 119).

A ARTE E A CULTURA NA ESCOLA...
HÁ POTÊNCIA NA ESCOLA PARA CONSTITUIR-SE COMO UM ESPAÇO CULTURAL E ARTÍSTICO POR MEIO DA FORMAÇÃO ESTÉSICA E DA MEDIAÇÃO CULTURAL

109

Quando se chega ao estágio moral, o ser já está liberto cognitivamente e passa a dominar a natureza que antes lhe dominava. Não existe maneira de fazer racional o ser sensível, sem torná-lo antes estético.

> Para conduzir o homem estético ao conhecimento e às grandes intenções, basta dar-lhe boas oportunidades; para obter o mesmo do homem sensível é preciso modificar-lhe a própria natureza. [...] É das tarefas mais importantes da cultura, [...] pois o estado moral pode nascer do estético, e nunca do físico (Schiller, 2013, p. 110).

A cultura, a liberdade cognitiva e a formação estética assumem, portanto, importante papel para a chegada do homem ao estado moral, que permite a constituição de um homem cultivado. Somente no estado moral, também denominado de ético, é que o homem liberto do estado físico pode transformar a natureza em que vive; um ideal de superação humana.

Schiller apresenta a intimidade com a arte como possibilitadora do homem desenvolver-se plenamente e conquistar sua liberdade cognitiva. Esse movimento é visto como uma das premissas para favorecer a vivência, a percepção humana e a capacidade criativa, em direção a uma consciência do eu, do outro e do meio.

> A arte faz com que vida e forma permaneçam no homem a partir de uma relação de reciprocidade. Essa relação significa que vida e forma devem existir com plena independência, mas perfeitamente unidas (Caminha, 2007, p. 118).

Um exemplo dessa reciprocidade por meio da arte pode ser percebido no filme francês *Intouchables,* de 2011, que, por meio da comédia dramática, apresenta que o contato com a obra de arte pode proporcionar uma formação estética no processo de humanização, provocando, assim, múltiplas percepções do mundo, das palavras, dos pensares representados, nesse caso, no formato de mídia. Por meio do contato com a arte, podemos ampliar nossas percepções das formas, dos elementos, das imagens, dos sons que nos chegam pelo corpo e que tratam de provocar um sair do estado físico para o estado estético. No filme, escrito e produzido por Olivier Nakache e Éric Toledano, aborda-se a relação de um multimilionário tetraplégico admirador das artes – músicas, esculturas e pinturas, por exemplo –, e do seu auxiliar de enfermagem inexperiente. Com o tempo, a vida do auxiliar é afetada pelo contato com as obras de arte. Exemplo de como a interação com as diferentes manifestações artísticas e culturais pode ser estética, libertadora e humanizadora, não se bastando em ser um homem meramente passivo, mas constituindo-se um ser pensante que age em sociedade a partir das reflexões, até reconhecer-se em constante processo de formação humana. <u>A liberdade cognitiva está como o homem cultivado para Schiller, da mesma forma que o espírito-livre está para Nietzsche.</u>

Para ambos os autores, há potência para a humanização via liberdade, seja cognitiva ou oriunda de um espírito-livre. Só está livre o ser que pode pensar por si, que tem consciência das limitações impostas pelo Estado e pela natureza, mas que não se basta disso para viver. Nietzsche e Schiller defendem a necessidade da valorização da arte e da cultura, da possibilidade de se deixar afetar e perceber. Um espírito-livre que reconhece sua liberdade de sentir, pensar e agir com ética na sociedade, mesmo sob as regras do Estado. Um homem cultivado – *in totum,* que, no latim, significa em sua totalidade –, é um ser constituído pelo contato com a cultura e a arte, que honra sua liberdade e faz da natureza sua aliada.

A natureza não trata melhor o homem que suas demais obras: age em seu lugar onde ele ainda não pode agir por si mesmo como inteligência livre. O que o faz homem, porém, é justamente não se bastar com o que dele

> Segundo Neitzel *et al.,* (2012): "A arte possibilita-nos perceber a essência das coisas, dos seres. [...] e atingir o ponto mais profundo do ser humano: o sensível".

A ARTE E A CULTURA NA ESCOLA...
HÁ POTÊNCIA NA ESCOLA PARA CONSTITUIR-SE COMO UM ESPAÇO CULTURAL E ARTÍSTICO POR MEIO DA FORMAÇÃO ESTÉSICA E DA MEDIAÇÃO CULTURAL

111

a natureza fez, mas ser capaz de refazer regressivamente com a razão os passos que ela antecipou nele, de transformar a obra da privação em obra de sua livre escolha e elevar a necessidade física à necessidade moral. Ele desperta de seu torpor sensível, reconhece--se homem [...] (Schiller, 2013, p. 25).

Acredito que o pensar e o agir dos sujeitos podem estar pautados no olhar estésico – não o estado estésico abordado por Schiller (2013), que precisa ser superado para poder elevar a necessidade física à necessidade moral –, mas um estésico no pensar de Duarte Jr. (2010) e de Kant (2013), uma postura humana que alia razão e sentidos, na relação entre as vivências sensíveis e as cognoscíveis, como vimos no início deste capítulo dedicado à formação estésica. A sensibilidade vista como uma importante aliada da racionalidade, constituindo uma estesia. Nesse pensar, a arte atua como parceira, que possibilita perceber o detalhe das coisas, dos seres etc., como em um despertar dos sentidos antes adormecidos ou embrutecidos.

Acredito que, ao estar inserido nesse ambiente estésico apresentado por Duarte Jr., por meio das mediações culturais e artísticas, esse sujeito em pleno processo humanizador passa a reconhecer-se como ser humano pertencente a uma sociedade. A arte, "[...] entendida como forma de conhecimento humano, como meio pelo qual a humanidade tem tentado compreender a realidade" (Nogueira, 2008, p. 2), pode ser um dos caminhos de se ofertar uma formação estésica, ou seja, o cognitivo e o sensível aliados, constituindo uma cumplicidade na formação estética, científica e cultural, relação esta que contribui para a liberdade do pensamento e do conhecimento. Assim, a experiência estética seria justamente o que acontece ao espectador no momento em que a arte acontece, no instante em que está sendo fruída (Nogueira, 2008, p. 2).

Uma vez reconhecendo-se como espaço cultural, a escola pode constituir-se um ambiente estético, cujas práticas priorizem a arte, incentivem a promoção de reflexões, na possibilidade de reconhecer que se ensina pela arte (sempre por um viés artístico) e que, para isso, tende a estar pautada na lógica do diálogo, da pesquisa, da vivência artística e na formação estésica. Na carta VI, Schiller (2013, p. 39) afirma que a "sensibilidade da mente" depende, segundo seu grau, da vivacidade e da imaginação, de um meio para o refinamento dos sentidos; pois está diretamente associada ao contato com a arte, seja no espaço escolar, nas galerias de arte, nos museus, no teatro, nos parques, etc. Schiller associa a ideia de homem sensível à noção de ética e ao fato de que somente pela arte ele se faz verdadeiramente livre. Para o autor, o ético, o moral, é o ser que reconhece suas potencialidades, limitações sociais, e que não se deixa condicionar inconscientemente, um espírito-livre como viemos apresentando neste subcapítulo.

Nessa lógica, a escola poderia retomar o diálogo do cognitivo com o sensível, constituindo um ambiente propício para o desenvolvimento de aprendizagens estésicas por meio do contato com as diferentes linguagens artísticas. A arte, se bem explorada, apreciada, vivenciada, é um ascender dos sentimentos que, aliada ao inteligível, possibilita a todos uma percepção mais humana e menos passiva diante da vida. No processo de formação humana e cultural, o ser humano apropria-se das diferentes produções artísticas e culturais que encontra na caminhada, visto que

> [...] a sensibilidade estética é um processo longo que o homem desenvolve no percurso de humanização, na relação que estabelece com a natureza, com os outros homens e consigo mesmo, à medida que desenvolve seus sentidos (Carvalho, 2010, p. 102).

Há espaços escolares dinâmicos e que refletem a realidade em que estão inseridos, mas há, certamente, os que talvez estejam demasiadamente focados nos conteúdos curriculares, nas burocratizações e nas complicações do fazer educacional. Para Arroyo (2013, p. 84), "[...] as reformas dos currículos, dos livros, de textos,

A ARTE E A CULTURA NA ESCOLA...
HÁ POTÊNCIA NA ESCOLA PARA CONSTITUIR-SE COMO UM ESPAÇO CULTURAL E ARTÍSTICO POR MEIO DA FORMAÇÃO ESTÉSICA E DA MEDIAÇÃO CULTURAL

113

do material didático são mais do que reformas de conteúdos [...]",
são um repensar do processo de construção do conhecimento, dos meios disponibilizados para a reconstrução de conceitos e da formação plena dos cidadãos. Por meio da formação estésica, há a possibilidade de repensar a escola, de aproximar a experiência de vida dos alunos com os conteúdos escolares, visto que não se trata de uma questão de opção ou escolha, mas de uma necessidade da escola. Por ser tão necessário, *há de compreender-se que o processo de formação se dá via a escola, por isso a relevância do movimento da formação estésica de toda a comunidade escolar, bem como a constituição de um ambiente estésico onde os artefatos culturais e as manifestações artísticas compõem um currículo que possibilita o desenvolvimento humano, o ressurgir de um espírito- -livre, ético, estésico, e de um homem cultivado.*

Refletir sobre as influências de um ambiente estésico – espaço escolar – convida-nos a pensar sobre o refinamento dos sentidos por meio do contato com as artes e, consequentemente, sobre o desenvolvimento do saber sensível. Ao refinarmos nossos sentidos, passamos a perceber melhor os detalhes das coisas, permitimo-nos ver e ouvir além do primeiro contato. O sensível está relacionado à apreciação e ao estranhamento provocados pela arte, bem como à valorização do entorno e à vivência com ele, ou seja, está relacionado ao meio ambiente, às artes, à literatura desinteressada, às relações intrapessoais, aos momentos familiares. Assim, refinar os sentidos decorre de nossas experiências culturais, permitindo-nos alterar nosso estado humano embrutecido para um estado humano culturalmente refinado – fruto de uma formação estésica.

> Ah, ouvir mazurcas de Chopin num velho bar, domingo de manhã!
> Depois sair pelas ruas, entrar pelos jardins e falar com as crianças.

Olhar as flores, ver os bondes passarem cheios de gente,
E, encostado no rosto das casas, sorrir...
(Barros, 2010, p. 58).

Ver, sentir, ouvir, olhar, ir além do primeiro olhar, fatores essenciais no processo de desenvolvimento do saber sensível, um saber que aprimora o olhar, as emoções, as sensações e a forma de ver o mundo com base estésica. O desenvolvimento do pensamento é fruto de uma construção humana que conta com uma diversidade de vivências ligadas ao sensível e ao cognoscível, à vida, às artes e a tudo que nela há de observar-se, interagir e perceber. Razão e sensibilidade atuam em parceria, sem superposição de uma sobre outra. Essa relação contribui para a liberdade do pensamento e do conhecimento.

Ao vivenciarmos momentos que contemplam a formação estésica[16], possibilitamos o desenvolvimento de habilidades e de conhecimentos diretamente ligados ao processo de humanização. Vê-se, portanto, a estesia como um saber sensível, que pode provocar o humano ou, ainda, como diria Schiller, um homem cultivado pelas diferentes linguagens artísticas, pela interação com o meio ambiente, pela literatura ou até por viagens que possibilitem conhecer novos costumes e novas culturas. As "vivências culturais", nesse contexto, caracterizam-se como um importante caminho possível para vermos a vida com um olhar mais apurado, refinado e sensível, pois, por meio delas, o ser humano pode ser mais humanizado, com um olhar observador, com a sensibilidade aguçada aliada à capacidade de perceber novas oportunidades de relações e de aprendizados.

Logo, refinar os sentidos convida-nos a refletir sobre as práticas educativas e artísticas promovidas na escola, na possibilidade de renovar-se ou até inovar o fazer pedagógico, abrindo

---

[16] Para Duarte Jr. (2010), a relação da realidade com a estesia atua como espaço propício para o desenvolvimento das percepções estésicas da vida.

A ARTE E A CULTURA NA ESCOLA...
HÁ POTÊNCIA NA ESCOLA PARA CONSTITUIR-SE COMO UM ESPAÇO CULTURAL E ARTÍSTICO POR MEIO DA FORMAÇÃO ESTÉSICA E DA MEDIAÇÃO CULTURAL

115

caminho para aulas que considerem a vida, a riqueza histórica e cultural das artes e que, assim, desencadeiem a humanização, a constituição de um espírito livre, de um homem cultivado, um ser sensível. A educação estésica influencia na constituição do perfil dos sujeitos que, gradativamente, passam a perceber o ser humano com outro olhar, de respeito, de crença na capacidade individual e profissional; um olhar dentro de uma perspectiva mais humanística, de um ser capaz de aprender e apreender.

A escola: um espaço de formação estésica

> *Uma educação [escola] que reconheça o fundamento sensível de nossa existência e a ele dedique devida atenção, propiciando o seu desenvolvimento, estará, por certo, tornando mais abrangente e sutil a atuação dos mecanismos lógicos e racionais de operação da consciência humana.*
> (João Franscisco Duarte Júnior)

A epígrafe (Duarte Jr., 2010, p. 171) provoca-nos a pensar a respeito de uma escola que possibilita vivências que contemplem uma percepção íntima, ampla e estésica do mundo, que considera a qualidade de vida passando a nos chamar à promoção de uma educação mais abrangente, comprometida com a estesia humana, para a capacidade de sentir – "a sensibilidade em cena". Sob essa ótica, há de reconhecer-se que a escola é um espaço complexo e que sua complexidade está alicerçada na almejada transdisciplinaridade. Nesse terreno fértil, a formação cultural e artística tem matéria-prima vasta para o acesso aos diferentes saberes. Seja o acesso ao saber sensível e estético ou ao saber sistematizado e científico, ou, ainda mais, pela relação entre ambos – o saber estésico – que pode se efetivar pela mediação.

Essa possibilidade estabelece-se à medida que "a escola" e seus sujeitos se dão conta de que a relação educação e arte é fruto de um saber científico que dialoga com o saber cultural e artístico, envolvendo toda a comunidade escolar, a fim de constituir-se como um espaço de aquisição e de socialização de diferentes saberes. Reflexões estas que possibilitam o desenvolvimento de práticas de caráter cultural, artístico e social na escola. Nesse prisma, estamos em pleno movimento de repensar os conteúdos, as disciplinas e os projetos, bem como a ação docente, tarefas misteres e que tem envolvido todos os segmentos, como preconiza a Lei de Diretrizes e Bases da Educação Nacional – LDB 9394/96 – quando trata da necessidade de investir-se na gestão democrática e participativa, que visa ampliar o diálogo entre todos os membros da comunidade escolar. Bem sabemos que essa tarefa não é fácil, pois passados vinte anos desde a promulgação da atual lei, ainda ensaiamos práticas que efetivem essa postura.

Recentemente, temos vivenciado o direito de contribuir nos debates municipais, estaduais e nacionais sobre a formação docente, o Plano de Educação, a Proposta Curricular, a Base Nacional Comum, dentre outros. Uma abertura da gestão ao diálogo não vivida antes da LDB entrar em vigor. Nesses documentos, podemos perceber o interesse em constituir-se um espaço rico em conhecimentos estéticos, de cultivo da sensibilidade e de valorização cultural. Importante ressaltar que essa mobilização se dá, especialmente, em virtude das Diretrizes Curriculares Nacionais, que possibilitaram a implementação de uma gestão escolar mais humana, sensível e estésica. Posicionamento encontrado no Art. 6º, no princípio "III – Estéticos: do cultivo da sensibilidade juntamente com o da racionalidade; do enriquecimento das formas de expressão e do exercício da criatividade; da valorização das diferentes manifestações culturais, especialmente a da cultura brasileira; da construção de identidades plurais e solidárias" (Brasil, 2010, p. 2) Como vemos, há uma mobilização legal em prol da formação estésica. Um convite a repensar-se o

A ARTE E A CULTURA NA ESCOLA...
HÁ POTÊNCIA NA ESCOLA PARA CONSTITUIR-SE COMO UM ESPAÇO CULTURAL E ARTÍSTICO POR MEIO DA
FORMAÇÃO ESTÉSICA E DA MEDIAÇÃO CULTURAL

117

ensino, reconhecendo no processo a relação entre os princípios éticos, políticos e estéticos.

Para Duarte Jr. (2010, p. 205): "Educar primordialmente a sensibilidade constitui algo próximo a uma revolução nas atuais condições de ensino, [...]". O autor discute a educação como uma possibilidade de educar a sensibilidade, pensamento que vem ao encontro dos pensares de Saviani, quando o autor destaca que a escola existe para possibilitar o acesso ao saber elaborado, sistematizado e que, para tanto, a cultura é parte relevante na constituição de um currículo mais aberto, sensível e que permita o diálogo. Um currículo com plenas condições de possibilitar a aprendizagem científica em parceria com a arte e a cultura, agregando meios para uma formação pautada na estesia.

A escola existe, pois, para propiciar a aquisição dos instrumentos que possibilitam o acesso ao saber elaborado (ciência), bem como o próprio acesso aos rudimentos desse saber. As atividades da escola básica devem organizar-se a partir dessa questão. Se chamarmos isso de currículo, poderemos então afirmar que é a partir do saber sistematizado que se estrutura o currículo da escola elementar. Ora, o saber sistematizado, a cultura erudita, é uma cultura letrada (Saviani, 2008, p. 3).

Quando pensamos a escola sinalizada por Saviani, remetemo-nos inevitavelmente a um currículo escolar sistematizado, que reconhece a importância das práticas culturais. Uma escola que considera a relação da educação com a sensibilidade, um espaço que se constitui na interação entre os sujeitos da cultura e pelo contato com as diferentes formas de manifestação da arte.

Um espaço cultural e artístico que compreende sua relação com as demais instituições culturais e que possibilita a integração entre os diferentes aspectos do desenvolvimento humano.

Segundo Meira e Pillotto (2010, p. 12): "No caso da relação educação e arte, há afecções mútuas para potencializar uma ação comum na formação de pessoas". Ao tratarmos de formação estésica nos espaços escolares, faz-se necessário refletirmos sobre a relevância de entrelaçarmos os saberes sensíveis por meio do contato com as artes e com outros saberes científicos. Por isso, ao pensarmos a escola como espaço de formação estésica – que permite o refinar do olhar, do ouvir, do apalpar, do degustar; enfim, do sentir por meio de vivências artísticas e culturais –, pensamos na necessidade de um currículo transversal, flexível, que leve em consideração o cotidiano.

O reconhecimento da educação como uma "produção do saber" traz à tona a ideia de que o homem é capaz de elaborar ideias, possíveis atitudes e uma diversidade de conceitos. O processo de ensino e aprendizagem é visto como meio e não um fim, no qual o professor pode ser o mediador; e o aluno, um sujeito ativo na construção do saber. Essa sistematização do currículo, apresentada por Saviani, convida-nos a repensar as práticas escolares, ou seja, o que se insere no processo ensino-aprendizagem que, por vezes, na constante e na frenética burocracia pedagógica, deixa por contemplar a formação cultural, artística e social dos sujeitos. "A educação precisa ser suficientemente sensível para perceber os apelos que partem daqueles a ela submetidos [...]" (Duarte Jr., 2010, p. 205), uma educação sensível preocupada em se autorregular em termos de métodos e parâmetros a fim de atender à demanda humana nos tempos atuais.

Do mesmo modo que defendo neste capítulo que a forma é o que nos interessa no processo de formação, "o como" a escola pensa e trabalha com o conteúdo também carece de atenção. Ele é o eixo do currículo, que pode se tornar essência viva na aprendizagem se a forma receber a devida atenção no momento de planejarmos e executarmos as atividades pedagógicas. Os professores sabem o que devem ensinar, mas, muitas vezes, não sabem como fazê-lo de modo a se efetivar um diálogo mais íntimo do conteúdo com a vida cotidiana dos seus alunos.

A ARTE E A CULTURA NA ESCOLA...
HÁ POTÊNCIA NA ESCOLA PARA CONSTITUIR-SE COMO UM ESPAÇO CULTURAL E ARTÍSTICO POR MEIO DA
FORMAÇÃO ESTÉSICA E DA MEDIAÇÃO CULTURAL

119

Planejamento, seu desenvolvimento e as ações que dele se desdobram podem ser uma imensa troca de vivências e experiências, tanto do professor quanto dos alunos. Embora seja o professor que coordena esse processo, a participação de todos deve ser o que subsidia os processos de ensino e aprendizagem.

Acredito que o acesso às artes, por meio da formação estésica, possibilita ao professor desenvolver sua habilidade de sentir, de pensar e de agir. O professor, uma vez em pleno processo de formação estética, tende a repensar sua prática e assim ampliar o seu "como" possibilitar meios para a construção do conhecimento. Aqui, cabe-nos ainda sinalizar que o professor precisa contar com o apoio de todos os envolvidos no processo de aprendizagem, e que o coordenador pedagógico pode ser um grande aliado nesse caminhar. Pelo contato com a arte, hábitos e posturas cristalizadas tendem a se modificar e o processo de ensino e aprendizagem, alargado, inovado. Partimos da lógica de que uma formação docente não precisa contemplar apenas os conhecimentos pedagógicos e teóricos, mas também os artísticos e culturais, pois estes influenciam a percepção de mundo, desenvolvem a sensibilidade e aprimoram o saber estético.

> Planejamento, seu desenvolvimento e as ações que dele se desdobram podem ser uma imensa troca de vivências e experiências, tanto do professor quanto dos alunos. Embora seja o professor que coordena esse processo, a participação de todos deve ser o que subsidia os processos de ensino e aprendizagem.

Trago à baila, para contribuir com essa discussão sobre a formação estésica, um dos resultados de nossa pesquisa de mestrado, realizada em 2011, que abordou a relevância da estesia nas práticas formativas da escola e que

> [...] podem ser caminhos de possibilitar-se uma educação do sensível com todos os docentes, pois o investimento na realização de vivências pode desencadear o repensar

da aprendizagem dos alunos para que seja fruto do sensível entrelaçado pelo inteligível, e, como consequência, o desenvolvimento de cidadãos mais humanizados (Soares, 2012, p. 142).

A sensibilidade levada a sério no processo de formação, aliada à aquisição do saber científico, constituindo uma formação docente mais humanizada que, consequentemente, acaba por movimentar os processos pedagógicos da escola.

Instigados por esse movimento de formação estésica e pelos pensares de Saviani, de Meira e de Pillotto, sobre um currículo escolar mais aberto ao diálogo e à sensibilidade, revisitamos as falas dos sujeitos no intuito de saber se "a escola", ou seja, os sujeitos da pesquisa, tem autonomia de definir as ações culturais e artísticas que compõem o processo de ensino e aprendizagem, se a escola tem participação na tomada de decisões do órgão gestor – a Secretaria de Educação –, em especial no momento de definir as vivências estéticas que constituem o calendário anual. Perguntamos aos sujeitos da pesquisa quem sistematizou a agenda cultural e artística da escola e da rede municipal no período de junho/2014 a julho/2015.

Para a maioria dos sujeitos, a sistematização ocorreu pela escola, na figura do coordenador pedagógico em parceria com a gestão imediata, bem como pelos demais professores e membros da comunidade escolar, nessa ordem de envolvimento. Também ficou evidente que a Secretaria de Educação de Itajaí tem tomado a iniciativa de incluir no calendário escolar alguns eventos culturais: Kizomba[17], Mostra de Ideias e Curiosidades (MIC)[18] e a Semana da Pátria.

---

[17] Momento cultural inserido no calendário escolar voltado à valorização da cultura afrobrasileira. As escolas possuem autonomia para planejar e executar esse momento que, geralmente, contempla exposição de trabalhos pedagógicos dos alunos, resultantes de projetos de pesquisa mediados pelos professores de sala, danças, degustação de pratos típicos da culinária afro, bem como da apreciação das vestimentas, costumes e dados históricos que influenciaram na constituição da sociedade.

[18] Semana de exposição de trabalhos escolares produzidos pelos alunos em parceria com seus professores em alusão ao aniversário do município – 15 de junho –, que geralmente contempla o resultado do desenvolvimento de projetos pedagógicos socializados com a comunidade local de cada escola.

A ARTE E A CULTURA NA ESCOLA...
HÁ POTÊNCIA NA ESCOLA PARA CONSTITUIR-SE COMO UM ESPAÇO CULTURAL E ARTÍSTICO POR MEIO DA FORMAÇÃO ESTÉSICA E DA MEDIAÇÃO CULTURAL

121

Na realização da roda de conversa, essa lógica de ações determinadas pela Secretaria de Educação via calendário escolar também foi registrada, como vemos na fala do sujeito 6:

"Eu vejo um movimento cultural na rede pequeno... nossa rede é expressiva e eu vejo ele dividido entre o que a secretaria proporciona e o que a gente faz na escola, então eu acredito que a gente acaba muitas vezes aproveitando o que a secretaria nos traz que é a MIC e a KIZOMBA, e essas atividades externas que a secretaria cobra no calendário para promover a cultura. Então eu vejo que nossos alunos são mais protagonistas da cultura do que vivenciam a cultura [...]" (Sujeito 4)

[...] são instituídas pela secretaria, vem no calendário, aí a escola precisa se organizar, geralmente, esse ano a gente mandou um plano de ação, tanto da MIC quanto da KIZOMBA como que vai acontecer, quais são as datas. Eles deram essa flexibilidade na data, na KIZOMBA, que antes era só no mês de novembro e agora tem mais um tempo, de agosto a novembro. A gente pode se organizar com datas [...].

Esse pensar também pode ser percebido na fala do sujeito 4 (vide olho), que acrescenta o fato de que muitas das ações culturais da escola colocaram os alunos mais na condição de protagonistas do que de apreciadores de arte.

Considero que ambas as posições são importantes no fazer pedagógico da escola. Esse movimento nos parece natural, visto que há momentos que o objetivo é mobilizar os alunos para a criação, e há outros que se pretende possibilitar vivências artísticas e culturais por meio da apreciação. O que está em jogo é o equilíbrio entre as duas possibilidades, pois uma não neutraliza a necessidade da existência da outra no currículo escolar. Também podemos considerar que, mesmo sendo protagonistas na montagem de uma encenação, por exemplo, parte dos alunos estará interpretando enquanto outra parte estará apreciando, portanto sempre haverá um movimento. Aqui percebo que há um rico espaço para a mediação do professor, que pode provocar seus alunos ao fazer artístico e cultural. Como viemos estudando neste capítulo, o importante é a forma e o como, portanto há potência para estesia e a fruição se o professor, nesse caso, considerar as múltiplas possibilidades de contato com a arte.

Retomando a questão da inserção da Secretaria de Educação, há três grandes movimentos no calendário escolar. Essa escolha demonstra o interesse em se estabelecer uma parceria com as escolas, bem como que há um olhar por parte do órgão gestor em otimizar o acesso aos fazeres culturais. Os próprios sujeitos 4 e 6 reconhecem a importância dessa inserção quando afirmam que há movimento cultural na escola decorrente dessa solicitação via calendário escolar.

Diante da análise das falas referentes a esse assunto, ficou evidente que, para os sujeitos, não é uma má ideia se inserir no calendário, o que poderia ser alterado é o investimento em uma discussão mais ampla a respeito desses três momentos culturais e que a gestão poderia contribuir de forma mais efetiva quanto à logística para sua realização, em especial das práticas que envolvem saídas de campo. Trataremos mais acerca dessa contribuição logística da gestão no próximo capítulo. Neste, como o foco é a formação, cabe-nos reconhecer, com auxílio desse exemplo, que há, portanto, a necessidade de intensificar-se a formação estésica de todos os sujeitos da escola e do órgão gestor. A necessidade que sinalizamos como resultado da pesquisa de mestrado estava agora instaurada, pois, para reconhecer-se a importância desse movimento de vivências artísticas e culturais no currículo, é preciso submeter-se à uma educação do sensível, à oportunidade dos docentes participarem de práticas formativas sobre a relação da arte com a cultura, da razão com a sensibilidade, sobre a estética e sobre a humanização do olhar.

A ARTE E A CULTURA NA ESCOLA...
HÁ POTÊNCIA NA ESCOLA PARA CONSTITUIR-SE COMO UM ESPAÇO CULTURAL E ARTÍSTICO POR MEIO DA FORMAÇÃO ESTÉSICA E DA MEDIAÇÃO CULTURAL

123

Nas respostas e nas falas dos sujeitos da pesquisa, ficou perceptível um interesse da comunidade escolar pelo movimento artístico e cultural. Do mesmo modo, o interesse da Secretaria por esse movimento pode ser percebido quando a maioria das entrevistas, bem como as rodas de conversas, registrou o Programa Educacional Cultura e Travessura[19] – mantido pela Secretaria de Educação – como um parceiro. Esse programa tem a função de disponibilizar o acesso, em parceria com as escolas, as ações artísticas e culturais promovidas por ONGs e artistas independentes contemplados pela Lei de Incentivo à Cultura do município. No entanto, na realização da roda de conversa, os coordenadores pedagógicos, mesmo reconhecendo a relevância do programa, afirmam que "*[...]* é o único projeto que tem a rede, ela oferece este movimento que é programado com agendas, *algumas ações já estão definidas e diferentes das escolas. Vem uma programação definida da secretaria*" (sujeito 2).

Para a maioria dos sujeitos, o Programa Cultura e Travessura é uma importante iniciativa, mas que não consegue atender à demanda devido à limitação quanto ao transporte, ao número de ações disponíveis que possam ir até a escola e por falta de divulgação; quando se sabe de alguma atividade artística, já está

---

[19] Segundo o site oficial da Secretaria de Educação de Itajaí, o Programa Cultura e Travessura é responsável por aproximar os alunos da rede municipal de ensino de ações culturais com as mais variadas linguagens artísticas. Um dos objetivos do programa é desenvolver atividades que favoreçam a apropriação de conhecimentos diversificados, de forma lúdica, ampliando o universo cultural das crianças. Entre as atividades propostas estão: workshop musical, visitas às exposições nos espaços culturais de Itajaí, contação de histórias, apresentações de teatro, danças, apresentações culturais, mostras literárias, cinema, jogos, maratona de contos, entre outros. Instituído em 2010, o Cultura e Travessura oferta aos alunos e docentes ações culturais, ampliando o universo cultural e estimulando a sensibilidade do aluno; e incentivando-o a pensar, sentir e agir de maneira diferente, por meio do uso de diversas linguagens artísticas, desenvolvendo valores, sentimentos e emoções, em busca de tornar os indivíduos dinâmicos e criativos. Para a supervisora do programa, promover ações que favoreçam o contato com diferentes formas de expressão e comunicação acaba sensibilizando os docentes e discentes com a promoção de ações culturais, para que a escola se torne um espaço de produção, criação e representação das diversas linguagens. "Para isso, temos como objetivo realizar ações conjuntas com outras secretarias e fundações, para levar eventos culturais a todas as Unidades Escolares". Disponível em: http://www.itajai.sc.gov.br/noticia/4514#. Vow93zYyPts. Acesso em: 20 dez. 2015.

ANDREY FELIPE CÉ SOARES

destinada para outra escola ou já vem definida da secretaria, não atendendo às escolhas temáticas da realidade local. Fica notável nas respostas dos sujeitos que há um interesse por parte dos coordenadores pedagógicos em fomentar ações artísticas e culturais nas escolas, mas que a secretaria não consegue atender à demanda ou não consegue auxiliar na superação das dificuldades de acesso a essas iniciativas. Esse assunto não se esgota aqui, pelo contrário, será problematizado no próximo capítulo.

Ainda no intuito de responder aos questionamentos levantados neste subcapítulo, foi possível perceber, por meio dos sujeitos da pesquisa, a presença do Pibid[20]. Apesar de o programa estar presente em cinco das onze escolas participantes desta pesquisa, ele aparece citado durante a entrevista de apenas uma delas, ao registrar uma parceria para a realização do Projeto Solidariedade. O Pibid foi abordado com maior ênfase na fala tanto dos coordenadores pedagógicos como dos supervisores de gestão que participaram das rodas de conversa, quando foram indagados pelo pesquisador sobre o não registro nas entrevistas. Para os sujeitos, nas escolas onde há a presença de pibidianos é perceptível a contribuição quanto ao número de atividades artísticas e culturais desenvolvidas. Entretanto, o único registro em contraponto com o debate nas rodas de conversa convidou-nos a indagar o porquê do esquecimento dos demais sujeitos na hora de responder ao instrumento de coleta de dados, visto ser uma importante parceria entre Pibid e escola para a mobilização cultural no espaço escolar.

Dentre as cinco unidades que tiveram pibidianos no período de junho/2014 a julho/2015, quatro deixaram de registrar a pre-

---

[20] Segundo Denise Costa, no livro Cultura, escola e educação criadora: formação estética e saberes sensíveis, "O PIBID é uma nova, inovadora e importante política pública direcionada à educação, que compreende a melhoria profissional e formativa em todos os níveis. É um programa nacional que prima pela aplicação de projetos que tenham características inovadoras. [...] o programa é movido pelo eixo da educação estética, convidando todos os participantes a navegar nos mares do saber sensível, sempre de mãos dadas com o inteligível" (Costa, 2015, p. 159)

A ARTE E A CULTURA NA ESCOLA...
HÁ POTÊNCIA NA ESCOLA PARA CONSTITUIR-SE COMO UM ESPAÇO CULTURAL E ARTÍSTICO POR MEIO DA FORMAÇÃO ESTÉSICA E DA MEDIAÇÃO CULTURAL

125

sença quando perguntados sobre as ações artísticas e culturais na escola. Ao analisar o relatório do Pibid referente ao período que compõe a pesquisa, foi possível identificar significativo movimento artístico envolvendo leitura, contação de histórias, constituição de horta escolar, confecção de jogos, realização de brincadeiras de infância e folclóricas, confecção de instrumentos musicais, além de apreciação de variados momentos culturais. A maioria das atividades pibidianas, nesse período, ocorreram em sala de aula, com algumas práticas de socialização desse material com os demais alunos da escola. Diante desse cenário, foi preciso retomar a conversa, no formato de entrevista informal, com os quatro sujeitos em questão, que confirmaram nossa hipótese de que responderam o instrumento de coleta de dados no fervor de suas atribuições burocráticas, o que levou ao não registro das ações pibidianas que acontecem na escola.

Um dos sujeitos trouxe outro argumento, o de que as atividades pibidianas são propostas e realizadas pelos acadêmicos de graduação em parceria com o professor de classe, e, por vezes, em decorrência do não envolvimento por parte do docente da escola ou do gestor da própria unidade escolar, os demais membros da comunidade acabam não se envolvendo com as atividades propostas; o que nos parece que fora o caso em questão.

Precisamos considerar que a percepção da quantidade dessas atividades, que viemos tratando, depende de escola para escola, pois onde há um grupo do Pibid mais agregador, certamente as ações serão mais reconhecidas, em decorrência da socialização, além das paredes da sala de aula, com o envolvimento de toda a escola e comunidade local. Do mesmo modo, há grupos que poderiam explorar, envolver e até mesmo realizar mais atividades de cunho estésico. Essa variante entre mais ou menos registro de atividades depende em especial da proposta de cada escola e do coordenador de área do Pibid, assim como o olhar dos mobiliza-dores, seja dos graduandos ou do professor de classe.

Acredito que o processo contém essas variações, e o grau de envolvimento de cada um não pode ser medido com igual peso ou valor que outrém. Importante que todos possamos com-preender que a proposta das ações a serem realizadas na escola precisa ser negociada, acordada e dinamizada em parceria com todos, visto que estas ações também são práticas promovidas pela escola, que, por vezes, se contenta com o movimento apenas em uma sala de aula, o que limita as possibilidades tanto do Pibid em contribuir, como do ambiente em oxigenar seus espaços cul-turais. "Uma experiência pedagógica, sendo criadora, gera reper-cussões, contamina e motiva a convergência de parcerias dentro e fora da escola, podendo ser tanto factuais quanto teóricas e reflexivas" (Meira; Pillotto, 2010, p. 40).

Um outro dado que precisa ser registrado é o fato de as escolas em casos individuais e distanciados ofertarem no mesmo período as seguintes atividades: festas do livro, julina, das crianças, dos professores, de Natal, da partilha, das mães; certificação de alunos, visita aos pontos turísticos de Itajaí, jogos escolares da unidade escolar, visita ao Sesi e à Biblioteca Pública Municipal. Houve, também realização de bingo que, segundo os sujeitos, contemplou as seguintes ações: degustação de pratos típicos, realização de brincadeiras recreativas, desfile de figurinos temá-ticos, palestras em assembleias de pais e os alunos (sobre os mais variados temas), exposição de trabalhos dos alunos, oficinas temá-ticas, apresentações de música e dança etc. Esse dado traz à tona uma prática comum das escolas: a de associar ações artísticas e culturais a alguma data comemorativa. Muitas são as inciativas nesse rumo, pois, historicamente, a escola tem vivenciado a arte e a cultura em eventos internos diretamente relacionados a essas datas. Não estamos negando a relevância das datas comemora-

A ARTE E A CULTURA NA ESCOLA...
HÁ POTÊNCIA NA ESCOLA PARA CONSTITUIR-SE COMO UM ESPAÇO CULTURAL E ARTÍSTICO POR MEIO DA
FORMAÇÃO ESTÉSICA E DA MEDIAÇÃO CULTURAL

127

tivas, o que está em discussão é a escola perceber que pode ir além desse olhar ilustrativo, lúdico ou didático das artes, passando a criar oportunidades para a estesia e a fruição. Há professores que o fazem por iniciativa própria, por compreenderem ser parte inerente ao processo de ensino e aprendizagem, como parte de um currículo sistematizado, transversal, sensível e flexível.

> O saber é didatizado ao ser ensinado na escola. [...] A forma com a qual a arte entra no espaço escolar é didatizada, pois o objetivo é o ensino que é sistematizado numa lógica encontrada apenas neste contexto (Carvalho, 2010, p. 116).

Por vezes, esquecemos que são diversas as formas pelas quais nos relacionamos com a arte, e que a riqueza não está na necessidade ou na utilidade, mas na experiência, na oportunidade de acesso à cultura. A data comemorativa pode ser uma importante brecha para intensificarmos vivências artísticas e culturais na escola, como vimos no pensar de Carvalho. A escola trabalha com a didática, o saber é didatizado, e a arte envolvida nesse contexto pode receber maior flexibilidade, extrapolando, assim, a lógica de ilustrativa às datas comemorativas e ocupar seu devido lugar de área do conhecimento, que, por meio de variadas estratégias, pode contribuir para a formação estésica de toda a comunidade escolar.

Há de se romper, cada vez mais, com esse olhar de que arte e cultura precisam sempre ser didatizadas. Defendo a lógica de que a escola pode ser um espaço natural de contato com as diferentes linguagens artísticas e de ampliação do olhar cultural. A formação estésica pode contribuir nesse sentido, pois uma vez em **processo de apreciação, experimentação e formação em arte e cultura**, possibilita-se a ampliação do olhar docente, e, assim, passa-se a compreender que a riqueza das ações artísticas e culturais não está só no número de envolvidos, mas, principalmente, na qualidade das interações estésicas.

Das 11 escolas participantes, apenas três sinalizaram registros ou ações que superam a lógica de atender às datas comemorativas culturalmente impostas pela sociedade. Nessas situações, foram ofertadas à comunidade escolar: exposição de obras de arte, em parceria com artistas locais; apreciação musical, intitulada como arte e música na escola, em parceria com o Sesc; pintura sobre aquarela, em parceria com a artista Lindinalva Deóla; Projeto Reciclando com Arte; apreciação de grupo teatral, em parceria com o Pibid, vestindo a poesia e contação de histórias em parceria com o ContArte da Univali. Esse dado demonstra que há possibilidade de promover-se a estesia para além da data comemorativa, que muitas iniciativas artísticas e culturais acontecem na escola, e que há potência nesse movimento cultural. Nos registros do Pibid, ContArte e do Programa Cultura e Travessura, as reuniões, as assembleias, os conselhos e as rodas de conversa contemplaram variados momentos de leituras, oficinas, vivências, visitas e apreciações da arte e da cultura. Porém, enquanto apenas parte da escola ou dos sujeitos estiver envolvida, ainda registraremos casos em que apenas uma parcela da sociedade reconhece o movimento artístico e cultural no ambiente escolar. Concordamos com um dos supervisores de gestão quando afirma que:

> [...] nós temos que avançar para além da escola, apresentar para nossas crianças o que há num teatro, o que há num museu, outras culturas com danças. Nós temos aqui bem próximo de nossa cidade o Bolshoi e pouquíssimas crianças da nossa rede tiveram o prazer de verificar, de participar de um momento com o Bolshoi. Mas é assim, cinquenta alunos da nossa rede. [...] eu lembro muito bem que foi assim um encantamento geral das crianças por aqueles bailarinos e nós por ver o impacto que isso causou nas nossas crianças. Então, assim, eu vejo que nós temos que avançar para além dos muros da escola porque a cultura só dentro da escola

A ARTE E A CULTURA NA ESCOLA...
HÁ POTÊNCIA NA ESCOLA PARA CONSTITUIR-SE COMO UM ESPAÇO CULTURAL E ARTÍSTICO POR MEIO DA
FORMAÇÃO ESTÉSICA E DA MEDIAÇÃO CULTURAL

129

é importante sim vem acontecendo precisa ser aprimorada, mas não é só isso! (supervisor de gestão 4).

Há muito por se viver estesicamente além dos muros da escola [das paredes da sala de aula]. Por meio da formação estésica, podemos encontrar diferentes formas para potencializar esse movimento cultural em larga escala de envolvimento. Os resultados de momentos como esse exemplificado pelo SG 4 são imensuráveis, pois os acontecimentos estão em cena para se encontrarem, se agenciarem e continuarem a potencializar culturalmente os ambientes escolares.

Reafirmo que a escola pode promover ações de rica criação, pura apreciação, e de relevante formação estésica. Segundo Neitzel e Soares (2012, p. 126): "Em contato com estas linguagens, o professor educa-se, humaniza-se, sensibiliza-se e passa a ver o sujeito de outra forma, e, como consequência, faz uso de diferentes estratégias de ensino [...]". É importante registrar que as três escolas citadas pelos coordenadores pedagógicos se encontram em pleno processo de formação estésica. Além de investirem em sua formação artística e cultural, eles têm promovido leituras e debates com seus professores – são escolas que contam com professores que há alguns anos leem e pesquisam sobre arte e cultura. Essa percepção também é fruto das análises frente às respostas apresentadas nas entrevistas e nas rodas de conversa. "*É a cultura em seu sentido pleno [...]. Por isso, conteúdos relacionados à arte, à ética, à política, ao cuidado pessoal,* ao uso do corpo etc. devem ser incluídos no rol de elementos culturais [...]" (Paro, 2011, p. 505).

Torna-se relevante ampliarmos os processos de formação estésica que envolvam a arte, a cultura, a sensibilidade e o olhar humano na escola. A cultura considerada como matéria-prima do currículo, como podemos ver em Paro. Em outras palavras, é a importância dos conteúdos científicos estarem relacionados aos estéticos, artísticos e culturais – e a formação estésica pode contribuir nesse sentido. Além disso, o contato com a obra de arte e a apreciação das diferentes formas de manifestação da cultura podem intensificar o desenvolvimento da sensibilidade e os sujeitos passarem a perceber em maior grau o movimento cultural, bem como a riqueza dos detalhes do que acontece na escola.

<u>A preocupação com formação estésica é primordial na constituição de uma postura educacional e pedagógica mais sensível, transversal e flexível.</u> Reconheço que "[...] a formação depende do trabalho de cada um, que mais importante que formar é formar-se; que todo o conhecimento é auto-conhecimento e que toda formação é auto-formação" (Nóvoa, 2001, p. 24). É preciso ampliarmos as discussões, as formações e as socializações a esse respeito. Precisamos intensificar, agregar, envolver e divulgar ainda mais inciativas pautadas na estesia.

Há de investir-se na educação do sensível (estésica), no intuito de inserir gradualmente no contexto escolar a realização de vivências estéticas pelo viés do artístico para que professores e alunos apropriem-se de outros modos de ver e de sentir o meio social que os cerca (Neitzel; Soares, 2012, p. 131)

A ARTE E A CULTURA NA ESCOLA...
HÁ POTÊNCIA NA ESCOLA PARA CONSTITUIR-SE COMO UM ESPAÇO CULTURAL E ARTÍSTICO POR MEIO DA FORMAÇÃO ESTÉSICA E DA MEDIAÇÃO CULTURAL

131

MEDIAÇÃO CULTURAL - SUJEITOS, ESPAÇOS E POSSIBILIDADES

Palavra dentro da qual estou há milhões de anos é árvore.
Pedra também. Eu tenho precedências para pedra. Pássaro também.
Não posso ver nenhuma dessas palavras que não leve um susto.
Andarilho também. Não posso ver a palavra andarilho
que eu não tenha vontade de dormir debaixo de uma árvore.
Que eu não tenha vontade de olhar com espanto,
de novo, aquele homem do saco
a passar como um rei de andrajos nos arrudos de minha aldeia.
E tem mais uma: as andorinhas, pelo que sei,
consideram os andarilhos como árvore.
(Manoel de Barros)

Ao pensar o título em questão, podemos ser envoltos por um pensamento, uma inquietação, um autoconvite a refletir: para mediar, é preciso desbravar! É preciso permitir-se conhecer o não percebido, o não vivido, o não encontrado em nossas andanças ao longo da vida ou, ainda, a "destrancar" as palavras, a senti--las na sua essência poética. Os escritos de Manoel de Barros instigam-nos a olhar, ouvir, tocar; enfim, sentir a partir das *palavras*. Por vezes não nos damos conta que uma palavra pode possuir muitos sentidos e do que ela pode provocar ao ouvinte atento, ao espírito-livre ou ao homem cultivado. Esse fator está diretamente relacionado ao nosso grau de refinamento dos sentidos, da mediação que somos submetidos ou pela sua ausência, do afetar-se ou não pelo contato com o objeto de arte, assim como diversos outros fatores sensíveis ou inteligíveis que constituem o processo de construção dos saberes.

A epígrafe de Manoel apresenta-nos a ideia de que existe riqueza nas palavras. Palavras que podem ser encontradas nos textos literários, científicos, numa letra de música, no discurso de um orador, num diálogo de um filme ou em um texto teatral. Palavras e sua riqueza científica, filosófica, poética, estética, e que nos convidam a dialogar com o pensamento de Martins (2011, p. 315), quando afirma que: "Para abrir a porta, é preciso 'tirar a tranca, levantar o trinco', pois ela estava trancada. Não será essa a tarefa maior da mediação cultural: abrir o que estava travado, libertar o olhar amarrado ao já conhecido para ver além?". É um convite para viajar pelo nosso próprio percurso de formação estética, estésica, artística e de mediação na escola e por diferentes espaços culturais que vamos encontrando no decorrer da vida! Um convite a desbravarmos as riquezas das palavras, como vimos em Manoel.

Falar de mediação está diretamente associado à vida, aos achados nas leituras, nas rodas de conversas, nas viagens que podemos realizar, nas percepções do mundo frente às coletâneas de vivências culturais que somos envolvidos, frente às palavras bem colocadas que podemos apreciar na literatura! Compreendemos que, para estar mais sensível ao mundo e à vida, é preciso permitir-se vivenciar e ser provocado a conhecer por meio dos sentidos! É por esse viés que este capítulo se desenrola, pela lógica da **mediação cultural**, vista como um convite a ver por outros olhares, a ouvir, apalpar e sentir, do viver em plenitude estésica, do sentir pela aproximação com as artes e com as ciências, do ampliar nossas percepções de mundo, do querer interagir com outros seres e da certeza de que é preciso destravar os sentidos.

O livro *O fazedor de amanhecer*, de Manoel de Barros, é um bom exemplo de como a vida pode ser poesia em nossas andanças e de como o entendimento abre portas. A mediação, neste caso, fica ao encargo da relação poética entre as imagens e as palavras presentes no livro e que nos convidam a pensar, a apreciar, a desbravar o mundo por meio dos signos; um processo de formação do sensível, mediado pela leitura do literário, pela poesia que retrata a vida. Estamos inseridos em um mundo estésico, em um "tirar a tranca", que alia os sentidos que emergem a cada palavra ou frase com o inteligível, por meio das intertextualidades, do contato com a arte, com o desconhecido ao qual esses escritos nos remetem. Um fragmento da epígrafe deste capítulo – "[...] E tem mais uma: as andorinhas, pelo que sei, consideram os andarilhos como árvore" – representa um convite para pensarmos outros pensares e que, portanto, atua como um meio de mediação, de aproximação com a vida, um convite a refinar nossas percepções e sensações. Revisitemos um trecho da epígrafe:

> Não posso ver a palavra andarilho que eu não tenha vontade de dormir debaixo de uma árvore.
> (Manoel de Barros)

Segundo o autor, ao "ver" – ler, sentir – a palavra andarilho, o ser tem vontade de dormir debaixo de uma árvore. Ao tratar da vida, quanta vontade pode despertar uma palavra! A vida é matéria-prima da poesia, os escritos de Manoel de Barros sobre o viver, a natureza, as coisas simples do mundo, as iluminuras ou desinutilidades, convidam-nos a um mergulho inteligível, literário, artístico e estético. Uma leitura que nos envolve, medeia nosso pensamento, nos desperta o olhar para a beleza das imagens inseridas no livro por Ziraldo, nos convocando a apreciar a riqueza poética das palavras, para a arte da poesia e as múltiplas interpretações textuais que um poeta dessa grandeza pode proporcionar em seus escritos movidos pela sensibilidade. "A mediação cultural pode ser o espaço da conversação, da troca, do olhar estendido pelo olhar de outros que não elimina o do sujeito leitor, seja ele quem for [...]" (Martins, 2011, p. 315). Por falar de vida, de sensibilidade e de humanidade, os escritos de Manoel de Barros ultrapassam o meio literário, compõem citações de pes-

A ARTE E A CULTURA NA ESCOLA...
HÁ POTÊNCIA NA ESCOLA PARA CONSTITUIR-SE COMO UM ESPAÇO CULTURAL E ARTÍSTICO POR MEIO DA
FORMAÇÃO ESTÉSICA E DA MEDIAÇÃO CULTURAL

135

quisas acadêmicas e científicas, incorporam letras de música, histórias infantis, e até estampam camisetas. Quantos caminhos pode ter uma palavra! Imagina então um agrupamento delas! Na mediação também é assim, há potência por meio das palavras ditas ou não pronunciadas.

Dedico fôlego neste capítulo a fim de compreendermos o conceito, a relevância e como pode ou não ocorrer uma mediação. Para tanto, foi preciso olhar atento, leitura criteriosa, análise, problematização e escrita objetiva, com base nos estudos de Darras (2009), Martins (2005; 2014b), Martins e Piscosque (2012), com contribuições de Meira e Pillotto (2010) e Neitzel e Carvalho (2015), a fim de desbravar palavras que corroborassem com a riqueza das reflexões a respeito do tema mediação cultural.

Mediar, romper com o que está definido, é ter um olhar ampliado que possibilita ao outro a descoberta. Os olhares sobre o mundo são ampliados no momento em que aquilo que é visto, passa a ser percebido, compreendido, incorporado a uma nova realidade a ser construída (Martins, 2012, p. 10).

Nesse contexto, as palavras são aliadas na caminhada desta pesquisa. Por meio delas, podemos descobrir que realizar a mediação, ser mediado, enfim, o termo "mediar" remete-nos a tratar de dois lados, estar entre algo – como uma ligação, uma ponte. Entretanto, o conceito que utilizamos neste estudo vai além, rompe com a ideia do silogismo de Aristóteles. Acreditamos na mediação que não cabe apenas em ligar pontos convergentes ou tratar de pensamentos divergentes, tampouco permitir a capacidade de julgar isto ou aquilo entre dois pareceres, mas diretamente associada ao processo de raciocinar, de pensar por intermédio de mais olhares, de reflexões intermediárias que servem para um aprofundamento cognitivo, propor uma leitura compartilhada de diversos signos.

Mediar, portanto, é inevitável para o raciocínio, pois envolve a prática da reflexão das palavras e dos mais variados signos no lugar da prática da intervenção imediata. Ela age quando o diálogo entre os sujeitos não é finito ou tampouco superficial. Carece de reflexão! O ato de mediar compreende dedicação ao pensar, ao envolver-se com os elementos, a ouvir e a convidar a pensar, muito mais do que afirmar ou responder dúvidas. **Mediar**: a lógica de intermediar o pensamento, em especial por meio da cultura, do contato com as diferentes linguagens artísticas, nos mais variados espaços culturais disponíveis para a constituição do ambiente escolar como espaço cultural. Esse é o conceito do qual esta obra se apropria para problematizar o ato da mediação.

Tratar de mediação não é tarefa das mais simples, pelo contrário, há uma complexidade a ser desbravada, e para a constituição da escola como espaço cultural, a qual nos propomos discutir desde as primeiras páginas deste estudo, há de compreender-se quais são os sujeitos, os objetos propositores e os espaços mediadores dentro ou fora da escola, bem como a real necessidade de os mediadores estarem em frequente processo de formação estésica. Sim! Uma mediação cultural torna-se mais rica se for fruto de uma formação estésica! Uma mediação que é "estar entre" muitos olhares, sujeitos e possibilidades de refinamento dos sentidos, do olhar perceptivo e aprimorado culturalmente, um mediar atento e observador aos sujeitos, aos objetos de interação e às possibilidades de intervenção nesse contexto fértil para a prática mediadora.

Essas intervenções, as quais consistem em trazer à tona informações, indagações e vivências que venham provocar aproximação entre o inteligível e o sensível, bem como a reflexão, a conversação e a troca, precisam ser intencionais, mas, por vezes, carecem de improvisação[21] por parte dos múltiplos elementos

---

[21] Improvisação aqui concebida como postura positiva no processo de intervenção. Um ato de

A ARTE E A CULTURA NA ESCOLA...
HÁ POTÊNCIA NA ESCOLA PARA CONSTITUIR-SE COMO UM ESPAÇO CULTURAL E ARTÍSTICO POR MEIO DA
FORMAÇÃO ESTÉSICA E DA MEDIAÇÃO CULTURAL

137

mediadores. Importante salientar que nem sempre a mediação é realizada por um sujeito, às vezes ela ocorre em decorrência da relação direta do sujeito mediado com o objeto de arte, e há momento em que ela até nem se efetiva. Nesta obra, abraçamos a escola como um espaço de múltiplas possibilidades de mediação, por ser um espaço cultural, mas também consideramos que ela por si só não se basta, é preciso estabelecer relações com outros sujeitos, objetos e espaços que promovam a cultura, a arte e as ciências no sentido mais amplo. Como em um rizoma, uma rede, uma multiplicidade de oportunidades e olhares, como vimos em Deleuze e Guattari.

Com base nos estudos de Darras (2009), defendo que a mediação cultural recebe implicações, isto é, depende do tipo de objeto que está sendo mediado, das representações construídas pelos sujeitos envolvidos no processo acerca daquele objeto, bem como da organização do espaço em que este se encontra. Representações que, por sua vez, vão interferir nas construções de significado e nas emoções resultantes do contato com o objeto, nos conhecimentos prévios que os sujeitos possuem acerca do objeto de arte, no local e na forma como o mediador opera a mediação. Darras (2009, p. 37) afirma que a mediação cultural ganha fôlego "[...] no cruzamento de quatro entidades: o objeto cultural mediado, as representações, [as] crenças e [os] conhecimentos do destinatário da mediação"; e, também, a do mediador e a do "mundo cultural de referência[22]".

> O processo de mediação é complexo e dependente de variáveis relacionadas ao espaço, ao objeto, à forma, ao mediador e àquele que é sujeito da mediação.

---

mediação que acontece no momento em que a dúvida ou curiosidade aparece, ou seja, não estava prevista sua existência na pauta do mediador, mas vem contribuir como fluxo fruitivo da formação estésica.

[22] Mundo cultural de referência, termo designado aos costumes, às crenças e aos conhecimentos que adquirimos no seio familiar, no meio social mais próximo, nas primeiras vivências culturais, e que carregamos ao longo da vida.

Torna-se pertinente aqui sinalizar que a prática de "estar entre", de mediar o cruzamento de muitos olhares, está presente na escola, e que nos parece ser inevitavelmente uma tarefa de todos que anseiam por contribuir com o outro, consigo, com muitos sujeitos na busca do conhecimento.

> A mediação pode ser compreendida como um encontro, mas não qualquer encontro. Um encontro sensível, atento ao outro. [...]. Ampliar olhares, ideias, conhecimentos e sensações. Percepção de um mundo que parecia já conhecido, mas que se desvela inteiramente novo (Martins, 2005, p. 44).

A escola, portanto, como instituição cultural, caracteriza-se como espaço de atuação dos saberes, onde podem ocorrer as mediações para que o conhecimento seja produzido, um espaço próprio para uma mediação que convida a ampliar as conexões na relação do ser humano [o professor] com o conhecimento decorrente tanto entre os sujeitos como destes com os espaços e os objetos, como uma grande troca, um provocar pela experiência estésica, artística e cultural.

> Trago à tona a ideia de que é preciso levar em conta como os sujeitos interagem com o objeto artístico e cultural, observar, ouvi-los, para poder, então, propor uma mediação que os convide a pensar por outro viés, por outras possibilidades de reflexão, envolvendo informações e percepções a fim de despertar um olhar cultivado, sensível, cultural e pensante. A escola e os demais espaços culturais, os sujeitos, a forma, os objetos, as possibilidades mediadoras são elementos primordiais nesse processo. O aporte artístico e cultural, a matéria prima nesse contexto, pode influenciar diretamente na constituição de novos pensares de um olhar cultural, estésico, humanizado. Aprender a observar, a ouvir, a sentir, a pensar, são tão importantes que carecem de mediação.

A ARTE E A CULTURA NA ESCOLA...
HÁ POTÊNCIA NA ESCOLA PARA CONSTITUIR-SE COMO UM ESPAÇO CULTURAL E ARTÍSTICO POR MEIO DA
FORMAÇÃO ESTÉSICA E DA MEDIAÇÃO CULTURAL

139

Como afirma Arroyo (2013, p. 152): "A escola não se define basicamente como um lugar de falas, mas de práticas e afazeres". Ela está em movimento, em constante aprimoramento de suas ações, nela encontramos exemplos de superação da lógica da transmissão de conhecimentos unicamente pela fala, como em uma prática linear, de emissor e receptor. A identidade da escola é constituída pela fala em sala de aula, sem dúvidas, mas também por seus afazeres educacionais e suas práticas pedagógicas que privilegiam a contextualização da vida, a pesquisa, o incentivo à leitura, a interpretação, a produção e a reestruturação textual de forma aberta, sensível e transversal. Ações individuais ou coletivas, que merecem nossa atenção, que podem ser inteligíveis e desenvolver a percepção, bem como possibilitar o profundamento teórico e ampliar a sensibilidade por meio da mediação cultural e da formação estésica.

A escola é espaço de pensar, de estudar, de conhecer, de vivenciar, de sentir; enfim, viver com plenitude os processos de formação planejados e sistematizados que envolvem a cultura e a arte. Um território fértil para a mediação. Na escola, há potência para a realização de significativas vivências estésicas.

Nesse movimento, todos os sujeitos da escola podem contribuir para essas práticas artísticas e culturais, mas, aqui, quero dedicar nosso olhar aos docentes, o ponto chave do processo de mediação no ambiente escolar, visto que ele está diretamente em contato com os discentes. Muitos são os sujeitos que possuem perfil e formação para a tarefa mediadora no processo de ensino e aprendizagem, que perpassa desde a escolha dos elementos

> A preocupação está em levar os aprendizes a saber-perceber conduzido pela experiência perceptiva do olhar, de escutar, de tocar. Para isso é preciso oferecer a nutrição apresentando o objeto cultural sem pressa, desacelerando o tempo para que o corpo possa vaguear e coletar impressões, sensações, se deixando invadir pela estesia, pelo saber sensível (Martins; Picosque, 2012, p. 36).

estésicos que compõem o ambiente da escola até a oferta de práticas pedagógicas que considerem o ato de mediar, de provocar, de convidar ao pensar e a sentir. Mas, na escola, cabe ao professor interessar-se por esse processo "[...] na tentativa de uma costura tecida que fundamente e amplie a potencialidade da mediação como encontro sensível e instigante, tarefa consciente de quem faz da arte seu ofício de educador" (Martins; Picosque, 2012, p. 24). Ofício de mediador cultural, um professor [educador] que compreende haver uma relativa necessidade de respeitar o silêncio, de dedicar tempo aos primeiros contatos, ao permitir, por meios das percepções, a constituição de novos pensares, que poderão ser aprimorados por meio da mediação no desenrolar do contato com o objeto artístico. A mediação, portanto, não acontece só pelo professor, é um trabalho de parceria que envolve muitos sujeitos da escola, inclusive o gestor e o coordenador pedagógico que, por vezes, podem se dedicar na mediação do olhar dos professores, bem como de toda a comunidade escolar.

No processo de mediação, faz-se necessário convocar os sentidos como meio de acesso ao processo de pensar, intermediado pelo olhar sensível e o aporte inteligível. O foco está em possibilitar, na escola, experiências perceptivas do olhar, escutar e tocar, como afirmam Martins e Picosque (2012). O que está em cena são as sensações, as intuições, os sentires que caminham ombreados com o científico. Para as autoras, mediar é, também, proporcionar o acesso à nutrição artística e cultural, sem pressa, com naturalidade e intencionalidade. Sob a mediação adequada, o corpo humano, o homem, deixa-se invadir pela estesia.

Essa mediação adequada a qual me refiro não está necessariamente vinculada a um outro ser humano, a um modo padronizado, pelo contrário, está pautada nas múltiplas possibilidades de elementos, sujeitos e espaços artísticos e culturais. Os processos de mediação estão ligados ao movimento

A ARTE E A CULTURA NA ESCOLA...
HÁ POTÊNCIA NA ESCOLA PARA CONSTITUIR-SE COMO UM ESPAÇO CULTURAL E ARTÍSTICO POR MEIO DA
FORMAÇÃO ESTÉSICA E DA MEDIAÇÃO CULTURAL

141

vivencial que se encontra repleto de percepções, de indagações e de informações que podem provir de fontes variadas como a interpretação e a semiótica. "A mediação é, então, um processo de acompanhamento semiótico e de inter-relacão semiótica necessário que intervém em cada ocasião de fabricação dos signos." (Darras, 2009, p. 36). Por isso, não se trata de explicação, mas de aproximação, de envolvimento com o objeto de arte, com os signos, o outro, o sentido, com a cultura. Mediar perpassa a lógica do olhar, da interpretação dos signos, por isso, a preocupação com os elementos artísticos e culturais que compõem essa nutrição é tão relevante.

Importante relembrarmos que a mediação é um conceito filosófico originado em Platão, e, nesse pensar, significa que a nossa relação com o mundo físico, social e imaginário não é imediata, pois passa por construções intelectuais e sensíveis, por representações simbólicas. Esse conceito fundamenta muitas de nossas afirmações frente à mediação, em especial quando trazemos à tona a ideia de que mediação possibilita uma formação estésica, aqui apresentada como relações cognitivas sensíveis.

> No olhar de Martins (2005, p. 43), a mediação cultural é um "[...] encontro, meio, estratégia, método para ensinar determinado conteúdo, ou, ainda, momento de refinamento cultural, percepção, que provoca trocas, nutrição e experiência estética, conhecimento para a apreciação ou processo de criação".

Compreendo que há muitas maneiras de mediar, que a mediação permeia muitos campos bem como contempla a ideia que estamos defendendo, da mediação associada à lógica de aproximação, de convite e de nutrição estética e estésica. Esta obra sinaliza que a mediação pode ocorrer na escola ou em espaços artísticos e culturais por processos que se complementam.

	M	
OBJ	E	TOS PROPOSITORES
PROFESSORES ME	D	IADORES
GESTÃO E COORDENAÇÃO MED	**I**	**ADORAS**
PARCERI	A	S CULTURAIS
ESPA	Ç	OS E POSSIBILIDADES MEDIADORAS
	Ã	
ACONTECIMENTOS E AGENCIAMENTOS - F	**O**	**RÇAS POTENCIALIZADORAS**

FIGURA 5: MÚLTIPLAS POSSIBILIDADES DE MEDIAÇÃO
FONTE: Elaborada pelo autor para fins de pesquisa

Os objetos propositores, os professores mediadores, a gestão e a coordenação pedagógica mediadoras, as parcerias culturais, os espaços e as possibilidades mediadoras e os acontecimentos e os agenciamentos – forças potencializadoras – são elementos primordiais no processo de mediação cultural que, aliados à formação estésica, são meios para constituição do espaço cultural e artístico chamado **ESCOLA**.

A ARTE E A CULTURA NA ESCOLA...
HÁ POTÊNCIA NA ESCOLA PARA CONSTITUIR-SE COMO UM ESPAÇO CULTURAL E ARTÍSTICO POR MEIO DA
FORMAÇÃO ESTÉSICA E DA MEDIAÇÃO CULTURAL

143

Objetos propositores

Antes de tudo, durante milênios ela [ARTE] nos ensinou a olhar a vida, em todas as formas, com interesse e prazer, e a levar nosso sentimento ao ponto de enfim exclamarmos: "Seja como for, é boa a vida". Esta lição da arte, de ter prazer na existência e de considerar a vida humana um pedaço da natureza, [...] agora vem novamente à luz como necessidade todo-poderosa de conhecimento. Poderíamos renunciar à arte, mas não perderíamos a capacidade que com ela aprendemos [...]. O homem científico é a continuação do homem artístico.
(Nietzsche, 2015, p. 141)

IMAGEM 5: OBJETOS, IMAGENS, MEMÓRIAS
FONTE: Acervo pessoal do autor

Ao se entrar em contato com um objeto de arte [propositores], somos convidados a **perceber, ver, conhecer, desenvolver nosso olhar sensível e científico,** como afirma Nietzsche. O filósofo alemão reconhece que a arte nos ensina a olhar a vida, que ela nos envolve e nos possibilita perceber das mais variadas formas, com interesse e desejo de conhecer cada vez mais. O homem é, em sua essência, artístico. Ele necessita sair do estado embrutecido e retomar seu espírito-livre, humano, estésico. Nietzsche afirma, ainda, que aprendemos muito sobre a vida por meio da arte, em especial a existir – a sentir a natureza, viver a vida em sua plenitude, a reconhecer como é bom estar vivo!

> Sentir tudo de todas as maneiras, viver tudo de todos os lados, ser a mesma coisa de todos os modos possíveis ao mesmo tempo realizar em si toda a humanidade de todos os momentos num só momento difuso, profundo, completo e longínquo (Pessoa, 1996).

Percebo esse movimento, essa aproximação que ocorre entre o sujeito e a arte, como uma das muitas possibilidades de mediação cultural – um processo dinâmico, aberto, transversal e contínuo que propõe interação com a obra de arte, uma sensibilização decorrente dos cinco sentidos, pois somos afetados pelas formas, cores, texturas e pelas sensações que estes despertam em cada um de nós.

> A obra convida a uma experiência que vai além do observar. Ela simplesmente propõe, tornando o expectador também o autor da obra, pois a experiência pertence a ele. A experiência é obra (Martins, 2012, p. 82).

Um objeto propositor[23], que provoca um diálogo enriquecedor entre a arte e o sujeito, que envolve pela experiência o

---

[23] O conceito de objeto propositor é de Lygia Clark, quando em 1970 "[...] rejeitou o rótulo de artista e exigiu ser chamada de "propositora". Por meio de seus objetos propositores, caminha para uma gradativa libertação dos meios utilizados na superfície pictórica, para além da moldura" (Martins, 2012, p. 82).

A ARTE E A CULTURA NA ESCOLA...
HÁ POTÊNCIA NA ESCOLA PARA CONSTITUIR-SE COMO UM ESPAÇO CULTURAL E ARTÍSTICO POR MEIO DA
FORMAÇÃO ESTÉSICA E DA MEDIAÇÃO CULTURAL

145

desenvolvimento da sensibilidade e instiga novas mediações com ou sem sujeitos e espaços culturais mediadores. É fato que, por vezes, dependendo de cada sujeito, o afetamento pode até não ocorrer, mas, neste subcapítulo, tratamos em primazia de quando essa relação pode despertar afectos e perceptos, sensibilidade, percepção e recepção pelo contato com os objetos propositores.

O termo sensibilidade tem seu sentido etimológico no latim "*sensibilitas*", é como uma faculdade de sentir, uma instituição dos sentimentos que, muitas vezes, determina nossas ações, seja pelo excesso, seja pela falta. Sensibilizar-se está, portanto, associado ao sentir, ao permitir-se experimentar, vivenciar o excesso, a diversidade de repertório ou permitir-se reconhecer a necessidade de referências estéticas. O que está em jogo é um sentir tudo de todas as maneiras, um viver a humanidade em sua plenitude; perceber, olhar, conhecer por meio da arte, como vimos em Nietzsche. A importância do sentir, como podemos ver nos escritos de Fernando Pessoa (1996).

A mediação cultural pode passar, portanto, pela sensibilidade, no encontro do sujeito com a arte, com o objeto propositor – objeto, imagem, instalação, performance, escritos, memória etc. –, no convite a sentir e a pensar, ou seja, à estesia – sentimento, percepção e recepção dos detalhes que nos proporcionam cognição. "O homem científico é a continuação do homem artístico", como afirmou Nietzsche, e, "Sentir tudo de todas as maneiras...", como exemplificou Pessoa.

Muitas são as possibilidades de mediação cultural por meio da aproximação com a arte. Acreditamos que a riqueza de mediar está associada à sensibilidade, à percepção e à recepção como fruto de uma formação estética – ao despertar dos sentidos –, a experimentar novas posturas e possibilidades de encontro com a arte e a cultura. Um vivenciar que pode ser proposto pela própria arte que convida a um apreciar suas características particulares, um diálogo que envolve diferentes saberes, um despertar para a sensibilização artística e cultural, um provocar e estimular as sensações, as interações e a aproximação.

> O processo de mediação há de ser provocativo, instigante ao pensar e ao sentir, à percepção e à imaginação. Um ato capaz de abrir diálogos, também internos, ampliados pela socialização dos saberes e das perspectivas pessoais de cada fruidor (Martins; Picosque, 2008, p. 33).

A mediação cultural também pode ser experimental, dialogar, conversar, provocar, compartilhar, estar atento à criação artística do outro, a permitir-se conhecer outra cultura e o que de arte se produz nesse contexto.

Exemplifico com a experiência estética vivenciada em setembro de 2014, em viagem à Portugal para participação em um Congresso na Universidade do Minho para divulgação das descobertas parciais desta pesquisa de doutoramento, quando em conexão na Espanha, vi-me provocado a conhecer mais da cidade de Madri e suas obras locais. Percebi-me convidado a apreciar, a conhecer o que aquele povo "caliente" e esteticamente aprimorado pudera ofertar – suas obras expostas no Palácio Real de Madrid e no Museu de Arte Contemporânea, seus jardins com esculturas em mármore, sua história. Um espaço onde a arte contemporânea discute questões que nos provocam a refletir sobre a vida, sobre as múltiplas possibilidades de manifestação artística e cultural, bem como de proposições decorrentes pelo contato com o objeto artístico.

Nesse contexto contemporâneo, a mediação pode ser encontro, ampliação de conhecimento, conexão de conteúdos e interesses, ir além, ir ao encontro de um repertório cultural e aos interesses do outro, aproximação, reflexão, percepção aflorada, experimentação, diálogo, conversação, provocação, recepção, compartilhamento, reflexões que se desdobram em novas provocações artísticas e estésicas. Enfim, "[...] mediação é um percurso

A ARTE E A CULTURA NA ESCOLA...
HÁ POTÊNCIA NA ESCOLA PARA CONSTITUIR-SE COMO UM ESPAÇO CULTURAL E ARTÍSTICO POR MEIO DA
FORMAÇÃO ESTÉSICA E DA MEDIAÇÃO CULTURAL

147

A arte contemporânea trabalha com problemáticas e concepções visuais que aliam o velho e o novo, o arcaico e o hipertextual, o geral sendo questionado pelo singular (Meira, 2003, p. 112)

– olhar o outro, o próprio, ampliar através das imagens, sons... Relacionar com as linguagens" (Martins, 2005, p. 53).

De fato, a mediação cultural pode ser encontro, ampliação de conhecimento, conexão de conteúdos e interesses quando nos deparamos com objetos de arte em uma exposição, em uma galeria ou em um museu durante uma viagem, cujo momento nos era permitido apenas pelos livros didáticos ou por cliques pela internet. As imagens, os objetos, as memórias que apreciamos ou nos permitimos estranhar em um espaço cultural provocam a pensar sobre a potência das cores, das palavras, do som ou da composição artística diante do nosso olhar. Na maioria das vezes, não há como sair de um espaço destes sem afetamento, nem que seja por um estranhamento, um distanciamento de interesses, um incômodo ou um repúdio diante do observado. Há sempre grandes possibilidades de ocorrer um afetamento! O objeto de arte é sempre propositor de multiplicidades, agenciamentos, linhas de fuga!

***

Geralmente, quando tratamos de afetamento, referimo-nos à multiplicidade de percepções e de sensações que um objeto pode nos causar. Entretanto, nem sempre esse afetamento é sinônimo de um despertar de sentimentos agradáveis, prazerosos ou estesia. Há momentos em que o afetamento é um incomodar, um repudiar o observado, um desinteresse por querer saber mais sobre a obra de arte visualizada. Não há uma regra do quê existe ou não em uma obra a fim de garantir nosso grau de afetamento. A arte simplesmente é arte! Ela existe sem intenções de explicação, de interpretação ou de entendimento. O homem simplifica a arte quando a coloca no patamar de utilitária. O campo fértil para a mediação cultural é o de não querer explicar, mostrar, direcionar ou conduzir. Defendemos que a mediação cultural deve seguir a lógica da arte de aproximar, de provocar e de convidar a diferentes pensares sobre a vida. O que acontece depois vai depender de cada sujeito, sua formação e suas escolhas pessoais. O que podemos fazer a fim de contribuir com o desencadear de afetamentos mais estésicos é continuar a ofertar aos sujeitos uma formação estésica e uma mediação cultural que seja transversal, aberta e sensível ao olhar humano. Talvez esse seja o plano de fundo da arte contemporânea – tratar de temáticas tão atuais, emergentes, com auxílio dos mais variados elementos artísticos – que viemos abordando nestas páginas.

***

Segundo Meira (2003):

> As obras de arte, os artistas contemporâneos, os agenciamentos estéticos formam um campo de estudos e um referencial de sensibilidade ético-estética que se propõem a configurar uma forma de experiências múltiplas, podendo ser diagramadas por uma educação do olhar compatível com um saber pensar por imagens.

Trata-se de um processo estésico pautado em diferentes olhares, uma aproximação com a obra de arte, um pensar por imagens e por linhas de fuga que convidam a olhar por outros vieses – o objeto de arte atuando como um propositor de sentimentos e de pensares múltiplos. Imagens têm papel agregador de significados, de formas e de comportamentos vitais do cotidiano; elas mostram a exterioridade dos fenômenos subjetivos que se concretizam em gestos, agenciamentos culturais e objetos artísticos que constituem uma experiência sensorial singular, que despertam os afectos e os perceptos em um campo estésico repleto de linhas de fuga provocativas.

A ARTE E A CULTURA NA ESCOLA...
HÁ POTÊNCIA NA ESCOLA PARA CONSTITUIR-SE COMO UM ESPAÇO CULTURAL E ARTÍSTICO POR MEIO DA FORMAÇÃO ESTÉSICA E DA MEDIAÇÃO CULTURAL

149

Entretanto, não só a obra de arte contemporânea pode provocar essa estesia, qualquer obra pode instigar, despertar sentimentos singulares e desencadear processos estésicos por intermédio de sua forma, estrutura, contexto temporal, ou até mesmo pelo lugar onde se encontra exposta. Estar em uma galeria, palácio ou museu é, sem dúvida, uma experiência riquíssima na vida de qualquer ser humano. No Vaticano, em Roma - Itália, por exemplo, é possível apreciar e ser afetado pela riqueza das obras e pelas informações, conteúdos e conexões que as esculturas em mármore propõem naquele tempo e espaço. A própria estrutura da igreja, o trato e a atenção dado quanto à forma de exposição das obras de arte já possibilitam vivências sensíveis, aproximações estésicas e mediações culturais de grande significância no processo de formação humana. Essa relação de mediação, nesse caso, está pautada na percepção e na recepção de cada observador, no sujeito que olha, que aprecia, se incomoda; visto não existirem mediadores humanos nesse espaço, restando ao próprio sujeito e à obra de arte estabelecerem um "diálogo, uma conversa" ou uma proposição mediadora.

> O ambiente da Basílica de San Pietro em sua magnitude, a composição das cores, a luminosidade do local, a altura da exposição das peças, as informações sobre a obra e as conexões que se estabelecem com o que se estuda nos bancos escolares parecem mais vívidos e presentes no momento em que se está frente a frente com a obra de Michelangelo: Pietà[24]. Quanta emoção, quanta percepção estética! Ao

---

[24] A Pietá de Michelangelo é a perfeita visão de anatomia humana, modelada pelas mãos do artista aos 23 anos de idade. A virgem Maria segura o filho Jesus morto nos braços, uma cena trágica, que, porém inspirou Michelangelo em uma de suas importantes criações conhecida como "A Pietá de São Pedro" ou simplesmente a "Pietá de Michelangelo". A polidez do mármore Carrara realça a beleza, a doçura e a jovialidade da virgem. O contrato da Pietá foi firmado em 1498, e a encomenda foi feita por Jean Bilhères de Lagraulas, cardeal francês no papado de Alexandre VI. Dentro de um ano a Pietá foi concluída. O cardeal Lagraulas faleceu antes de ver a sua encomenda finalizada, mas, de acordo com sua vontade, a escultura inicialmente foi colocada na capela dedicada à nação francesa no Vaticano (Santa Petrolina). Hoje, ela se encontra na Basílica de São Pedro no Vaticano, no lado direito de quem entra na igreja. Em 1972, aconteceu algo inusitado que

entrar no Vaticano, logo é possível vê-la, ao longe, assim como tantas outras obras de arte; porém ela, em especial, convida à aproximação, a querer saber mais, a admirá-la, a permitir um manifestar de sentimentos e sensações. A mediação cultural pode estar aí instaurada!

FIGURA 6: PIETÀ (MICHELANGELO)
FONTE: Acervo pessoal (Vaticano, Roma, Itália - 2014)

É um exemplo de como a mediação cultural pode ocorrer pelo próprio objeto de arte, de acordo com a formação estésica a que é submetido cada sujeito. Um conectar com os fatos históricos e o aprimoramento do olhar pelo estésico encontro entre sujeito e objeto propositor, antes apreciado apenas por inter-

nos separou de apreciar de perto a bela Pietá. Um louco entrou na igreja de São Pedro e golpeou com um martelo a cabeça da virgem, atingindo em cheio o olho esquerdo e a ponta do nariz da belíssima escultura. Por causa desse ato de vandalismo, foi colocada uma redoma de vidro inquebrável para proteger a escultura de Michelangelo. A perfeição da Pietá encantou, e ainda encanta os visitantes e inquieta os artistas. Michelangelo compôs a imagem de Jesus dentro da limitação do corpo da virgem, de modo que este coubesse no manto, e assim passando a ideia da ligação entre mãe e filho. Disponível em: http://omundocomoelee.blogspot.com.br/2009/08/arte-pieta-de-michelangelo-e-de.html. Acesso em: 20 dez. 2015.

médio de livros escolares. Um interesse despertado via mediação cultural promovida pelo professor em sala de aula, quando apresentou ao aluno a referida obra de arte, e que agora ganha força, potência estésica na oportunidade de conhecê-la *in loco*. Esse exemplo demonstra a mediação cultural como um encontro [e por que não um reencontro com o vivenciado nas aulas de arte ou história, segundo nossa exemplificação], uma aproximação, um estabelecer conexões pelos cinco sentidos aflorados em contato com a obra de arte, um diálogo traçado sem outrém, que pode ser contemplativo e convidativo ao pensar.

Importante trazer à baila que "o como" cada ser é tocado, afetado e pode estabelecer conexões está vinculado ao grau de percepções e de recepção de cada observador. O afetamento pode até nem acontecer. Quando ele ocorre, está diretamente associado à sensibilidade e ao grau de formação estésica em que o sujeito se encontra. A efetivação da mediação cultural via um objeto propositor depende de quando e como cada pessoa se relaciona com o objeto de arte – em qual dos cinco estágios de compreensão estético, grau de interesse e predisposição a desbravar a obra, se encontra o sujeito receptor. É mister que essa relação se dá de forma diferente em cada observador. Ela se efetiva ou não de acordo com seu universo artístico e cultural. Por esse motivo, consideramos de suma importância investir-se na formação estética dos sujeitos, pois: "Educar esteticamente consiste ensinar o homem a olhar, escutar, movimentar-se, agir e experimentar, o que não ocorre de forma natural e espontânea" (Neitzel *et al.*, 2012, p. 47).

Primeiro estágio: *Accountive* (descritivo, narrativo)	Encontram-se nesse estágio os sujeitos com pouco convívio com as artes. O que está em destaque na obra de arte para os sujeitos é o tema, além dos recursos mais chamativos usados pelo artista como as cores e as formas. Geralmente, os sujeitos nesse estágio emitem julgamento de juízo pautado em opiniões superficiais, devido à pouca intimidade com a temática trabalhada pelo artista.
Segundo Estágio: *Constructive* (construtivo)	O sujeito tenta relacionar seu conhecimento de mundo com a obra de arte, ele tenta abordar em sua apreciação seu pouco conhecimento dos elementos técnicos utilizados pelo artista. O sujeito tenta estabelecer uma relação da obra com elementos pertencentes ao seu espaço, na necessidade de buscar significado e respostas às suas percepções estéticas. Há uma sede em tentar entender as intenções do artista.
Terceiro estágio: *Classifying* (classificativo)	Encontra-se nesse estágio o sujeito que procura pensar no quem e no por quê quando está em contato com a obra de arte. Ele busca nas suas experiências, na história da arte e na própria obra informações que considera relevantes para interpretar e compreender a obra sem envolver suas emoções.
Quarto estágio: *Interpretative* (interpretativo)	O sujeito se relaciona efetivamente com a obra de arte, tem consciência dos diferentes significados que a obra pode representar a cada preceptor. Estabelece-se nesse estágio uma relação entre o conhecimento de mundo e a obra em si.
Quinto estágio: *Re-creative* (re-criativo)	Nesse estágio, o sujeito procura ver a obra por dentro e por fora, posiciona-se perante ela de forma crítica e reflexiva, ele é capaz de "refletir sobre o objeto de arte, sobre si próprio e sobre a experiência estética" (ROSSI, 2001). Relaciona-se com a obra em sua totalidade por meio da fruição, podendo desencadear a "re-criação" com base no que percebe.

QUADRO 1: CLASSIFICAÇÃO DOS ESTÁGIOS DA COMPREENSÃO ESTÉTICA

FONTE: Elaborado pelo autor com base nos estudos de Neitzel *et al*. (2012, p. 48-51)

Quando trago à baila que a relação com o objeto de arte, que a mediação cultural ou que a percepção se dá de acordo com

A ARTE E A CULTURA NA ESCOLA...
HÁ POTÊNCIA NA ESCOLA PARA CONSTITUIR-SE COMO UM ESPAÇO CULTURAL E ARTÍSTICO POR MEIO DA
FORMAÇÃO ESTÉSICA E DA MEDIAÇÃO CULTURAL

153

o nível estésico em que cada sujeito se encontra, estou sinalizando que se faz necessário reconhecer que há estágios de envolvimento estético, decorrente do nível de formação estética que cada um se encontra. Recentemente, desenvolvi com outros pesquisadores um estudo que abordou essa classificação para analisarmos o estágio em que se encontravam os estudantes do ensino médio que foram submetidos ao contato com o objeto artístico, cujos resultados foram apresentados no artigo "Formação estética na escola do ensino médio: algumas experiências" (Neitzel *et al.*, 2012, p. 37-51). Nesse estudo, utilizamos os achados de Rossi (2001) que aborda os diferentes níveis de envolvimento com a obra de arte, com base na classificação dos estágios de compreensão estética elaborada por Abigail Housen, em 1983. A seguir, apresento um quadro síntese dos estágios em questão.

Em consideração a essa classificação da compreensão estética e de acordo com sua formação estésica e a mediação cultural a que for submetido, cada sujeito estará em estágio diferenciado do outro. O interesse e a predisposição na relação com a obra de arte entram em cena de acordo com o estágio de compreensão estética em que se encontra cada sujeito.

Pelos sentidos, pode-se abrir o caminho para o estésico, pelo modo como o corpo é afetado e que a sensibilidade é ativada.

> O estésico é pele, víscera, circulação do sangue, metabolismo de anticorpos, pensamento/nuvens, imaginário nômade, tudo somado e condensado qualitativamente pelo olhar, o que faz com que o desejo de ver seja igualmente a impossibilidade de tocar com as mãos, o abraço do corpo, o arrepio da pele (Meira, 2003, p. 109).

Nessa premissa, a mediação pode acontecer na interação com o objeto de arte, um contato corporal ou visual que também pode ser vista como um diálogo com o repertório cultural do artista.

Para que essa relação aconteça em maior ou menor grau, precisamos compreender que há condições que possibilitam ou não a efetivação para que esse envolvimento entre sujeito e objeto propositor possa ocorrer, assim como o ato mediador. Há, portanto, condições, estágios de compreensão estética, que fazem essa relação acontecer. Aqui, identificamos a necessidade da formação artística e cultural a fim de ampliar o olhar de cada observador frente à obra de arte, bem como seu grau de interesse e envolvimento no processo de mediação. A ampliação desse grau de estesia, estágio de compreensão estética, nível de afetamento, como queiramos chamar, está vinculado à formação estésica que ora somos submetidos.

Também preciso trazer à reflexão que esse movimento pode ocorrer ou não pelas escolhas do artista, um repertório técnico, artístico e cultural que dialoga com cada mediado de forma diferente, quando somos afetados ou não pelas características da obra e que, por via dos sentidos, pode ou não nos convidar a pensar. Estamos sempre nos deparando com as escolhas de outrém, por vezes nos permitimos afetar, quando estamos receptivos, interessados, predispostos a ter os sentidos aflorados pelo contato com o objeto de arte, como fruto de uma formação estésica que nos dá condições de afetamento ou não frente à obra de arte. Do mesmo modo que o conhecimento cultural pode nos instigar a estabelecer conexões e, assim, nos sentirmos aproximados ao desconhecido, é o momento em que somos provocados a perceber, a ver, a sentir, a escutar, a querer saber mais, a querer conhecer mais da obra, da cultura ou dos dados históricos.

Estamos, dessa forma, mais perceptivos e receptivos à obra de arte em decorrência do estágio de compreensão estética em que nos encontramos. Nesse caso, estamos tratando do estágio interpretativo, que, segundo Rossi (2001), geralmente é atingido pelos professores e críticos de arte. A grande maioria dos sujeitos

A ARTE E A CULTURA NA ESCOLA...
HÁ POTÊNCIA NA ESCOLA PARA CONSTITUIR-SE COMO UM ESPAÇO CULTURAL E ARTÍSTICO POR MEIO DA
FORMAÇÃO ESTÉSICA E DA MEDIAÇÃO CULTURAL

155

consegue atingir apenas o terceiro estágio, ou seja, o classificativo. Reafirmamos que, se inseridos em um processo de formação estésica, temos maiores condições de atingir o quarto e o quinto estágio de compreensão estética, ou seja, o interpretativo e o re-criativo. De acordo com o estágio, estamos mais ou menos perceptivos e receptivos ao nosso entorno e aos detalhes que, por vezes, passam despercebidos.

É a **percepção** de cada sujeito que interessa no movimento da mediação cultural. Pelo ato de perceber, ampliamos nossas possibilidades de receptividade, de sentir, de muitas formas, o mundo que nos cerca. Segundo os estudos de Meira e Pillotto (2010, p. 44): "O caminho da percepção é sempre dinâmico e transcende o ato de identificar e codificar". As autoras afirmam que a percepção é uma categoria do conhecimento sensível, que está fundamentada no que o sujeito é capaz de sentir e compreender sobre si mesmo, sobre os outros e sobre a vida. Essa percepção envolve um conhecer diretamente associado ao ato de apreender e interpretar o mundo externo e estabelecer uma relação com o mundo interno de modo simultâneo. Perceber é um encontro com os signos presentes ao nosso entorno e que internalizamos por meio dos sentidos. Aquilo que realmente aprendemos, percebemos e relacionamos à nossa vida pode mudar nossa forma de ver o mundo [...] é na percepção que algo se esclarece para quem percebe e se estrutura também." (Meira; Pillotto, 2010, p. 46).

A **recepção** pode ser entendida como parceira da percepção, o que nos fica dos encontros com os diferentes signos percebidos, das informações interpretadas e dos sons, das cores e das formas que nos chegam pelos cinco sentidos. É papel da mediação cultural mediar o processo de como olhamos e como nos olhamos, e contribuir para a construção de pensares, isto é, para que os seres humanos saibam muito mais do que experimentaram. As experiências com os objetos e os fenômenos são o que constituem a realidade, seja por meio dos objetos propositores, mediadores que denominamos como estésicos, artísticos e culturais. Os objetos de arte, por meio da percepção e da recepção, propõem aproximações estésicas diretas com os significados visuais, sonoros, estéticos e culturais. Somos afetados pelos objetos que nos permitem receber, perceber e pensar; por isso propositores, pois não determinam, mas possibilitam, propõem. "*Médiations* [...] *les actes visant à influer sur le récepteur, de construire une relation avec lui. Cette relation est basée sur l'expérience vécue entre les ressources de l'intelligibilité et de la sensibilité dans le cadre de la réception* [...]"[25] (Caune, 2008, p. 39).

FIGURA 7: *MONA LISA* (LEONARDO DA VINCI)

FONTE: Acervo pessoal (Museu do Louvre, Paris, França - 2014)

---

[25] "Mediações [...] atos que visam afetar o receptor, para construir um relacionamento com ele. Esta relação é baseada na experiência vivida entre os recursos da inteligibilidade e da sensibilidade em um contexto de recepção [...]" (CAUNE, 2008, p. 39).

A ARTE E A CULTURA NA ESCOLA...
HÁ POTÊNCIA NA ESCOLA PARA CONSTITUIR-SE COMO UM ESPAÇO CULTURAL E ARTÍSTICO POR MEIO DA FORMAÇÃO ESTÉSICA E DA MEDIAÇÃO CULTURAL

157

Um exemplo de receptividade pode ser encontrado ao se deparar com a obra de arte *Mona Lisa*[26], de Leonardo Da Vinci, exposta no Museu do Louvre, em Paris, na França. Alguns visitantes são tomados ao convite de contemplação das cores, da textura, da luminosidade, o material utilizado para moldurar, o modo de exposição da tela, a composição estabelecida pelo curador; enfim, elementos que remetem cada observador a colocar em prática uma postura individual de aproximação com a obra. Uma provocação a ver o mundo por meio da imagem e uma inevitável necessidade de compartilhar, como tantos outros visitantes, a experiência de estar frente a frente com uma obra artística e histórica. Um exemplo claro de possibilidade de mediação cultural em que sujeito e objeto tendem a interagir e desencadear o pensar mediado pelo repertório cultural da obra, suas características artísticas, a estrutura do museu e as sensações e as percepções que despertam no sujeito.

A imagem é um fragmento do mundo, assim como a escrita, um modo de partilhar com o outro esse mundo pela fantasia (Meira, 2010, p. 95).

Novamente, lembro que esse movimento de mediação cultural realizado diretamente sob a obra de arte, aqui exemplificado, pode não ocorrer devido à inserção ou não em um processo de formação estésica, bem como em decorrência do estágio de compreensão estética e em que se encontra cada ser humano.

Certamente, um sujeito em processo de formação estésica e sob uma mediação cultural poderá vivenciar aceptos e perceptos em maior intensidade do que outrém que reproduz o pensamento do senso comum. Um observador que tem informações sobre a obra poderá se afetar mais por ela. Os objetos propositores

---

[26] Mona Lisa (1503 – 1506), também conhecida como A Gioconda ou, ainda, Mona Lisa del Giocondo, é a mais notável e conhecida obra de Leonardo Da Vinci, um dos mais eminentes artistas do Renascimento italiano.

possuem a característica de nos permitir aproximações a fim de percebermos que a obra apresenta estética, técnicas e recursos artísticos adotados por Da Vinci. A representação da expressão serena, o sorriso enigmático, a harmonia entre a humanidade e a natureza são as características mais marcantes da pintura, que também chama a atenção pela tonalidade das cores e pelos conhecimentos matemáticos utilizados na confecção da obra, em busca de um equilíbrio e da perfeição na técnica que visa criar gradientes de sombra e de luz. "[...] olhar uma manifestação artística de outro tempo ou de outra cultura, implica uma penetração mais profunda do que aparece no meramente visual [...]. Essa perspectiva de olhar a produção artística é um olhar cultural." (Hernãndez, 2000, p. 53). É mediação cultural na sua essência e na sua rica tarefa de aproximar olhares, provocar pensares.

Hernandez (2000) também aborda a questão da receptividade que ora apresentamos. A recepção da obra e de suas características é fruto de um olhar cultural, ou seja, olhares que vão além do senso comum, perceberes e sentires variados frente a cada obra e que permitem reconhecê-la como produção artística. O olhar cultural que pode ser desenvolvido por meio da formação estésica, um processo em que o sujeito desenvolve suas habilidades de ver, de escutar, de sentir, de apalpar, como vimos no capítulo anterior. Uma formação cultural [estésica] que pode determinar o grau de afetamento, de receptividade e sentir.

> Uma relação estética que se constrói com a obra e que vai mobilizar as percepções do sujeito para a apreensão dos múltiplos sentidos do texto [produção artística], não apenas aqueles que os signos escancaram, mas também aqueles que estão escondidos, enviesados, marcados na linguagem, nas entrelinhas (Neitzel; Carvalho, 2014, p. 22).

O objeto de arte tem potência mediadora, ele é propositor, convida a estabelecer conexões conceituais, artísticas, sensíveis,

A ARTE E A CULTURA NA ESCOLA...
HÁ POTÊNCIA NA ESCOLA PARA CONSTITUIR-SE COMO UM ESPAÇO CULTURAL E ARTÍSTICO POR MEIO DA FORMAÇÃO ESTÉSICA E DA MEDIAÇÃO CULTURAL

159

estésicas e culturais por meio dos afetamentos, dos agenciamentos, dos múltiplos olhares e, principalmente, pelas linhas de fuga – convites para olhares que poderiam passar despercebidos se não estivesse em jogo o despertar de um estranhamento. Além disso, pode proporcionar a prática da mediação cultural, desencadeando o aprimoramento estésico e a aproximação de muitos saberes e sensações. Assim sendo, a escola pode ser espaço de inúmeras vivências estéticas e culturais que potencializem as mediações por meio dos objetos propositores, que considerem os cinco sentidos e que podem ser encontrados nas suas mais variadas formas: pintura, escultura, encenação, performance, declamação, escrita literária, gravuras, música, vídeo etc.

Levar em conta que imagens não são apenas construções mentais e da sensibilidade, que imagens junto a outras imagens sustentam-se apenas em dispositivos virtuais e atuais. Trabalhar com imagens é viajar no ar, na luz, na velocidade do pensamento (Meira, 2010, p. 121).

Ao falarmos de objetos propositores, é importante atentarmos que a relação que se estabelece entre objeto e observador – quando não conta com o auxílio de um medidor – dá-se no silêncio. É no silêncio que fazemos uma interlocução com o que está explícito, mas, também, com o que está obnubilado. O objeto – quando encontra ressonância nas memórias do sujeito que o observa – abre possibilidades de leituras. É no silêncio que ocorre a revitalização de suas memórias, uma nutrição que pode levar à fruição estética.

Para falar dessa relação silenciosa que se estabelece entre objeto e sujeito fruidor, lanço mão de *Samsara*. A opção por essa obra dá-se pelo nítido jogo da imaginação despertado pelo contato com a arte cinematográfica, pela experiência estética, o aprendizado pelas representações dos fenômenos que despertam nosso entendimento, nosso juízo estésico e nossa capacidade de potencializar algumas das múltiplas inteligências.

IMAGEM 6 – SAMSARA, UM OBJETO DE ARTE
Fonte: Ebert (2012).

O filme convida a algumas percepções sobre a vida, sobre o consumo desenfreado, sobre o processo de civilização, sobre a apreciação da cultura, da arquitetura, das paisagens naturais. Suas imagens provocam as múltiplas facetas do olhar, do modo de ver o mundo, as relações e as pessoas sob a ótica do mediador – o cineasta neste caso –, e o modo de ver do mediado. Pela percepção e a recepção via os sentidos, pela estesia e, pelo pleno movimento dinâmico, transversal, aberto e contínuo – a mediação cultural, os objetos propositores provocam significações, representações do mundo e das múltiplas formas da natureza humana. Significações estas que tomam fôlego nos silêncios que se estabelecem entre o olhar do observador e os elementos da obra de arte – o objeto propositor, neste caso. "Queremos falar dos silêncios que ela [arte] provoca e de como a cultura da escuta [do olhar, do sentir, do perceber] leva à ressignificação do texto [filme], ampliando sua compreensão." (Neitzel; Carvalho, 2014, p. 16).

Torna-se perceptível, com o filme *Samsara*, como o contato com a arte desperta sentimentos, percepções, recepção

A ARTE E A CULTURA NA ESCOLA...
HÁ POTÊNCIA NA ESCOLA PARA CONSTITUIR-SE COMO UM ESPAÇO CULTURAL E ARTÍSTICO POR MEIO DA
FORMAÇÃO ESTÉSICA E DA MEDIAÇÃO CULTURAL

161

dos variados signos e simbologias, além de permitir o desenvolvimento do olhar, por meio da experiência visual e auditiva – nesse caso, uma forma de mediação por dois sentidos primordiais. Crenças, rituais, reproduções culturais, múltiplos espaços, arquitetura e leitura de imagens, de cores, de formas, de sons, encontram brechas no pensamento para propor ao telespectador uma formação estésica. O filme possibilita a aprendizagem pelo sensível aliado ao inteligível. Os olhos, os ouvidos do observador do objeto propositor – nesse caso o filme – são os sentidos que entram em cena. Um silêncio instaura-se e a verbalização não se faz necessária. Nesse processo de mediação por meio do objeto artístico e cultural, o sujeito pode ser provocado a abstrair, refletir, construir conceitos e hipóteses frente à obra de arte, aprender com ela, perceber e receber significados, internalizar conhecimentos e manifestar emoções. Neitzel e Carvalho (2014, p. 16) afirmam que "[...] é no silêncio que fazemos uma interlocução com o que está explícito no enredo e, também, como o que está nos seus esconsos". Um movimento que, segundo as autoras, estabelece diversas relações e possibilita abrir os canais de percepção e de recepção.

O filme trata da vida! A vida na sua essência, um convite ao pensar de como nos alimentamos culturalmente, de nossas posturas para com o mundo, e de como nos constituímos seres humanos em sociedade. Uma obra de arte, um objeto propositor – mediador – que provoca um olhar meditativo, um estabelecer de silêncios no qual o observador é envolvido pela estesia, por um movimento cognitivo que revitaliza memórias, desencadeia pensares e traz à tona uma relação silenciosa entre o sujeito e a obra. Processo que depende do grau de envolvimento, de intimidade, de formação estésica de cada sujeito, bem como o de se "[...] preservar o espaço para a leitura silenciosa, individual, secreta e fundamental no processo de agenciamento [...]" (Neitzel; Carvalho,

2014, p. 21). Uma experiência de mediação pelo objeto propositor que se intensifica nas forças, nos agenciamentos e nas linhas de fuga que dinamizam a relação e permite percepção dos elementos artísticos e culturais do filme, desencadeando um estado de *movência* do observador, que, ainda segundo as autoras em questão, envolve-o em um processo de variações criadoras e permite a ampliação da leitura silenciosa e que, em nosso ver, intensifica a recepção, a internalização de significados e a externalização de emoções.

É singular o que a arte, em sua plenitude, pode proporcionar ao mediado por meio das imagens. Em segundos, o filme transita entre o confortável e o incômodo, o belo e o desconhecido – é de fato um convite à fruição estética e cultural. O silêncio das palavras não ditas no filme dá lugar aos sons e às imagens – comunicação sem verbalização –, os quais proporcionam um ouvir outras possibilidades de diálogo e de mediação, permitindo uma interpretação mais aberta, um pensar direto pelo contato com o objeto de arte. Assim é a mediação do objeto propositor. Mais do que falar, é preciso dar lugar ao silêncio. E, a intervenção intencional, no momento apropriado, deve dar-se sem a pretensão de conduzir o pensar. Ela deve convidar o mediado a olhar por outras óticas, a aproximar-se da obra de arte, a envolver-se com diferentes linguagens artísticas e a estabelecer conexões estésicas que o remetem à transculturalidade.

Segundo Miriam Celeste Martins, em palestra proferida em abril de 2015, na Univille[27], é preciso respeitar o silêncio no processo de mediação; é preciso dar tempo ao primeiro contato ou diálogo entre o sujeito e o objeto, sem interferência, sem influência, sem a interpretação conduzida. Nessa lógica, a mediação cultural que está por vir será aproximadora no lugar de

---

[27] Formação continuada realizada na Universidade da Região de Joinville (Univille - SC), intitulada Educação patrimonial: possibilidades de mediação cultural para a infância.

A ARTE E A CULTURA NA ESCOLA...
HÁ POTÊNCIA NA ESCOLA PARA CONSTITUIR-SE COMO UM ESPAÇO CULTURAL E ARTÍSTICO POR MEIO DA FORMAÇÃO ESTÉSICA E DA MEDIAÇÃO CULTURAL

163

condutora, limitante ou interpretativa. Uma mediação que convidará o mediado a perceber, a ver, a receber e a conhecer como um espírito-livre, bem como a estabelecer-se como um homem cultivado em pleno estado de movência, assim como de se instaurar a transversalidade dos sentidos e do pensar.

Professores: sujeitos mediadores

> *O professor, como o artista, ou como artista-professor,*
> *é um mostrador de afetos,*
> *um provocador de afetos.*
> (Meira, 2010, p. 12).

A mediação cultural e artística pode acontecer no silêncio entre obra e fruidor, mas também por meio de mediadores. Compreendo como mediadores os profissionais entendidos como sujeitos predispostos a mediarem o processo do pensar, de intermediar a aproximação do ser humano com o objeto de arte ou de interligar diferentes pensares frente ao mesmo fenômeno. Nesse sentido, o professor pode ser um mediador, um sujeito que contamina o olhar, cuidadosamente provocando para a mediação com a arte e a cultura, sem afastar ou anestesiar, mas no intuito de aproximar e desencadear a estesia, como vimos em Duarte Jr. (2010). O professor, que tem potencialidades para ser um grande propulsor de convites a experiências artísticas e culturais dentro ou fora da escola; um curador, um propositor, um multiplicador de vivências estéticas.

Nesse sentido, o papel do mediador – professor – pode proporcionar inúmeras "viagens estéticas e estésicas" se estivermos inseridos em uma mediação sensível com as necessidades do observador. Uma mediação que se funda na interação convida à estesia. Muitos são os museus que vêm experimentando novas formas de mediar o olhar por intermédio do ser humano, como o Museu de Arte Contemporânea da Cidade de Porto, Portugal. A proposta da monitoria é de apresentar informações quando solicitadas ou quando necessárias. Perguntas como: *"você conhece o autor?"; "você sabia que na nossa região este tipo de material utilizado pelo artista representa [...]?"*, vão estabelecendo um diálogo com o público. Enfim, informações que convidam a pensar, no lugar de uma curadoria que limita. Uma postura mediadora que visa possibilitar pensares, percepções, recepções, acontecimentos, agenciamentos, conexões, fruição, estesia ou a formação do sensível.

Muitos são os mediadores presentes na sociedade, mas, quando me refiro à escola, falamos em especial dos professores, especialistas e gestores do processo de ensino e de aprendizagem, sujeitos que podem exercer seu potencial de mediador a partir da sua formação estética e do desenvolvimento do seu olhar artístico e cultural. Para Gauthier e Mellouki (2004, p. 542), é aos professores, e acrescentamos, ao gestor ou especialista[28], "[...] que cabe o trabalho de escolher [objetos de arte] e esse esforço de interpretação, de crítica e de contextualização dos referentes culturais em benefício da formação intelectual dos alunos". A mediação,

> É nesta tarefa de mediação que se revela o papel de intelectual do professor, papel não só de portador, intérprete e crítico de uma cultura, mas também de produtor e de divulgador de conhecimentos, técnicas e procedimentos pedagógicos, e de agente de socialização [...] (Gauthier; Mellouki, 2004, p. 545).

nesse contexto, dá-se pela troca de pontos de vista de cada um do grupo e com o professor, acrescidos pelas informações teóricas e artísticas apresentadas, as quais desencadeiam novas reflexões

---

[28] Gestor compreendido como o diretor de escola ou o coordenador do Centro de Educação Infantil, enquanto o especialista, entendido como o coordenador pedagógico, orientador educacional e o administrador escolar.

A ARTE E A CULTURA NA ESCOLA...
HÁ POTÊNCIA NA ESCOLA PARA CONSTITUIR-SE COMO UM ESPAÇO CULTURAL E ARTÍSTICO POR MEIO DA
FORMAÇÃO ESTÉSICA E DA MEDIAÇÃO CULTURAL

165

sobre a obra e ampliam o conhecimento. Uma tarefa primordial do professor que se vê como um mediador, pois ele compreende sua incumbência em sistematizar a aprendizagem, exercendo seu papel de mediador do saber e da cultura.

Para sua constituição como mediador, o professor precisa autoalimentar-se culturalmente ao longo da trajetória profissional, "[...] ter contato com o mundo da cultura de forma intensa e diversificada, compreendendo que tais oportunidades possibilitam ampliação dos horizontes [...]" (Suanno, 2009, p. 9657). Seja na escola, no museu, nos livros ou na Internet, ele precisa desenvolver sua curiosidade por tudo, sem a pretensão de querer saber de tudo para repassar aos seus alunos, mas na intenção de estar em processo contínuo de formação estética e estésica para poder realizar mediações culturais que venham provocar aproximações cognitivas com as diferentes linguagens artísticas e ampliar horizontes no decorrer de suas aulas. Ser professor mediador

> [...] é encontrar brechas de acesso, tangenciando assim os desejos, interesses e necessidades destes aprendizes, antenados aos saberes, sentimentos e informações que eles também transmitem, participando do complexo processo de comunicação (Martins; Picosque, 2012, p. 18).

Para tanto, defende-se a lógica de um professor como um mediador, que pode assumir sua identidade na implementação de uma escola mais culturalizada. Ele pode ser "curador estésico", visto seu perfil intelectual; e ser simultaneamente um "propositor cultural", em decorrência de sua formação pedagógica; pois articula parcerias com os espaços culturais, coloca em prática uma postura profissional comprometida com uma escola como espaço de trocas culturais e artísticas.

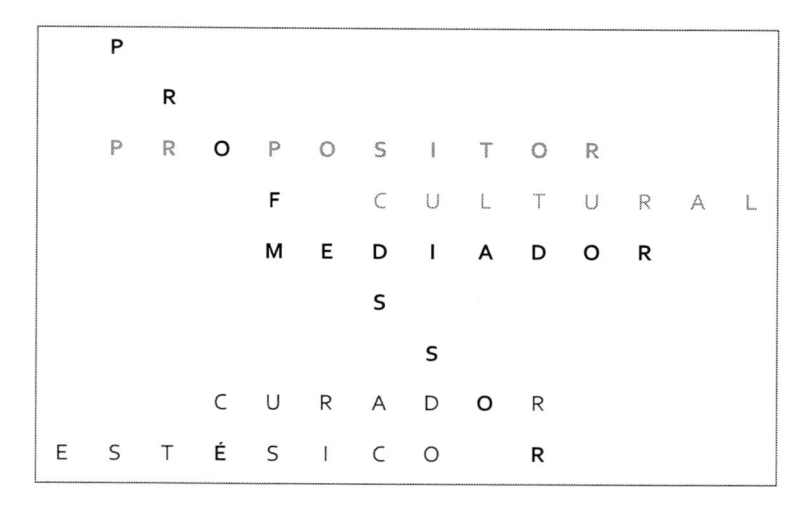

FIGURA 8: A IDENTIDADE DO PROFESSOR MEDIADOR
FONTE: Elaborada pelo autor para fins de pesquisa

O querer mediar, contribuir, aproximar, provocar a pensar, a perceber e a vivenciar, está diretamente associado à formação artística e cultural de cada um. O professor em pleno processo de formação estésica tende a compreender a importância da mediação que aproxima múltiplos olhares no lugar de determinar e condicionar o processo ensino e aprendizagem. Como mediador, o professor pode assumir ora a postura de curador estésico, ora de propositor cultural, ou, ainda, ambas simultaneamente. Essa possibilidade surge como fruto da formação estésica que o professor está inserido, uma vez que acreditamos que a postura de um mediador está em desejar mediar no lugar de ter de intervir, mesmo que sua função compreenda essa prática.

Curadoria vem do latim *curator*, que tem o significado de tutor, aquele que tem uma administração, um cuidado, que tem algo sob sua responsabilidade, que além de fruidor é um seletor. Assim, um **curador estésico** é um sujeito predisposto a ser

A ARTE E A CULTURA NA ESCOLA...
HÁ POTÊNCIA NA ESCOLA PARA CONSTITUIR-SE COMO UM ESPAÇO CULTURAL E ARTÍSTICO POR MEIO DA
FORMAÇÃO ESTÉSICA E DA MEDIAÇÃO CULTURAL

167

um admirador, observador, seletor, colecionador de elementos, meios e olhares que, por meio da mediação, auxilia no desenvolvimento cultural, sensível e inteligível dos sujeitos. O professor mediador atua, portanto, como um garimpador de imagens, textos, sons, estratégias, espaços culturais, vivências artísticas etc., que dialogam com seus conteúdos específicos e conversam com as demais disciplinas escolares em uma relação transversal, transdisciplinar e transcultural. Uma curadoria pautada em um olhar escavador de sentidos, que convida a interligar os achados sensíveis aos pensamentos inteligíveis na certeza de que "[...] podemos ampliar o olhar, mais profundo e inquieto, para além do simples reconhecimento das autorias, despertar a fruição, não somente centrada na imagem, mas em uma experiência" (Martins, 2011, p. 314).

O curador estésico é o perfil de agente cultural do professor em ação, que observa o entorno, as possibilidades que pode promover ao seu grupo de alunos e à comunidade escolar. Ele não se contenta com o espaço da sala de aula, quer ir além do ambiente escolar, adentrar nos museus, nas galerias, nos teatros, nos ateliês etc. Como seletor, garimpa as possibilidades de ampliar as vivências de seu grupo, exige da equipe gestora parceria para deslocar seus alunos. Seu olhar não se satisfaz com a execução dos conteúdos, ele escava espaços e possibilidades mediadoras. O professor mediador que exerce seu perfil de curador estésico é aquele profissional que inova, que renova suas estratégias de ensino, que cria e recria. Ele se dedica a contextualizar os conteúdos com seus achados estéticos, possibilitando em sua aula momentos de estesia, que permitem, por meio de vivências, compreender o conteúdo teórico e estabelecer sentido com a vida e, consequentemente, com o processo de mediação. Uma aula que, mais do que explicar, procura apresentar, possibilitar o contato, experimentar e constituir conexões cognitivas e sensíveis, bem como as escolhas estésicas de um professor que visa a reflexão sobre o conteúdo, a profundidade teórica e a conectividade com a vida por meio de diferentes linguagens.

Nesse movimento, quando o professor desenvolve seu perfil de curador – de garimpo de espaços formativos –, seu olhar é ampliado para as possibilidades de aprendizagem extra muros e ele passa a desfrutar das possibilidades que esses espaços oferecem de aprendizagem. De rastreador de espaços, o curador estésico passa <u>a professor que propõe atividades culturais, ele não é apenas fruidor e o seletor do que compõe a aula, mas reconhece-se como um expositor de outras possibilidades. Está a frente de eventos artísticos e culturais dentro ou fora da escola, pensa e organiza formas de envolvimento com a cultura artística.</u> Como, por exemplo, a experiência vivenciada no Colégio de Aplicação da UFSC, em Florianópolis. Cumprindo o perfil de propositora cultural, a professora Fabíola Cirimbelli Búrrigo Costa promoveu na escola uma exposição reconhecendo a escola como um espaço estético, de múltiplas possibilidades de mediação cultural, uma galeria de arte aberta, "[...] um local destinado a diversas manifestações estético-artísticas que possa abranger a cultura visual, para além da sala de aula; um espaço de passagem, que fizesse parte do cotidiano escolar e fosse de livre acesso a todos" (Costa, 2009, p. 237).

Costa (2009), professora e pesquisadora, apresenta em sua dissertação que a experiência de expor no espaço escolar trouxe aprendizagens sensíveis e inteligíveis para os alunos e para todos os professores que passavam por aqueles corredores. Como curadora estésica, a professora realizou a exposição em um dos corredores da escola. Exposição esta que provocou todos a perceberem os objetos expostos como possibilidade de sensibilização do olhar. Esse extrapolar as paredes da sala de aula, além de compreender os múltiplos espaços da escola como potenciais meios

A ARTE E A CULTURA NA ESCOLA...
HÁ POTÊNCIA NA ESCOLA PARA CONSTITUIR-SE COMO UM ESPAÇO CULTURAL E ARTÍSTICO POR MEIO DA FORMAÇÃO ESTÉSICA E DA MEDIAÇÃO CULTURAL

169

de formação estésica – corredores, tetos, janelas, bancos, murais etc. –, também contemplam o entorno da escola. No momento de articular parcerias com outros espaços culturais é que o curador estésico ganha significância para compor sua identidade mediadora. Parcerias estas não somente com espaços físicos, mas com a direção da escola e o coordenador pedagógico, pois estes são sujeitos que podem ser mediadores e curadores, estabelecendo um trabalho docente coletivo, um caminhar de mãos dadas em prol da constituição do espaço cultural chamado escola.

O mediador, como curador estésico, compreende que o espaço escolar precisa ser mais cultural, sistematiza uma rede de possibilidades de contato com as mais diversas formas de manifestação da arte e da cultura nos diferentes espaços culturais, seja por intermédio de ações pontuais dentro do espaço escolar ou por parcerias com outros locais, pois "[...] visitar um museu ou espaço cultural, pode ter o mesmo sabor de uma viagem a um novo território. Mesmo para quem já o conhece, penetrar em suas obras e histórias cria oportunidades de novos encontros estéticos [...]" (Martins, 2012, p. 10). Muitas são as relações que podemos estabelecer com esses espaços, por vezes desconhecidos pela escola. Para o sucesso dessa postura de curadoria estésica, fica evidente que, para a escola ter sua potência cultural explorada, é fundamental a gestão, o coordenador pedagógico; enfim, toda a comunidade escolar colocar seu olhar cultural em ação. Nessa lógica, o professor deixa de ser o único responsável e um trabalho de curadoria em equipe entra em cena. Quem sabe, desse modo coletivo, a escola pode reconhecer e otimizar uma teia de relações, uma rede de parcerias com os espaços que a curadoria pode explorar.

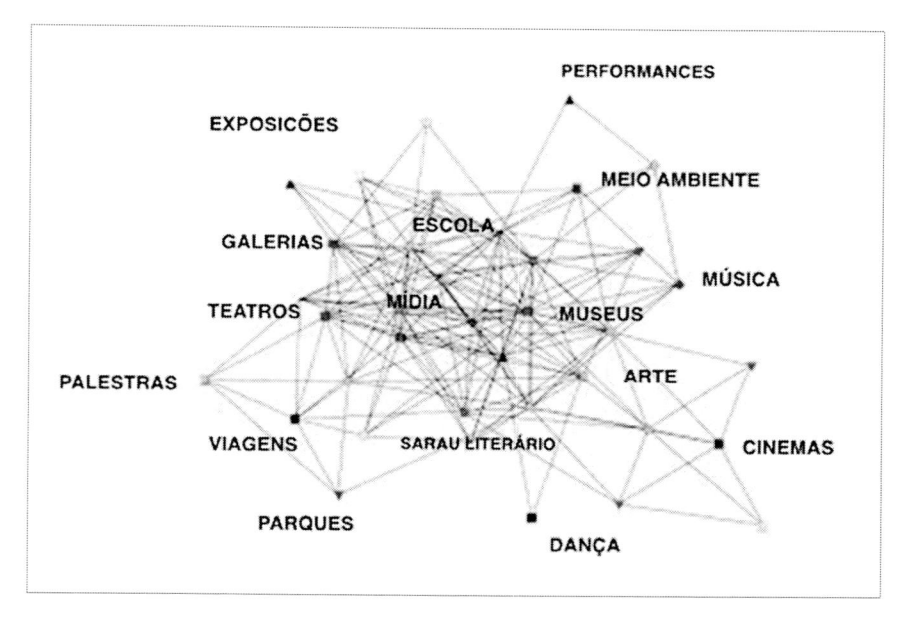

FIGURA 9: EXEMPLO DE TEIA DE RELAÇÕES COM ESPAÇOS CULTURAIS E ARTÍSTICOS
FONTE: Elaborada pelo autor para fins de pesquisa

Esse *exemplo da possiblidade de estabelecimento de teia de relações com espaços culturais e artísticos*, que ora se propõe, surge como um convite a ampliarmos as discussões a respeito das possibilidades de trocas culturais, uma provocação para a escola promover parcerias a fim de reconhecer e otimizar a oferta de vivências estésicas dos sujeitos. Parcerias predispostas a falarem da vida, do mundo, de cultura, das artes, da história, da escola, de suas possibilidades de vivências artísticas em diferentes espaços culturais, aliando todas as áreas do conhecimento nesse movimento. Assim, a formação estésica e a mediação cultural via professor mediador são partes integrantes e fundamentais nessa rede alicerçada na dimensão cultural e nas múltiplas oportunidades de vivências. Ao se estabelecer essas relações, há de

A ARTE E A CULTURA NA ESCOLA...
HÁ POTÊNCIA NA ESCOLA PARA CONSTITUIR-SE COMO UM ESPAÇO CULTURAL E ARTÍSTICO POR MEIO DA FORMAÇÃO ESTÉSICA E DA MEDIAÇÃO CULTURAL

171

levar-se em consideração a "[...] noção de teia, de rede, o conceito de *rizoma*[29], com suas possíveis confluências entre as imagens e o olhar de múltiplos leitores, propõe redes que se entrelaçam e germinam novas conexões [...] estéticas e interdisciplinares" (Martins, 2012, p. 117).

O curador estésico, que articula parcerias e propõe espaços, agora como **propositor cultural**, é aquele que se abre para esses espaços. Ele atua como aquele que auxilia na busca, na experimentação, na vivência artística ou na revisitação de espaços e conceitos. O propositor cultural seria aquele que olha para o entorno e vê espaços que podem ser visitados, potencializados como ricos parceiros. Diferente do curador, ele não faz exposições teóricas ou vivências apenas em sala de aula, mas aproveita os espaços que estão no entorno para levar os grupos até eles e vice--versa. Não somente proporcionar a ida a outros espaços, mas atuar no sentido de convidar a leituras complementares sobre o assunto, sobre o artista ou sobre a obra em questão, um perfil de professor mediador cultural conectado aos interesses e às necessidades dos alunos, o qual contribui na constituição de um processo de ensino-aprendizagem por meio da arte pautado na investigação, na pesquisa e no olhar curioso. Ele exerce papel fundamental, pois agencia os encontros estésicos, leva sua turma até o museu, incentiva a participação do grupo em exposições etc. Talvez o conceito que se adeque bem a esse perfil de propositor cultural seja o de estabelecer conexões [aproximações] entre diferentes olhares por meio da oferta, pois "[...] ofertar é oferecer deixando o outro descobrir o que está sendo oferecido. Dar, ao contrário. É mostrar já explicando. E se damos explicações, impedimos a experiência sensível e seu modo de significação do corpo"

---

[29] A ideia de rizoma, formulada por Deleuze e Guattari, toma de empréstimo um termo da botânica – é um processo de ramificação aberta, que se expande em direções móveis e indeterminadas. Nem início, nem fim, o que está em jogo é o processo, as forças vitais, os múltiplos encontros, linhas de fuga, desencontros, territórios, platôs, zonas de expansão e de potencialização.

(Martins, 2012, p. 37). <u>Quando anunciamos a premissa de que a escola tem potência cultural, que necessita ser explorada, pensamos em sua vocação para essa postura do professor como um propositor cultural, que, pelo estabelecimento de parceria com diferentes espaços culturais, pode promover a formação estésica, a constituição de um currículo aberto, sensível, transversal.</u>

Um perfil emancipador, um propositor cultural [professor mediador] que deseja mais que um compreender de seus alunos, que busca desafiar o pensar no lugar de reproduzir as explicações do professor, pois a arte não existe para ser explicada, mas para ser vivenciada, sentida por meio das aproximações estabelecidas dentro ou fora da escola. Uma postura que Rancière (2011) chama de mestre emancipador, aquele que potencializa os interesses e a autonomia cognitiva do aluno, que vê na explicação o embrutecimento do pensamento, e que busca as mais variadas possibilidades de emancipar o pensar.

A ideia de um propositor está, também, diretamente relacionada nesta obra ao professor mediador, que tem a intenção de implementar as práticas artísticas e culturais promovidas no próprio ambiente escolar ou fora dele, que visa envolver os sujeitos de toda a comunidade na mediação cultural decorrente da apreciação de obras ou momentos teatrais, musicais ou de dança realizados no horário de aula. Mediar a cultura é, portanto, propiciar parceria com espaços culturais, realizar práticas que visam o contato com a arte, acreditar no viajante, no aprendiz, no sujeito, nos seus desejos, nos seus interesses e no seu olhar curioso.

> [...] encontrar brechas e acesso para a percepção criadora e a imaginação especulante, para ampliar e investigar infinitas combinações, como um caleidoscópio. Viajantes sensíveis trazem cheias as bagagens pessoais na volta dos museus" (Martins; Picosque, 2012, p. 16).

A ARTE E A CULTURA NA ESCOLA...
HÁ POTÊNCIA NA ESCOLA PARA CONSTITUIR-SE COMO UM ESPAÇO CULTURAL E ARTÍSTICO POR MEIO DA FORMAÇÃO ESTÉSICA E DA MEDIAÇÃO CULTURAL

173

Um propositor cultural, aquele que vê potência no espaço escolar e mobiliza parceria para transformá-lo em um lugar de manifestação da cultura, que insere a arte presente em outros espaços culturais na sala de aula e que faz a mediação ganhar força e fôlego quando intensifica práticas que despertam o olhar, os sentidos e as conexões estéticas e estésicas.

Intensificar um caminhar coletivo com a equipe gestora faz-se necessário para a que o professor possa atuar como curador estésico e propositor cultural simultaneamente. Ao se propor auxiliar na seleção de estratégias, de experiências e de vivências que promovam a educação do olhar para com a arte e as diferentes formas de manifestação da vida, em parceria com outros espaços culturais além da sala de aula, a equipe gestora assume com o professor mediador o perfil de propositor. A curadoria estésica dessa equipe entra em cena no sentido de auxiliar na sistematização de uma aprendizagem mais artística e cultural, em um movimento transversal que compreende a necessidade de alimentar esteticamente as inquietações dos alunos, proporcionando contatos com os originais das obras estudadas em sala de aula ou aproximações com releituras expostas em museus, galerias ou ambientes que se proponham socializar a arte. Um movimento que pode envolver a turma, os professores de outras áreas e os demais profissionais da escola com as artes, constituindo uma mobilização dos saberes que são trabalhados em qualquer disciplina, ampliando competências de aprendizagem dos estudantes, e até da comunidade escolar. Acreditamos que é difícil um professor sair incólume de um movimento cultural, quando a escola respira arte.

Nesse contexto, a fala do coordenador pedagógico 11 contribui trazendo à baila a necessidade de uma curadoria estésica coletiva, pois a escola sozinha não dá conta de desvelar sua potência cultural. Nesse movimento, toda ajuda é bem-vinda! Investimento, articulação de parcerias e uma ampla logística de transporte escolar só tendem a contribuir com a potencialização da identidade cultural da escola.

> *"Eu penso que falta investimento [...] o que nós não temos aqui em Itajaí, nós temos aos redores, não é tão longe assim, daqui ali em Florianópolis, daqui ali a Brusque, a Blumenau; o que nos falta mesmo é um órgão, [...] acho que a Fundação Cultural pode realmente se empenhar e fazer esse movimento acontecer, mas de uma maneira efetiva que leve para nossos alunos essas oportunidades de eles desenvolverem estas atividades artísticas [...] Nós temos muita coisa boa em Itajaí, mas não é bem aproveitado e esse movimento tem que acontecer."* (coordenador pedagógico 11)

Um olhar de curador estésico do professor, mas também de toda a gestão, pode contribuir para esse movimento de ampliação das possibilidades de saídas de campo para um espaço cultural, bem como frente à necessidade de chamar a Fundação Cultural do município para juntos promoverem importantes parceiras. Concordamos com o CP 11, "Nós temos muita coisa boa em Itajaí [...]", que carece de um olhar amplo e sistematizado de logística e estesia. Assim como o sujeito em questão, acreditamos que uma articulação mais efetiva só vem corroborar com a oferta de atividades em outros espaços além da escola, e até em outras cidades. Há muito movimento cultural que pode ser potencializado. A curadoria estésica (em especial a gestão e a coordenação pedagógica) pode ser uma grande aliada para a sistematização das parcerias artísticas e culturais.

Temos inúmeras inciativas de parcerias estabelecidas pela escola via seu gestor ou coordenador pedagógico que poderíamos trazer à baila, mas na realização da roda de conversa, o que ficou evidente foram estes três pontos cruciais: intensificação dos investimentos, ampliação das parcerias e a implementação da logística do transporte escolar. Esses fatores sinalizados

A ARTE E A CULTURA NA ESCOLA...
HÁ POTÊNCIA NA ESCOLA PARA CONSTITUIR-SE COMO UM ESPAÇO CULTURAL E ARTÍSTICO POR MEIO DA FORMAÇÃO ESTÉSICA E DA MEDIAÇÃO CULTURAL

175

pelos sujeitos não impedem a formalização da culturalização, na maioria das vezes são superados coletivamente e contribuem na potencialização do espaço cultural chamado escola. Há recursos federais que preconizam tal postura dos gestores municipais, bem como a pertinência em se contemplar na quilometragem licenciada trajetos que podem intensificar as parcerias para a articulação e a promoção de uma logística de transportes mais contemplativa aos interesses das unidades escolares.

Ao se tratar da necessidade de articulação, não me refiro apenas à oferta de apreciação, mas também à sistematização de atos criativos nas aulas realizadas nas escolas, nos cursos e nas vivências dentro ou fora do ambiente educacional, ou até na constituição de grupos em parceria com artistas e profissionais da cultura. Uma vez envolvidos no processo de formação estésica e em movimentos de mediação cultural, o ser humano tende a se inquietar, a ficar interessado e a desejar participar cada vez mais de momentos culturais de promoção, criação e difusão da arte. Para Meira e Pillotto (2010, p. 29): "Podemos dizer que praticamente todos os processos de criação começam em estado de profunda inquietação e tensão – região da pura sensibilidade. É quase uma busca que inicia com um tatear no escuro". Criar e recriar também é importante! Nesse contexto, percebemos a oportunidade de se investir na formação, de pertença a algum grupo dedicado a arte, bem como de incentivo e investimento ao acesso, ao financiamento, ao transporte e à permanência dos alunos da rede e da comunidade escolar.

Na realização dos grupos focais, o discurso dos sujeitos evidenciou a necessidade de a gestão ajudar nesse processo de culturalização da escola ou de reconhecimento da potência cultural da escola. Nesse contexto, assumir as posturas mediadoras torna-se cada vez mais evidente, mais necessário. É mister sinalizar a pertinência da identidade de curador estésico e de propositor cultural. Reconhecer na fala dos coordenadores pedagógicos e dos supervisores de gestão essa necessidade de curadoria e proposição na escola, bem como correlacioná-las aos pensares teóricos que ora apresentamos, fortalece nossa ideia de que há *potência na escola para constituir sua identidade cultural por meio da formação estésica e da mediação.*

Segundo o coordenador pedagógico 1, há uma rede latente de possibilidades no município de Itajaí e seus vizinhos que pode ser aproveitada. Sob o olhar atento do curador estésico e do propositor cultural, essa rede efetiva-se em ações coletivas que ampliam as ofertas de vivências que envolvem as artes.

> Eu sempre vejo assim ó, que a Secretaria de Educação, ela tem um leque muito bom, tem uma gama muito boa de artistas, tem "n" possibilidades [...] nós temos uma casa da cultura, nós temos um teatro municipal, nós temos uma fundação cultural, vai anotando [...] temos escola de grafismo aqui em Itajaí, tem quantos grafiteiros que vão pela América do Sul, Europa em geral, nós temos aqui em Navegantes a escola de Circo e o que nós temos hoje na fundação cultural? Temos bolsas para músicos que poderiam simplesmente a própria fundação cultural montar grupos de músicos na rede municipal. Nós temos aula de música que infelizmente não funciona. Nós temos bons professores e bons músicos, só que a gente não vê o aluno. [...] Então assim, é possível fazer uma cultura de qualidade na rede municipal de ensino de Itajaí? É... monta-se um grupo de teatro na casa da cultura, coleta-se nas escolas aqueles que queiram do 3º, 4º e 5º ano, mas que estejam interessados. [...] Então assim, a rede tem possibilidades de fazer parcerias com o próprio município porque o município tem uma gama muito rica de possibilidades culturais que a secretaria não aproveita [...] existem atores ou outros diretores de teatro, artistas plásticos, existe a associação de artesãos e artistas de Itajaí e você tirar aquela criança do contraturno e fazer essas

A ARTE E A CULTURA NA ESCOLA...
HÁ POTÊNCIA NA ESCOLA PARA CONSTITUIR-SE COMO UM ESPAÇO CULTURAL E ARTÍSTICO POR MEIO DA
FORMAÇÃO ESTÉSICA E DA MEDIAÇÃO CULTURAL

177

parcerias. Então assim, existe possibilidade! (coordenador pedagógico 1)

Importante registrar que o discurso do CP 1 vem ao encontro do pensamento dos demais discursos apresentados e que sinalizam a possibilidade de estabelecer-se parcerias. Há, portanto, um território vasto e fértil para uma mediação cultural que pode ser vislumbrada e mobilizada pelo curador estésico e o propositor, a fim de ampliar as práticas voltadas à promoção, à apreciação e à difusão do fazer artístico. "Na cultura, e no tipo de educação por ela promovido, o jogo da arte é permanente incremento de forças intersubjetivas. [...] Ferramenta potente de compreensão, [...] de produção criadora." (Meira; Pilotto, 2010, p. 131). Todos sinalizam que muito há por se trazer para a escola como cultura e arte. Segundo o CP 1, muitas são as possibilidades, e os parceiros são bem-vindos na formalização de práticas vivenciais, apreciativas e de criação que envolvam as múltiplas linguagens artísticas.

Quando trato do olhar de uma equipe gestora que percebe a relevância da mediação cultural no ambiente escolar, enxergamos o papel do coordenador pedagógico como curador estésico e como um propositor cultural. A primeira ação dele é conhecer o entorno, enxergar quais parcerias culturais podem ser estabelecidas, e assim buscar meios de, junto à gestão, mobilizar toda a comunidade escolar para a promoção, a apreciação e a difusão da arte e da cultura no processo ensino e aprendizagem. É o que sinaliza um dos coordenadores pedagógicos:

> [...] fico pensando eu lá na escola enquanto coordenadora pedagógica qual é a minha responsabilidade diante de tudo isso? Eu acredito que eu só posso promover tudo isso dentro da minha escola se eu tenho acesso e conhecimento a metade do que o CP 1 falou. Eu não sabia que existia só pra ti ter uma ideia, então eu preciso conhecer o que tem disponível na cidade e preciso compreender de que forma de

chegar pra esse órgão de que maneira eu vou levar o meu aluno ou eles vão vir até minha escola. [...] (coordenador pedagógico 4)

Para o sujeito, há uma significativa falta de divulgação das manifestações artísticas e culturais do município, cuja tarefa não cabe apenas à Secretaria de Educação. É preciso haver maior mobilização dos órgãos dedicados à cultura, bem como divulgação, interesse em comum e investimento. Manifestações de arte e de cultura amplamente divulgadas e vistas como desencadeadoras de processos de formação estésica e de mediação cultural que contemplam conhecimentos que privilegiam o sensorial, o perceptivo, a forma, o contato com a obra, a situação relacional, o intuito de envolver o olhar do observador, a escuta do ouvinte ou a atenção do apreciador. Como vemos, não há como apartar o professor mediador da equipe gestora, afinal, todos são professores em funções diferenciadas, mas que se complementam. Nesse achado da pesquisa, da necessidade de investir-se em uma curadoria estésica e uma proposição cultural mobilizada por todos os envolvidos com a aprendizagem escolar, é que apresentamos o capítulo a seguir, pois o professor mediador necessita de aliados, parceiros, intelectuais que corroborem na sistematização das vivências estésicas.

A gestão e a coordenação pedagógica como mediadores culturais

Tendo em vista o papel de referência que a equipe diretiva [gestora] desempenha, podemos dizer que o desenvolvimento de práticas autenticamente democráticas no interior da escola vai depender, em grande medida de uma nova postura a ser assumida por esta equipe.
(Vasconcelos, 2009, p. 53)

A ARTE E A CULTURA NA ESCOLA...
HÁ POTÊNCIA NA ESCOLA PARA CONSTITUIR-SE COMO UM ESPAÇO CULTURAL E ARTÍSTICO POR MEIO DA FORMAÇÃO ESTÉSICA E DA MEDIAÇÃO CULTURAL

179

As palavras de Vasconcelos instigam-nos a pensar que nova postura seria esta a ser assumida pela equipe gestora (ou diretiva). Em um emaranhado de pensares a respeito do assunto, dediquei-me a refletir em torno da gestão, em especial por meio do coordenador pedagógico, vivenciada e desenvolvida no cotidiano da escola, que surge na busca de soluções para os problemas que passaram a compor o contexto pós-Revolução Industrial. Tanto a educação como a gestão têm como matéria-prima as pessoas. Ambas, em parceria com os demais profissionais da equipe gestora, agem em prol de manter a sinergia, os recursos existentes e a estrutura da escola. É a postura mediadora do coordenador pedagógico aliada à gestão que pode contribuir com o processo de constituição do perfil cultural da escola, por meio do desenvolvimento do olhar democrático e participativo, da curadoria estésica e proposição cultural, da formação estésica e da mediação cultural.

Nos últimos anos, o Ministério da Educação (MEC), por meio da Secretaria de Educação Básica (SEB), criou o Programa Escola de Gestores no intuito de compor as ações do Plano de Desenvolvimento da Educação (PDE). Nesse contexto, e com base nos dados apresentados no site do MEC, a intenção de elevar os Índices de Desempenho Escolar na Educação Básica Nacional (Ideb) mobilizou 31 Instituições Públicas de Ensino Superior (Ipes) e demais parceiras das ações governamentais para se construir um processo de gestão escolar compatível com a proposta e a concepção da qualidade social da educação. Estas, baseadas nos princípios da moderna administração pública e de modelos avançados de gerenciamento de instituições, buscam qualificar os gestores das escolas da Educação Básica pública, em especial por meio do oferecimento de cursos de formação docente a distância.

> Chegamos a um ponto nuclear, a entrada e a presença dos coletivos em movimentos no espaço da gestão

> pública e de políticas exigem a recriação dos espaços públicos e das políticas públicas e sua gestão como espaço de políticas de tensão e confronto de interesses (Arroyo, 2011, p. 1414)

Segundo o Portal do MEC, o Programa Nacional Escola de Gestores da Educação Básica teve início em 2005 e integra um conjunto de ações do Governo Federal. Desde então, o MEC aplica o Curso de Aperfeiçoamento em Gestão Escolar, destinado aos profissionais de instituições públicas de educação básica da equipe gestora: diretor, vice-diretor e coordenação pedagógica. Atualmente, atende todo o território nacional na modalidade EaD, oferecido por instituições públicas de ensino superior. Registrou-se, desde 2005, um aumento no número de capacitações e treinamentos oferecidos por instituições privadas de ensino superior e contratadas pelas Secretarias Municipais de Educação na frenética busca dos recursos federais disponibilizados para a mobilização de forças em prol da elevação dos índices de desempenho escolar.

Como vimos, com a ampliação do quadro de formação docente, o MEC passou a rever as políticas de formação direcionadas à gestão, dando ênfase ao Programa Escola de Gestores para a especialização dos coordenadores pedagógicos, por compreender que esse profissional é um parceiro na formação continuada dos professores em serviço.

Desde 1996, a postura democrática e participativa ganha fôlego no contexto escolar e os objetivos propostos coletivamente passam a nortear o olhar do gestor – diretor escolar ou do coordenador pedagógico –, que intensifica os processos de analisar e de conhecer os problemas da sua própria realidade, constituindo uma identidade particular para enfrentar, solucionar os problemas, organizar recursos financeiros, tecnológicos, além de implementar a comunicação e a liderança na constante prática de

A ARTE E A CULTURA NA ESCOLA...
HÁ POTÊNCIA NA ESCOLA PARA CONSTITUIR-SE COMO UM ESPAÇO CULTURAL E ARTÍSTICO POR MEIO DA
FORMAÇÃO ESTÉSICA E DA MEDIAÇÃO CULTURAL

181

mobilizar e motivar as pessoas para a tomada de decisões. Uma gestão alicerçada na parceria, na democracia e no envolvimento de toda comunidade escolar tende a garantir certa autonomia na organização do trabalho pedagógico, como preconizam as orientações da LDB 9394/96 (Brasil, 1996), quando delega ao diretor da escola a tarefa de constituir uma gestão democrática, que, por meio da participação, da capacitação, do envolvimento e do desenvolvimento da equipe, tem a responsabilidade de humanizar o ambiente escolar.

Ao me reportar às entrevistas mais uma vez, foi possível perceber que no olhar dos supervisores de gestão, a função da direção frente às ações artísticas e culturais no ambiente escolar está voltada à questão da mobilização e da participação prevista pela Lei de Diretrizes e Bases Nacionais, bem como à oferta de vivências estésicas e ao estabelecimento de parcerias com espaços que promovem a arte e a cultura. Segundo o supervisor de gestão 1: *"a gestão deve organizar os espaços, estabelecer relações com os parceiros, promover eventos culturais e valorizar a cultura"*. Do mesmo modo, o supervisor de gestão 4 afirmou na entrevista que cabe à direção escolar: *"envolver a equipe, articular todas as informações em parceria com sua equipe, professores e pais. As possibilidades são infinitas e dependem da criatividade e da vontade de fazer acontecer"*. Para o supervisor de gestão 2, compete à gestão escolar: *"viabilizar eventos culturais de acordo com a expectativa da comunidade escolar, buscando parcerias com a secretaria de educação, bem como as companias de teatro, dança e/ou outros grupos de manifestações culturais. [...]"*. São respostas que representam o ponto de vista do órgão gestor sobre o papel da direção e que corroboram com nosso posicionamento quando compreendemos, em consonância com a LDB 9394/96, a tarefa do gestor na constituição de uma gestão democrática e que zela pela participação de todos na tomada de decisões.

A gestão possui, portanto, uma grande responsabilidade na oferta de práticas artísticas e culturais e na mobilização de toda a equipe no processo de culturalização do espaço escolar, bem como na formação estésica da comunidade, além disso tem, por meio da mediação, a possibilidade de colaborar para o crescimento da postura pedagógica e da identidade artística e cultural da escola. É nesse movimento que a gestão pode assumir o papel de curadora estésica e de propositora cultural, uma vez que, ao sistematizar em parceria com o professor o processo de culturalização do espaço escolar, ela exerce seu papel de mediadora, daquela que agrega possibilidades de parcerias.

Nesse mesmo pensar, também perguntei aos supervisores de gestão qual o papel deles – representantes legais da secretaria de educação e que estão em constante contato com os diretores de escola – nesse processo de promoção de ações artísticas e culturais. Para nossa grata surpresa, apareceram posicionamentos que dialogam com a postura esperada dos gestores, ou seja, o papel deles também é o de motivar, mobilizar, estabelecer parcerias, de curadoria e de proposição, como podemos perceber na resposta do supervisor de gestão 2: *"o supervisor de gestão é um agente motivador de todas as ações realizadas na escola"*. O supervisor de gestão 4 complementa: *"fundamental a partir do momento que conseguimos estimular e provocar este gestor a observar mais atentamente a interculturalidade presente em sua escola. A cultura na escola deve ser vista como algo que nos permite infinitas possibilidades; que ultrapassam as aulas de música e as aulas de arte"*. Como podemos perceber, ambos os posicionamentos definem o papel da supervisão de gestão como sujeitos ativos e presentes no processo de constituição da identidade cultural da escola por meio das artes e sua relação com as demais áreas do conhecimento.

A ARTE E A CULTURA NA ESCOLA...
HÁ POTÊNCIA NA ESCOLA PARA CONSTITUIR-SE COMO UM ESPAÇO CULTURAL E ARTÍSTICO POR MEIO DA
FORMAÇÃO ESTÉSICA E DA MEDIAÇÃO CULTURAL

183

A arte pode consistir num precioso instrumento para a educação do sensível, levando-nos não apenas a descobrir formas até então inusitadas de sentir e perceber o mundo, como também desenvolvendo e acurando nossos sentimentos e percepções a cerca da realidade vivida (Duarte Jr., 2010, p. 23).

O supervisor de gestão também participa deste movimento cultural, criando condições para que a escola receba ou promova eventos culturais, sugestionando eventos aos quais a escola participe, agregando parceiros junto à realidade escolar, se fazendo presente nos eventos, para que a escola e a sua comunidade sinta a valorização da cultura nas diferentes manifestações artísticas. (supervisor de gestão 1)

A arte é entendida pelos sujeitos da pesquisa como parte integrante e essencial para a educação do sensível e para a constituição da identidade cultural da escola. Reafirmamos que essa postura de gestão democrática e participativa exposta pelos sujeitos da pesquisa e embasada pela LDB não é tarefa apenas do gestor ou do supervisor de gestão, mas de todos os envolvidos no processo de ensino e aprendizagem.

A ideia de uma gestão – supervisão de gestão – mais sensível às demandas locais está vinculada ao conceito de uma instituição que aprende com seus sucessos e equívocos naturais no processo de ensino-aprendizagem, que utiliza sua própria realidade para repensar sua postura, buscar parcerias, sugerir ações, uma lógica que busca amparo em estudos do seu próprio fazer diário e que não segue modelos ou determinações desconectadas dos anseios do grupo e das necessidades locais. Uma gestão propositora que busca infinitas possibilidades para poder ofertar, em parceria com sua equipe, cada vez mais momentos de estesia por meio da arte e da cultura.

Para Duarte Jr. (2010, p. 173), "[...] aponta ainda na direção da necessidade de um equilíbrio entre o universal e o particular, entre a cultura humana como um todo e aquela cultura específica na qual nascemos e fomos criados". Reconhecemos a relevância de se considerar a realidade local, mas compreendemos com os escritos de Duarte Jr. que se faz necessário ir além, ou seja, a escola e os sujeitos precisam buscar um equilíbrio entre as necessidades locais e as referências globais, uma relação entre o olhar micro e o macro, entre o conhecido e o desconhecido, entre a cultura popular e a erudita, como vimos no capítulo anterior. Aqui talvez esteja o papel da escola e da educação em parceria com os sujeitos mediadores que apresentamos nesta obra, o de por meio da mediação cultural e da formação estésica possibilitar um ir além, uma ampliação do olhar, um processo de construção de saberes que reconhece a multiplicidade de pensares e a riqueza do inteligível caminhar ombreado com o sensível, como afirma Duarte Jr.

Segundo o supervisor de gestão 3:

> [...] enquanto supervisores de gestão ou mesmo de programas haverá a necessidade de contribuir para que a escola possa redimensionar a sua prática pedagógica, desenvolvendo e criando métodos para estudar a realidade e construir estratégias de ação. [...] Quando se menciona que o ensino deve respeitar as diferentes culturas, verifica-se que a escola preocupa-se com a formação social e crítica dos educandos, para que eles sejam capazes de interagir na realidade transformando-a com responsabilidade.

Uma escola, segundo o sujeito, que constitui gradativamente sua identidade particular, olha para seu "interior" e coletivamente percebe que cidadão pretende e precisa "formar" para a vida e para a sociedade, estabelece um diagnóstico que contém particularidades que carecem de ação imediata em sua realidade. Por esse motivo, nas últimas décadas, tem-se investido na elaboração coletiva da visão, da missão e dos valores de cada unidade de ensino – definições que compõem os documentos norteadores das práticas administrativas e pedagógicas da escola, como por

A ARTE E A CULTURA NA ESCOLA...
HÁ POTÊNCIA NA ESCOLA PARA CONSTITUIR-SE COMO UM ESPAÇO CULTURAL E ARTÍSTICO POR MEIO DA FORMAÇÃO ESTÉSICA E DA MEDIAÇÃO CULTURAL

185

exemplo: Proposta Pedagógica, Projeto Político Pedagógico e o Regimento Interno Escolar. Uma gestão escolar comprometida com a comunidade local, que, na maioria dos casos, compreende que as diferenças organizacionais, pedagógicas e culturais existentes no ambiente escolar ou fora dele precisam servir como enriquecimento de oportunidades; tornando-o espaço privilegiado para o trabalho com a diversidade artística e a heterogeneidade cultural.

Diante desse cenário, há terreno fértil para que gestores, professores e coordenação pedagógica desenvolvam o olhar de curadoria estésica e de proposição cultural, auxiliando na seleção de caminhos e meios para a aquisição do conhecimento estésico de forma sistematizada e intencional. A gestão conta com a participação de todos os membros do quadro gestor da escola – o diretor, o orientador educacional, o administrador escolar, o secretário escolar –, mas dedicamos maior atenção ao coordenador pedagógico, visto ser essa a função de atuação desse doutorando em Educação, e por acreditarmos que, na postura de mediador cultural, pode ele contribuir com o desenvolvimento de uma postura gestora mais sensível, flexível, transversal, que privilegia as questões artísticas e culturais no processo de ensino e aprendizagem estésico, transdisciplinar – "[...] como um processo de conhecimento cujas bases precisam repousar num não apartamento do corpo e da mente, do sensível e do inteligível" (Duarte Jr., 2010, p. 214).

Em pesquisa realizada durante o mestrado (Soares, 2011), foi possível diagnosticar que a gestão pode ser uma aliada no trabalho do coordenador pedagógico. Nesse pensar, trago à baila a ideia de uma coordenação pedagógica mediadora, em parceria com os professores e a gestão, que aprende com a sua própria realidade local, que constitui com a comunidade escolar um perfil estésico, aliando as práticas inteligíveis às sensíveis no currículo, que constitui a sua identidade artística e cultural, entra em cena a equipe gestora como contribuinte para a constituição de um espaço cultural.

Segundo Vasconcellos (2009, p. 88), "O supervisor[30] relaciona-se com o professor visando sua relação – diferenciada, qualificada - com os alunos". Há, portanto, uma relação de parceria, acompanhamento e negociação no lugar de regulação, controle e fiscalização, constituindo-se, para o coordenador pedagógico, um campo propício para a concretização de suas funções. Estar inserido em um contexto cultural pode contribuir nesse processo, pois leva em consideração a própria trajetória da escola, do currículo e dos sujeitos. O coordenador pedagógico passa a ser aquele que orienta, aprende e ensina, tornando-se um parceiro no processo educativo, na busca da melhoria do fazer pedagógico e do investimento frente à potencialidade de toda a equipe. Este, contudo, procurará formas diferenciadas para auxiliar o professor em sua prática – participando e observando as vivências escolares –, e, na gestão, em busca pela sinergia do ambiente e de uma coletividade que visa aprender com seus próprios tropeços.

O coordenador pedagógico deixa de ser o facilitador para ser o problematizador, pesquisador, mediador e articulador, para que juntos possam construir um trabalho eficaz, um trabalho que desenvolve o olhar para seu próprio contexto e que pode, por meio da mediação, investigar, planejar e sistematizar novas práticas. É confiando nesse trabalho produtivo que o coordenador pedagógico se organiza e se desdobra para dinamizar o ensino, por meio de ações desenvolvidas na e pela escola, que orientem desde a gestão até os professores e sua prática, que vise constituir uma identidade escolar que soluciona seus conflitos e seus problemas com base inteligível e sensível – estésica.

Um bom exemplo de sucesso na prática da coordenação pedagógica sobre o processo de mediação cultural e sobre a

---

[30] Coordenador pedagógico também é conhecido como supervisor escolar. Nesta obra, optamos pelo termo mais utilizado no território nacional: coordenador pedagógico.

A ARTE E A CULTURA NA ESCOLA...
HÁ POTÊNCIA NA ESCOLA PARA CONSTITUIR-SE COMO UM ESPAÇO CULTURAL E ARTÍSTICO POR MEIO DA FORMAÇÃO ESTÉSICA E DA MEDIAÇÃO CULTURAL

187

prática de formação de leitores pode ser apreciado por meio do prêmio Victor Civita que, em 2013, reconheceu a iniciativa da coordenadora pedagógica Angélica Arroio Quiqueto de Sousa. Para ajudar os alunos da Escola Municipal de ensino fundamental Professor Odinir Magnani (Tupã, SP) a tornarem-se leitores literários, a coordenadora elaborou um projeto de leitura que compôs o cotidiano das reuniões pedagógicas. Entre os 496 trabalhos inscritos na categoria Gestor, o de Angélica destacou-se pela preocupação constante em adequar as propostas predefinidas pelo programa da Secretaria às especificidades da escola e da equipe docente (Lopes, 2014).

O projeto visou mostrar aos educadores como abordar a leitura em sala, refletir sobre a importância desse conteúdo e construir conhecimentos em grupo. Dia a dia o projeto avançou por intermédio da observação de aulas dos professores, o que deu origem a estratégias com a tematização da prática e a produção de registros reflexivos. A seguir, o relato da revista *Gente que educa*:

> O processo só funciona quando o formador planeja os momentos de trabalho coletivo, fica atento às respostas do grupo e conhece bem cada professor. Angélica tem esses cuidados, por isso fez o grupo questionar antigas práticas e construir novos conhecimentos em equipe", diz Ana Inoue, selecionadora do Prêmio Victor Civita. [...]. Os professores se apaixonaram pelos livros, pediram que a equipe gestora ampliasse o acervo de obras para adultos e adquirisse tanto as literárias como as específicas para a formação continuada (Lopes, 2014, s/p).

Como podemos perceber, o contato com a literatura, com esse objeto de arte, de forma sistematizada, mas não burocrática, sem perder de vista seu caráter estético, possibilitou à coordenadora pedagógica, além de exercer seu papel de formadora em serviço, de parceira do processo ensino e aprendizagem, a atuar como mediadora cultural de toda a comunidade escolar. Essa pode ser uma das propostas decorrentes da formação estésica, que considera o sensível e percorre a construção de novos conceitos, um currículo mobilizado para a mediação cultural, que possibilita a formação estésica.

Assim, torna-se aconselhável que se reveja constantemente os planos de ensino e a formação em serviço, que trabalhe na lógica de uma gestão que aprende com sua própria prática, que prioriza o desenvolvimento do intelígivel e da sensibilidade alimentada pelas vivências estéticas, artísticas, sociais e culturais. Para isso, a gestão que se vê como mobilizadora de uma instituição cultural precisa acreditar que a mediação do coordenador pedagógico necessita ser eficaz, planejada, estruturada e contextualizada no currículo.

Com Paulo Freire, aprendemos que a educação é um processo que é mediado pelos pares e pelo mundo: "Ninguém educa ninguém, ninguém se educa a si mesmo, os homens se educam entre si, mediatizados pelo mundo" (Freire, 2014, p. 79). Nessa lógica, todas as relações entre os pares no processo de formação humana possuem seu valor, e na escola não seria diferente. Toda a comunidade escolar possui uma corresponsabilidade em dinamizar a escola, culturalizando-a e mediando os processos de aprendizagem, permitindo a constituição de uma gestão com olhar estésico, que atua no campo da docência, que possui a função de articular coletivamente a organização do trabalho pedagógico da escola com os saberes sensíveis. A gestão, por meio do coordenador pedagógico, pode coordenar

> Sua presença garante o desenvolvimento da ação. Ele é o responsável por dosar as informações dos participantes a fim de construir, pela exata soma das partes, um todo compreensível e imparcial (Chiovatto, 2000, p. 7).

A ARTE E A CULTURA NA ESCOLA...
HÁ POTÊNCIA NA ESCOLA PARA CONSTITUIR-SE COMO UM ESPAÇO CULTURAL E ARTÍSTICO POR MEIO DA
FORMAÇÃO ESTÉSICA E DA MEDIAÇÃO CULTURAL

189

o movimento didático, estético e ético que compreende desde a seleção de conteúdos e de estratégias adequadas para o processo de ensino, até as escolhas docentes em busca da construção de novos conceitos.

Com o tempo, o homem passou a perceber o conhecimento sob várias perspectivas. Com a Internet, a democratização da informação possibilitou ainda mais esse alargamento da diversidade de olhares e de conhecimentos, uma vez que a certeza deu lugar ao conceito momentâneo. A cada novo segundo, algo tende a ser descoberto e amplamente divulgado pelos meios midiáticos, digitais e impressos. Os grupos sociais imersos nesse contexto, de diferentes olhares frente ao mesmo fenômeno, exigem a presença de uma mediação em prol de chegar-se a um olhar que contemple o maior número possível de posicionamentos e ideias. O papel do mediador está presente em momentos que exigem a articulação de diferentes olhares: nos debates, nas mesas redondas, nas rodas de conversas, **e até durante as reuniões de tomadas de decisões que envolvem muitos sujeitos.**

Mediar é estar entre, no meio [...] é estando no meio que se pode, mais facilmente, perceber as necessidades dos pólos e interceder (Chiovatto, 2000, p. 6).

Ainda, segundo a autora Chiovatto[31] (2000, p. 6), mediar "[...] não se reduz à transmissão de informações e conhecimentos, mas é a ativa construção de tramas que articulam conteúdos, mundo, vida, experiências num todo significante". De fato, mediar está no campo da reflexão, das possibilidades de troca, na busca de outros olhares; conceito este que apresentamos no intuito de defender a ideia de uma mediação pautada na articulação entre sujeitos e objetos artísticos, sujeitos e espaços culturais, sujeitos e conhecimentos variados.

---

[31] Milene Chiovatto, conceituada coordenadora do Núcleo de Ação Educativa da Pinacoteca de São Paulo/SP.

ANDREY FELIPE CÉ SOARES

Investir na mediação cultural por meio do coordenador pedagógico é investir na sua postura de ser humano e de mediador de diálogos por intermédio de uma postura democrática e participativa, de diferentes olhares estésicos, processos decisórios inerentes à gestão, ao estabelecimento de parcerias que visam à dinamização do processo formador dos demais sujeitos da comunidade escolar e a constituição de uma gestão que privilegia a cultura e a arte no ambiente escolar. Assim, ao estabelecer-se a mediação de diálogos e parcerias com demais espaços e mediadores culturais, possibilita-se a ampliação da oferta de vivências estésicas e culturais e, consequentemente, o desenvolvimento do potencial criador, da percepção, da receptividade e da multiplicidade de olhares.

Constitui-se, então, uma escola que considera a percepção da realidade das necessidades humanas aliadas ao sensível e ao inteligível, que discute a vida e o que nela se pode viver. Implementa-se uma gestão que passa a ser aprendente e que faz uso da percepção de sua realidade para aprimorar os processos. É pela mediação cultural que a percepção pode dar-se; que o conhecimento é aprimorado, que os sentidos são refinados. Essas percepções compõem, portanto, a matéria-prima para a gestão ver-se como aprendente, e o coordenador pedagógico como mediador, um curador estésico e um propositor cultural.

O coordenador pedagógico, mesmo tendo funções específicas, por vezes atua como um professor no espaço escolar e, assim, assume a responsabilidade de criar conexões entre diferentes fontes e possibilidades, estabelecendo um campo de parcerias, de troca e de auxílio nos eternos processos pedagógicos que tentam aliar os conteúdos programáticos aos desafios da vida. Ao indagar os coordenadores pedagógicos sobre qual o papel deles na constituição da escola como espaço cultural, encontramos as seguintes respostas nas entrevistas e que merecem discussão:

A ARTE E A CULTURA NA ESCOLA...
HÁ POTÊNCIA NA ESCOLA PARA CONSTITUIR-SE COMO UM ESPAÇO CULTURAL E ARTÍSTICO POR MEIO DA FORMAÇÃO ESTÉSICA E DA MEDIAÇÃO CULTURAL

191

Vejo o papel do supervisor escolar [coordenador pedagógico] como fundamental na conquista deste espaço cultural, estimulando profissionais, construindo projetos, incentivando na construção do conhecimento de forma interdisciplinar, envolvendo a leitura, a observação, o encantamento, o descobrimento de formas e sentimentos. (coordenador pedagógico 6)

Esse posicionamento do sujeito da pesquisa convida-nos a revisitar os escritos de Paulo Freire (2014, p. 46), quando ele afirma que: "Não há prática docente verdadeira que não seja ela mesma um ensaio estético e ético [...]". Para o autor, há uma estética da docência que precisa ser considerada no processo de formação, é o reconhecimento do valor da sensibilidade, das emoções, da afetividade e da intuição. Ao considerarmos o encantamento e o descobrimento de formas e de sentimentos, sinalizados pelo CP 6, somos convocados a reconhecer a importância da postura mediadora do coordenador pedagógico quando este se coloca ao lado dos professores no processo de ensino e aprendizagem, exercendo seu papel de estimulador, provocador e formador cultural.

A mediação cultural contribui nesse sentido, na ideia de auxiliar os sujeitos na escolha dos objetos artísticos e de artefatos culturais que permitam o diálogo entre as diversas áreas do conhecimento e os múltiplos espaços que se dedicam à arte e à cultura. Não deixando de reconhecer que: "É aos professores que cabe o trabalho de escolher e esse esforço de interpretação, de crítica e contextualização dos referentes culturais em benefício da formação intelectual dos alunos" (Gauthier; Mellouki, 2004, p. 542).

O coordenador pedagógico 4 contribui com essa reflexão quando afirma: *"vejo-me como responsável em propor, viabilizar e apoiar ações que busquem propor o uso de diferentes linguagens artísticas dentro do espaço escolar, possibilitando aos alunos socia-*

lização, sensibilização, manifestação de diferentes aspectos da cultura artística e social". Cabe, portanto, também ao coordenador pedagógico a missão de assessorar a seleção dos conteúdos bem como a interpretação dos referenciais culturais. Forjar, assim, um currículo constituído a muitas mãos e olhares culturais por meio do incentivo, da provocação, da sensibilização e da manifestação, como sinalizaram os coordenadores pedagógicos.

Esse posicionamento dá-se tendo em vista seu papel de organizar o trabalho pedagógico da escola em parceria com a comunidade escolar, pois cabe a ele conhecer e vivenciar, diariamente, a necessidade de uma formação humana repensada, que seja fruto de um currículo repleto de mediações artísticas e culturais e que venha atender à demanda do cotidiano educacional. Assim, pautada na cultura, a escola, a gestão, está propícia a abrir-se a múltiplas linguagens por meio do estabelecimento de uma rede de possibilidades que desencadeiem reflexões frente aos valores éticos, políticos e estéticos presentes no currículo escolar.

O coordenador pedagógico poderá ser um dos sujeitos a desvelar a potência cultural da escola, a implementar o perfil de gestão que privilegia a cultura. Reafirmamos, dessa forma, que ele pode assumir o papel de mediador cultural, atuando ativamente nas relações sociais, artísticas e culturais estabelecidas dentro e fora da escola. O intuito está em passar a perceber a educação e a escola como meio de se estabelecer uma rede de possibilidades de mediação cultural. Constituir, por meio de parcerias com toda a comunidade escolar, um currículo que dê o devido valor às artes e às práticas vivenciais.

> O coordenador pedagógico, como mediador, poderá "[...] tecer uma trama articulada entre os interesses previamente traçados e os imediatamente despertados, conferindo unicidade, coerência e significância ao contato com as obras de arte" (Chiovatto, 2000, p. 4).

A ARTE E A CULTURA NA ESCOLA...
HÁ POTÊNCIA NA ESCOLA PARA CONSTITUIR-SE COMO UM ESPAÇO CULTURAL E ARTÍSTICO POR MEIO DA
FORMAÇÃO ESTÉSICA E DA MEDIAÇÃO CULTURAL

193

Como mediador, o coordenador, em parceria com outros profissionais que se dedicam às artes, pode possibilitar novas formas de formação cultural e de desenvolvimento do sensível, devido à sua liderança, à sua mediação cultural e à constante fomentação de momentos de estudo e de formação continuada informal, individual e coletiva no ambiente escolar. Assim como todos os sujeitos do seio da escola, o coordenador educa-se, humaniza-se, sensibiliza-se e passa a ver o professor/aluno de outra maneira.

Cabe ao coordenador pedagógico, como mediador cultural, possibilitar discussões frente à vida e ao cotidiano escolar, bem como incentivar a realização de vivências estéticas no ambiente escolar a fim de possibilitar o desenvolvimento da percepção, dos sentidos inerentes ao ser humano; na ideia de que "[o] mundo, antes de ser tomado como matéria inteligível, surge a nós como objeto sensível" (Duarte Jr., 2010, p. 13). Parto da premissa de que o coordenador pedagógico, como mediador do processo ensino-aprendizagem, ao efetivar a melhoria nesse processo e ao investir no processo de humanização, assume corresponsabilidade frente à educação estésica da comunidade escolar; ao assumir seu papel de mediador cultural, possibilita um repensar a escola e seu currículo em exercício. "O mediador, portanto, não só apresenta um determinado conteúdo, mas estimula seu valor significativo, ajustando-o a cada turma, 'tramando', com eles, respostas produtivas e significantes" (Chiovatto, 2000, p. 4).

Espaços e suas possibilidades mediadoras

[...] um espaço de passagem e, quem sabe, tomando corpo espalhando-se pela escola inteira e instalando-se em cada ser, [...] transformando-os em espaços quentes e vivos, os quais, tendo em conta o ponto de vista móvel, são antes mais possibilidades do que limites.
(Costa, 2009, p. 275)

Imaginemos um corredor da escola, por vezes esquecido, sem vida, sem utilização, exceto o de cumprir seu papel de passagem. Agora, imaginemos esse mesmo corredor de passagem sendo incorporado a um projeto pedagógico transversal, dinâmico, aberto, sensível, artístico e cultural.

Um espaço de passagem sim, mas também de muitas possibilidades mediadoras que pode envolver toda a escola por meio da arte e da cultura, como afirma Costa (2009). Um corredor com elementos artísticos e culturais que convidem a ver, a olhar, a perceber, a experimentar, a sentir de diferentes formas as cores, os sons, as texturas, as palavras. Para alguns que por ali passassem, certamente já não seria mais o mesmo corredor, pois provocaria olhares, sentires e pensares

A escola vista como "espaço em movimento" é expressão das ações dos sujeitos históricos que tentam se criar, se construir no tempo presente, na relação cotidiana com o espaço próprio, fundado, alheio. No cotidiano, no uso do espaço escolar, nós o marcamos com tisseturas de nossas práticas e criamos outros espaços, imprimindo subjetividades e permitindo (ou não) mudanças nos modos de olhar e ser (Costa, 2009, p. 258, grifo da autora).

em um fervilhar sem fim, um convite a aventurar-se pelo mundo das possibilidades de afetamento estésico. Um universo que não explica, mas que provoca, aproxima e contagia. Para outros, nenhum afetamento ao certo, mas que se inseridos em um processo de formação estésica e de mediação cultural poderiam

A ARTE E A CULTURA NA ESCOLA...
HÁ POTÊNCIA NA ESCOLA PARA CONSTITUIR-SE COMO UM ESPAÇO CULTURAL E ARTÍSTICO POR MEIO DA
FORMAÇÃO ESTÉSICA E DA MEDIAÇÃO CULTURAL

195

deixar-se afetar, provocar, envolver, nem que fosse pelo estranhamento, o incômodo ou a curiosidade. Neste subcapítulo, tratamos da **potência dos espaços da escola e de sua relação com o processo de formação estésica e de mediação cultural.**

A escola e seus espaços podem ser vistos como reveladores de práticas estésicas, como espaços de formação constante dedicados à relação da sensibilidade com a racionalidade. Espaços mediadores que desnudam possibilidades de expressão dos sentimentos por meio da cultura e dos diferentes meios de manifestação da arte, que nos permitem marcar o cotidiano com tisseturas de nossas práticas, imprimindo subjetividades de uma comunidade que passa a ampliar seu modo de olhar, sentir e ser. Um movimento estésico que tende a desencadear a apreciação e a criação de outros espaços artísticos e culturais.

Quando pensamos no espaço físico da escola, podemos nos reportar ao corredor, à entrada, à biblioteca, ao laboratório de informática, à sala de aula e até mesmo ao pátio. Não se trata de um espaço estático, nele sempre há movimento voltado ao ser humano. Um espaço

> [...] não é neutro e está impregnado de signos, símbolos e marcas de quem o produz, organiza e nele convive, por isso, tem significações afetivas e culturais. Os espaços de vivência representam uma experiência decisiva na aprendizagem e na formação [...] (Ribeiro, 2004, p. 103).

Cada espaço possui sua característica própria, que interfere de alguma forma em nosso modo de viver. Alguns estesicamente, convidando-nos a interagir, provocando o olhar e convocando a deixar fruir os sentidos. Já outros, por carecerem de intencionalidade inteligível ou sensível, afetam-nos pela ausência de referência. Há potência nos espaços, e é esse movimento referencial que acaba por interferir estesicamente no cotidiano dos sujeitos que nos interessa discutir.

Ao pensarmos em espaços repletos de signos e significados, podemos trazer à baila o quarto de Vincent Van Gogh[32] – *Quarto em Arles* –, uma série de três quadros do impressionista holandês, pintados entre outubro de 1888 e setembro de 1889. Ao nos permitirmos apreciar a pintura que retrata o quarto que Van Gogh alugou em uma pensão, na cidade de Arles, na França, podemos ser provocados a observar os detalhes do espaço que foram registrados pelo artista. Essa ação de olhar o espaço acontece com todos nós, porém a percepção do que há nesse ambiente dependerá do estágio de percepção estética, como já vimos no subcapítulo dos objetos propositores. Assim como por meio de uma pintura podemos nos permitir afetar ou não pelos elementos ali representados, em um espaço também pode ocorrer o afetamento, porém o grau de envolvimento está também relacionado ao estágio de percepção de cada observador. Por isso, defendemos a relevância de pensar-se com cautela e intencionalidade a composição do espaço, a fim de torná-lo o mais artístico e cultural possível, no intuito de contribuir com o processo de formação estésica dos que por ali passarem.

---

[32] "O tema principal de seus primeiros trabalhos é o camponês. Entre 1881 e 1885, quando se iniciou na pintura, Van Gogh pintou uma série de desenhos e quadros, cujo máximo momento foi Os comedores de batata. As preocupações moralistas e religiosas do autor traduziram-se no profundo amor que sentia pelas personagens humildes e desamparadas dos camponeses holandeses. Desde que havia tentado ser pregador religioso nas minas de carvão do Borinage, a miséria destes havia impregnado sua imaginação e senso de solidariedade. As telas são tecnicamente soturnas, de cores escuras, marrons e preto, dentro de uma tendência realista social. Sua temática posterior à chegada em Paris (1886) é totalmente determinada pelos seus objetivos estéticos e técnicos. Se ele vê na cor a razão maior de sua expressão, verdadeiro veículo simbólico da espiritualidade, Van Gogh vai pintar, por exemplo, girassóis, onde a explosão do amarelo parece um retrato exato de seu turbulento universo espiritual. Se a pincelada redemoinhante é sua marca, serão os ciprestes e os trigais, por exemplo, a expressão maior na natureza de seu ritmo gestual que ascende como chama. O interesse pelo ser humano nunca o abandonou. Uma grande série de retratos, alguns deles verdadeiras obras-primas, formam uma galeria de penetrante desvelar da alma alheia. Sem condescender com o retratado, nem tampouco aviltá-lo, Van Gogh revela com carinho os desvãos da alma, por onde tantos se deixam levar. Assim, também, deve-se reservar atenção cuidadosa aos seus vários auto-retratos." Disponível em: http://www.auladearte.com.br/historia_da_arte/van_gogh.htm#axzz4oQyN18Y4. Acesso em: 10 fev. 2016.

A ARTE E A CULTURA NA ESCOLA...
HÁ POTÊNCIA NA ESCOLA PARA CONSTITUIR-SE COMO UM ESPAÇO CULTURAL E ARTÍSTICO POR MEIO DA
FORMAÇÃO ESTÉSICA E DA MEDIAÇÃO CULTURAL

197

Nesse contexto, quando refletimos sobre o quanto espaços da escola tendem a potencializar sua identidade cultural e artística, compreende pensarmos no mobiliário, na iluminação, nos materiais, nas vivências promovidas nele ou pelos mediadores, mas em especial nas manifestações artísticas e nos artefatos culturais ali encontrados. A sala de arte pode até configurar-se como esse espaço de múltiplas referências, mas a possibilidade não está necessariamente vinculada a uma sala, o importante é constituir-se um espaço que permita colocar em prática a transdisciplinaridade[33] e a transculturalidade[34] do olhar, do pensar e do agir. Não estamos negando que a sala de arte pode proporcionar a troca de experiências ou a realização de vivências ricas em estímulos artísticos. O que está em jogo são os estímulos de cada espaço e, nesse olhar, há uma diversidade de elementos visuais que podem contribuir com a constituição de um espaço mais poético, musical, colorido, arborizado; enfim, um ambiente acolhedor, estésico e humanizador. Defendemos a necessidade de uma escola que contemple espaços culturais que permitam relevantes trocas de experiências ou a realização de vivências.

Refiro-me ao espaço escolar

> [...] destinado a diversas manifestações estético-artísticas que possa abranger a cultura visual para além da sala de aula e da sala de arte; um espaço de passagem,

---

[33] A transdisciplinaridade surge com Piaget, em 1970, mas, recentemente, tem sido estudada para implementação do processo de ensino e aprendizagem. Na transdisciplinaridade, os conhecimentos ultrapassam as fronteiras das disciplinas. Trata-se de "[...] uma forma de ser, saber e abordar, atravessando as fronteiras epistemológicas de cada ciência, praticando o diálogo dos saberes sem perder de vista a diversidade e a preservação da vida no planeta, construindo um texto contextualizado e personalizado de leitura de fenômenos" (Theophilo, 2000, s/p). Para Duarte Jr. (2010, p. 34), "[...] o conceito de transdisciplinariedade deve, pois, começar na atitude humana perante a vida, em que estejam presentes tanto a abstração generalizante quanto a percepção concreta de particularidades".

[34] A transculturalidade vai além da simples constatação do multiculturalismo, pois ultrapassa barreiras preestabelecidas, tanto geográficas como culturais. A ideia é estar entre muitos sentidos, um movimento de troca simultânea e o estabelecimento de saberes que perpassam muitos contextos rompendo a lógica de fragmentação cognitiva e da multi/pluriculturalidade.

que fizesse parte do cotidiano escolar e fosse de livre acesso a todos (Costa, 2009, p. 237-238, grifos nossos).

Um ou mais espaços da escola que possam contemplar todas as linguagens e que possibilitem dialogar abertamente com as demais áreas do conhecimento, por meio de um currículo transdisciplinar, que convida a apreciar a arte e a despertar os sentidos que nos acompanham por toda uma vida adulta.

Evidencio a necessidade de a escola ser um espaço de possibilidades mediadoras, pela sua característica histórica, artística e de permitir o diálogo cultural por meio de seus professores, que podem ser mediadores culturais ou emancipadores no lugar de explicadores. Esse movimento estésico atua pela apreciação ou pelo estranhamento, sensação provocada ao assistir peças no teatro ou espetáculos na própria escola, por exemplo. São ações artísticas e culturais que convidam a pensar, a fruir, a envolver-se na aprendizagem, desencadeando uma transformação natural, que se associa ao processo de fruição dos sentidos e ao desejo de querer compartilhar seus achados. Segundo Martins (2014b, p. 100), "[...] atividades fundamentais para iniciar a formação e ampliação de um repertório cênico-cultural discente, transformando o professor, a escola e até mesmo os alunos em primeiros mediadores". Não almejamos enaltecer os discursos de transformação, pelo contrário, reconhecemos as mudanças naturais de um processo de formação estésica e de mediações culturais, interessadas em ofertar, aproximar, possibilitar, convidar a sentir tudo de muitas formas diferentes. "É preciso sentir, ser estimulado nas múltiplas formas sensoriais possíveis [...]" (Duarte Jr., 2010, p. 218).

Considero que a mediação cultural pode ir além da efetivação de boas propostas pedagógicas, artísticas e culturais no seio da escola e que pode ocorrer em diferentes espaços, em parceria com objetos propositores e com professores mediadores – como curadores estésicos e propositores culturais. Trago à reflexão

A ARTE E A CULTURA NA ESCOLA...
HÁ POTÊNCIA NA ESCOLA PARA CONSTITUIR-SE COMO UM ESPAÇO CULTURAL E ARTÍSTICO POR MEIO DA
FORMAÇÃO ESTÉSICA E DA MEDIAÇÃO CULTURAL

199

a ideia de que é na escola e/ou por meio dela, em parceria com outros espaços culturais, que essa mediação se encontra potencializada, pois, além de articular meios para a oferta de vivências que possibilitem a aquisição do conhecimento científico, artístico e cultural, a escola é um espaço de encontros, acontecimentos, agenciamentos e aproximações estésicas. Por meio dos espaços culturais como possibilidades mediadoras, a comunidade escolar pode tornar-se mais perceptível e sensível às demandas educacionais e sociais, implementando seu trabalho pedagógico voltado ao desenvolvimento humano pleno.

> A escola torna-se, de um certo modo, um elemento-chave em torno do qual se cria uma continuidade de interesses, de gostos e de enraizamento social, histórico e cultural cuja memória e cujo elemento catalisador são os professores (Gauthier; Mellouki, 2004, p. 543-571).

Quando pensamos nos espaços como possibilidades mediadoras, precisamos discutir a importância do espaço para a formação estésica, sua relação com o tempo, a organização e a potencialidade das ações culturais promovidas nesse contexto. Constituir esses espaços culturais não é tarefa das mais simples, pois o que deve conter nesses ambientes, que os caracterizem como lugares de estesia, nem sempre se encontra perceptível no dia a dia pedagógico e burocrático da escola. Certamente, precisamos rever com nossos pares do fazer pedagógico muitos conceitos: cultura, arte, estética, linguagem e processo, por exemplo. Para ressignificarmos os espaços da escola, tornando-os grandes estimuladores estésicos, há de investir-se em formação estésica e de inserção dos momentos de mediação cultural. Precisamos contemplar o olhar inteligível e sensível desde o estudo, o planejamento das vivências, a curadoria dos materiais e das estratégias, até os suportes e meios de exposição de cada referencial artístico. Como vimos no subcapítulo dos objetos propositores, há potência em cada obra de arte.

Esse processo de ressignificação dos espaços da escola merece investimento cognitivo, artístico, físico e financeiro, para que espaços simples, como o *hall*, onde os pais chegam para receber os filhos ou quando querem falar com o gestor, sejam constituídos como fontes de formação humana por meio dos afetamentos que ali são possíveis de se estabelecer. Nessa lógica, um refeitório que é limpo, bem organizado, acolhedor; um pátio interativo com elementos sensoriais ou um fundo musical; uma biblioteca que contemple um espaço para leitura que convida para deitar e ler no chão, no tapete, nas almofadas, com plantas e sob uma iluminação agradável e adequada para aquela proposta. Esses espaços também compreendem um jardim logo na entrada e saída dos pais e alunos, uma sala dos professores ou auditório com trabalhos de arte e das demais áreas do conhecimento expostos com zelo e a devida valorização à produção do aluno. Uma escola que reconheça que cada espaço tem potência para ser uma aliada no processo de ensino e aprendizagem mais sensível, flexível, aberto, contemplativo, artístico, poético, acolhedor e cultural.

> O espaço estésico pode ser um lugar com desafios criativos para que o trabalho docente seja o mediador do processo criativo, da construção, da elaboração de ideias e da constituição de mundo na medida em que os/as estudantes lidam com as linguagens, com o que está ao seu redor [...] (Carvalho; Freitas; Neitzel, 2014, p. 74, grifo nosso).

O reconhecimento de um espaço cultural depende, também, do interesse e do olhar estésico do gestor escolar, quando ele acredita na arte como meio de acesso à cultura e compreende que o significado não está apenas na oferta da ação cultural, mas no que se está ofertando como suporte estético-artístico, bem como no quando, onde e de que maneira. Para esse gestor, há urgência, necessidade e relevância em se ressiginificar os espaços da escola. As relações inter/intrapessoais que se estabelecem

A ARTE E A CULTURA NA ESCOLA...
HÁ POTÊNCIA NA ESCOLA PARA CONSTITUIR-SE COMO UM ESPAÇO CULTURAL E ARTÍSTICO POR MEIO DA
FORMAÇÃO ESTÉSICA E DA MEDIAÇÃO CULTURAL

201

ali, o desenvolvimento dos sentidos e a amplitude do olhar pelo contato com as diferentes linguagens representam um pouco dos inúmeros refinamentos possíveis no processo de humanização e culturalização dos sujeitos.

A escola deveria ser esse espaço estésico [...] onde aprendemos a olhar (Carvalho; Freitas; Neitzel, 2014, p. 75).

Não se trata de apenas expor nos corredores ou paredes da escola, refiro-me a dar significado ao ato e possibilitar o desenvolvimento do olhar por meio da formação estésica e da mediação cultural dos que ali passarem. Segundo Costa (2009, p. 237), trata-se de "[...] na busca por melhor sistematização de processos de ensino-aprendizagem que conduzam a uma efetiva educação estético-artístico-visual, concebe-se o ensino de Arte como área do conhecimento [...]", e, aliada às demais áreas por meio da mediação, pode ofertar práticas pedagógicas mais transdisciplinares, estésicas e culturais. Os espaços influenciam o cotidiano, são fontes de retroalimentação, de fruição e de movimento cognitivo em sua essência, mas que podem ser também sensíveis. Todo espaço traz consigo a oportunidade de interação entre os seres humanos, com os elementos concretos ali dispostos, com a estrutura física e com as práticas promovidas. O potencial de cada espaço da escola está relacionado à mediação, seja do objeto propositor, do professor ou da configuração estrutural. Cada fator interfere em maior ou menor grau, de acordo com a receptividade estética de cada sujeito. Afinal a escola nos "prepara para a vida no mundo".

Segundo Bachelard (2003), antes de sermos jogados à exterioridade no mundo, somos acolhidos no interior da casa: "Porque a casa é o nosso canto no mundo" (Bachelard, 2003, p. 24). A casa é, para o autor, o nosso primeiro mundo, portanto a metáfora da casa adotada por ele pode ser a escola que prepara no seu interior para as interações no exterior. Bachelard ainda nos convida a

ANDREY FELIPE CÉ SOARES

pensar que nosso viver no mundo está vinculado às lembranças do que vivemos no interior de nossa casa – escola – e para não ficarmos apenas na passividade frente ao mundo precisamos vivenciar desde o sótão até o porão, pois, no primeiro, dão-se as experiências da imaginação e da sublimação e, no segundo, estão as raízes e a sustentação racional. Quando estamos no mundo, estamos ainda conectados a nossa casa, por isso o que vivemos na escola tem influência no nosso viver na exterioridade. Nesse viés, os espaços culturais da escola que ora discutimos possuem imensa significância na constituição da personalidade humana, uma vez que lidam diretamente com os saberes sensíveis – sentidos – e os saberes racionais – inteligíveis.

Esse movimento de estarmos entre o sótão e o porão, em uma complexa, mas necessária, relação estésica, refere-se inicialmente às influências que o ser humano recebe da natureza, e que, segundo Schiller (2013), colocam o homem no primeiro estágio – físico. O conhecimento passa a ser constituído não somente pela razão, a partir do momento em que este segue para o segundo estágio – estético –, caminhando até o terceiro e último estágio – moral –, em que o homem liberto cognitivamente pensa por si e assume a administração da sua relação com mundo e não mais é vítima das necessidades físicas. Nesse processo, compreendemos que o papel da formação estésica e da mediação cultural nos espaços da escola são de extrema importância, pois atuam como forças potencializadoras do pensamento estésico. Ainda, segundo Schiller, há necessidade de o homem educar seus sentidos, pois a percepção involuntária das coisas que o cercam não são suficientes para o estabelecimento do estágio moral. Nesse contexto, o espaço cultural pode carregar consigo importantes elementos referenciais, estímulos artísticos e culturais que venham contribuir para a ampliação do olhar, para a passagem do estágio físico para o estético e moral, uma vez que eles educam os sen-

A ARTE E A CULTURA NA ESCOLA...
HÁ POTÊNCIA NA ESCOLA PARA CONSTITUIR-SE COMO UM ESPAÇO CULTURAL E ARTÍSTICO POR MEIO DA FORMAÇÃO ESTÉSICA E DA MEDIAÇÃO CULTURAL

203

tidos. Para que esse movimento ocorra, é preciso um estágio de contemplação, que, para Schiller, é a reflexão, um sentir estésico que exige sentir tudo de todas as formas, que passa não só pela sensibilidade mas também pela racionalidade. "Tão logo comece a fruir com o olho e ver o alcance para ele um valor autônomo, ele já é esteticamente livre" (Schiller, 2013, p. 131).

Retomando o pensamento de Bachelard, na casa, quando metaforicamente estamos somente no porão, temos limites da condição humana, seja em decorrência das necessidades físicas humanas ou da falta de consciência da nossa capacidade de pensar livremente. Quando chegamos ao sótão, galgamos voos imaginários; enquanto, no porão, encontramos a reflexão e a razão, nos alimentamos, no intuito de nos elevarmos para além dos sentidos imediatos. Assim como a casa, a escola e seus espaços influenciam diretamente na constituição do pensamento estésico, que leva à abstração, por isso consideramos pertinente nos antentarmos às escolhas dos elementos que compõem os sótãos e os porões, visto que o movimento entre um e outro, a relação entre a razão e a sensibilidade, são misteres no processo de humanização. Assim como a escola – a casa – influencia nossa interioridade para o viver na exterioridade, a formação estésica e a mediação cultural interferem na superação humana do estágio físico para o moral, ou seja, pela estesia vivida nos espaços culturais da escola podemos desenvolver o olhar, o sentir e passar a pensar de acordo com a nossa liberdade cognitiva, espíritos livres, como vimos em Nietzsche, ou homens cultivados, como conhecemos em Schiller.

Vemos logo que as imagens da casa seguem nos dois sentidos: estão em nós assim como nós estamos nelas (Bachelard, 2003, p. 173).

A escola caracteriza-se como um espaço fértil para a culturalização, mas que somente ganha fôlego, é potencializado e supera a lógica de um resultado imediato quando reconhecemos que, ao investir-se na ressignificação dos espaços, estamos inseridos em múltiplas possibilidades mediadoras, olhares cognitivos e posturas sensíveis. "A escola vista como espaço em movimento é expressão das ações dos sujeitos históricos que tentam se criar, se construir no tempo presente, na relação cotidiana com o espaço próprio, fundado, alheio." (Costa, 2009, p. 258). **Um espaço em movimento que pode acontecer de múltiplas formas, de envolver-se fruitiva e estesicamente no lugar de determinar, explicar e conduzir os processos.**

Nesse contexto, há de se reconhecer nos espaços da própria escola, ou por ela agenciados em parceria com outros espaços, a potência de despertar uma gama de sentimentos e aprendizados em um processo de ensino e de aprendizagem desprovido de explicações docentes, pois, como afirma Rancière (2013, p. 31), que se possa "[...] aprender sem mestre explicador, mas não sem mestre". Nesse processo de constituição da identidade cultural, não há lugar para a explicação da arte e para o simples repasse de informações teóricas, pois a mediação entra em campo para romper com o embrutecimento explicador, dando lugar ao aprendizado estésico, fruto de uma postura emancipadora que identifica os espaços como fortes meios de potencialização, de libertação cognitiva e de cultivo da sensibilidade, como vimos em Schiller.

Espaços estes que são território fértil para uma ação docente emancipatória, como vimos anteriormente em Rancière (2013). Como estamos tratando da escola, dos sujeitos e das parcerias, não podemos deixar de problematizar a respeito da arte e da cultura promovida pelos espaços artísticos e culturais que permitem uma prática docente que nada quer explicar, pois reconhece que o explicador se nega a ampliar seu olhar porque quer tudo centrado nele. Já o emancipador faz o movimento

A ARTE E A CULTURA NA ESCOLA...
HÁ POTÊNCIA NA ESCOLA PARA CONSTITUIR-SE COMO UM ESPAÇO CULTURAL E ARTÍSTICO POR MEIO DA
FORMAÇÃO ESTÉSICA E DA MEDIAÇÃO CULTURAL

205

contrário: contribui com o pensar mediador ao ser um curador estésico, um propositor ou mediador cultural dedicado à potencialização dos espaços, à promoção de vivências, à aproximação entre uma vasta multiplicidade de saberes, bem como à apreciação e à difusão da arte e da cultura na escola.

No livro *Novas Cartas da Educação Estética do Homem*, do francês Christian Ruby (2007), podemos perceber que, ao tratar da cultura nos tempos atuais, a maioria dos casos está voltado a um olhar utilitário. Para romper-se com esse pensar pragmático, é preciso investir na estesia, na relação da sensibilidade com a razão. Há de se dedicar atenção na ressignificação dos espaços da escola, uma vez que são canais propícios para a formação estésica, pois permitem intensificar a relação entre a racionalidade e os sentidos. Segundo os estudos de Ruby, os espaços são passivos de reinvenção, quando estiverem submetidos à *"Un art qui permet de réfléchir des nouveaux enjeux culturels où pourrait émerger un espace public réinventé"* (Ruby, 2007, p. 33)[35]. Ao longo do tempo, o conceito de espaço foi sendo modificado, ampliado e ressignificado, ultrapassando em muitos contextos escolares a noção de território da razão.

Quando nos reportamos aos espaços como possibilitadores de mediações, precisamos reconhecer os espaços da própria escola e os que existem em seu entorno. Temos em jogo a necessidade de se intensificar a relação da educação com a cultura, um processo que nem sempre é harmônico ou natural, mas que precisa ser mais efetivado.

Quando os espaços da escola e do seu entorno são vistos como grandes potenciais, instaura-se um contexto propício para uma formação estésica e para a mediação cultural, que tendem a desencadear uma educação do sensível singular. Um processo

---

[35] "Uma arte que permita refletir as novas questões culturais, onde poderá emergir um espaço reinventado." (Ruby, 2007, p. 33).

que permite a toda a comunidade escolar reconhecer que a poesia, a música, o teatro e as artes visuais são componentes curriculares, meios, oportunidades de o processo ensino e aprendizagem ser ainda mais humanizado. É mister relembrar que "[...] um espaço bem estruturado pode possibilitar o desenvolvimento de estratégias diferenciadas que levem os/as estudantes a terem momentos de fruição estética, de contextualização e de materialização do processo criativo" (Carvalho; Freitas; Neitzel, 2014, p. 80).

Acontecimentos e agenciamentos - forças culturais

> *A vida da cartografia é expor linhas e as possibilidades por elas inauguradas, compondo um mapa de diferentes partes que serve para indicar zonas de indistinção. Ali, onde as coisas e os sujeitos do mundo da educação perdem a forma e só existem como complexos de forças.*
> (Oliveira, 2012, p. 287).

Dedico este último subcapítulo a identificar nas cartografias os detalhes [linhas, acontecimentos, agenciamentos], e assim discutir as possibilidades de a escola intensificar momentos de apreciação, de promoção e difusão dos eventos culturais que acontecem no seu entorno, bem como as atividades artísticas e culturais que os sujeitos de pesquisa evidenciaram como zonas de expansão[36] da escola. Em tempo, ao analisar as cartografias elaboradas nos grupos focais, pude identificar os agenciamentos entre os acontecimentos registrados, que chamo de forças culturais, os quais, se bem exploradas, atuam como potencializadoras no processo de constituição da identidade cultural da escola.

---

[36] Nesta obra, e com base nos estudos de Deleuze e Guattari (2013, 2014), uma zona de expansão corresponde a um movimento artístico ou cultural existente nos espaços escolares que compõem a pesquisa, identificado pelos sujeitos e que, na qualidade de forças culturais, possuem potência para contribuir na constituição da identidade cultural da escola.

A ARTE E A CULTURA NA ESCOLA...
HÁ POTÊNCIA NA ESCOLA PARA CONSTITUIR-SE COMO UM ESPAÇO CULTURAL E ARTÍSTICO POR MEIO DA FORMAÇÃO ESTÉSICA E DA MEDIAÇÃO CULTURAL

207

Nesse contexto, de se olhar os detalhes, precisamos considerar que a receptividade imagética influencia a sociedade de modo natural e provoca um movimento no modo de viver, pensar e agir das pessoas. A constituição da identidade da escola como um espaço cultural perpassa essa lógica da receptividade imagética, pois reconhecemos que a cultura e a arte, assim como muitas outras áreas, usam das simbologias visuais. O que antes se reproduzia de pai para filho – a transmissão cultural pelo discurso –, hoje sofre direta e demasiada influência do toque, do visual, do sonoro, do gustativo, táctil. Esse movimento firma-se cada vez mais, em virtude da diversidade de saberes, da chegada da tecnologia, do investimento na mídia que instiga o consumo e a experimentação, bem como a intensa troca de informações nas redes sociais. Tudo acontece em grande quantidade e intensidade a todo momento; parece que se não ficarmos atentos aos detalhes, algo será perdido. **Vivemos um verdadeiro bombardeio visual.**

A construção de conceitos está diretamente influenciada por esse emaranhado de informações visuais, um círculo vicioso que se estabelece pelos sentidos e é alimentado constantemente pelos afectos e perceptos. Temos, portanto, a cultura visual, intensificada por imagens que desprovidas de ingenuidade social interferem no modo de agir e pensar de cada receptor. Segundo Hernández (2000, p. 21), cultura visual é um campo de estudos recente em torno da "construção do visual nas artes, na mídia e na vida cotidiana". Partimos dessa definição para reconhecermos a relevância da observação criteriosa de imagens – nesta obra, das cartografias elaboradas pelos sujeitos no momento da realização dos grupos focais –, e, desse modo, apresentar nossa identificação das forças culturais que podem atuar como potencializadoras desse espaço cultural chamado escola.

A análise científica centrada nas imagens [cartografias] simboliza um trazer à baila os processos artísticos ofertados e vivenciados pelos coordenadores pedagógicos e os supervisores de gestão nas escolas que participam desta pesquisa. São discursos carregados de simbologias e significados que convidam a refletir sobre os contextos culturais que ora problematizamos. A subjetividade do que se vê, se sente, se ouve, contribui para a construção do conhecimento. Esse pensamento permite-nos perceber que a cultura visual é uma forma de discurso, um espaço de narrativas e que carece de um olhar analítico. "[...] a expressão cultura visual refere-se a uma diversidade de práticas e interpretações críticas em torno das relações entre as posições subjetivas e as práticas culturais e sociais do olhar (Hernández, 2000, p. 23)."

Por meio da observação atenta das imagens, direcionamos o olhar para ver o que ainda é desconhecido ou passou despercebido. Por ser um olhar intencional, provoca o pensar e o questionamento a respeito do que vemos e nos instiga a querer entender o que está em jogo. Podemos dizer que nosso interesse é mobilizado pela ausência do conhecimento ou quando já conhecemos algo e queremos saber mais a respeito. Um processo que se dá em um misto de estranhamento e de familiaridade com o visual. Um olhar de intimidade com as coisas, como nos ensinou Manoel de Barros. Não é um olhar vago à espera de descobertas, é olhar cuidadoso, observador, reflexivo, capaz de perceber os detalhes.

> A imagem tem a função de fazer um vínculo e criar um elo pelo qual me conecto com o outro. Que, por sua vez, me conecta com o mundo tal qual ele é, e não como gostaríamos que fosse (Maffesoli, 2008, p. 6).

Optei em utilizar as imagens das cartografias para identificar acontecimentos e agenciamentos, porque, com base nos estudos de Deleuze e Guatarri (2013, 2014), acreditamos que representam as forças culturais, grandes potencializadoras da escola como espaço cultural. Retomemos o já explicado no pri-

A ARTE E A CULTURA NA ESCOLA...
HÁ POTÊNCIA NA ESCOLA PARA CONSTITUIR-SE COMO UM ESPAÇO CULTURAL E ARTÍSTICO POR MEIO DA FORMAÇÃO ESTÉSICA E DA MEDIAÇÃO CULTURAL

209

meiro capítulo desta obra, onde reconhecemos que uma cartografia é um rizoma, pois tem nela mesma formas muito diversas de se apresentar: linhas, acontecimentos, agenciamentos e forças. Não são raízes, são multiplicidades de olhares. Certamente as duas cartografias que já apresentamos anteriormente servem de elemento discursivo e corroboram para as problematizações apresentadas neste estudo. Foquei meu olhar em identificar as **forças culturais** – fontes de potencialização –, por acreditar que a formação estésica e a mediação cultural ganham fôlego nos encontros [agenciamentos de acontecimentos] sinalizados pelos sujeitos da pesquisa. Encontros entre as diferentes linguagens artísticas e as diversas maneiras de promoção, divulgação e apreciação dos artefatos culturais. Temos, então, dois mapas de múltiplas entradas, linhas que se encontram ou não, e que representam os movimentos que nos ajudam a perceber como pode se intensificar o processo de culturalização do espaço escolar.

Consideramos **acontecimentos** as diferentes artes presentes no ambiente escolar – sinalizadas nas cartografias por setas na cor vermelha – bem como os múltiplos meios utilizados pelas escolas para a promoção, divulgação e manifestação da cultura – sinalizados por setas na cor azul. Um acontecimento corresponde a uma ocorrência, uma ação que mereceu registro na cartografia no formato de linha que pode ser fixa, flexível ou de fuga. Uma linha ou acontecimento fixo foi percebido e sinalizado nas cartografias quando os sujeitos registraram as artes visuais, a literatura e a Mostra de Ideias de Curiosidades, por exemplo. Caracterizam-se como fixos por existirem em todas as unidades e, consequentemente, na rede de ensino, seja no mesmo período de realização, como no caso da MIC, ou na frequente presença no ambiente escolar. Uma linha ou acontecimento flexível corresponde à manifestação da arte que recebe menos investimento que as fixas, bem como os eventos que acontecem nos espaços escolares, porém em tempos e intensidades diferentes, em decorrência da autonomia da escola em planejar e realizar tal ação (Kizomba). Já a linha ou acontecimento de fuga, refere-se àquela ação momentânea que não estava planejada, mas que "entrou em cena". Importante salientar que todos esses acontecimentos registrados pelos sujeitos no formato de linhas, na maioria das vezes, acontecem simultaneamente no espaço escolar e, nesse movimento, acabam por encontrar-se, dando origem aos agenciamentos.

Quando um ou mais encontros entre os acontecimentos acontece, denominamos de agenciamento. Este, por sua vez, traz consigo sempre um ponto que merece atenção. Se houve encontro, é sinal que a ação artística ou cultural ocorreu. Quando um encontro é identificado, temos uma zona de expansão que pode ser explorada. Quando a linha [acontecimento] da literatura, da arte visual, da dança e da semana da pátria se encontram, significa que pode ter ocorrido um movimento interdisciplinar, uma relação ou contextualização de conteúdos, ou até o estabelecimento de parcerias. Considera-se esse encontro um agenciamento, uma força cultural – que traz consigo manifestações artísticas e manifestações culturais que podem ser intensificadas e corroborarem para a constituição da identidade cultural da escola. Reforçamos a ideia de que um agenciamento é sempre um encontro coletivo que põe em jogo as multiplicidades, os territórios, os devires, os afetos, os acontecimentos.

> O que é um agenciamento? É uma multiplicidade que comporta muitos termos heterogêneos e que estabelece ligações [...] - de naturezas diferentes. Assim, a única unidade do agenciamento é o co-funcionamento: é a simbiose, uma 'simpatia' (Deleuze; Parnet, 1996, p. 84, grifos dos autores).

Os **agenciamentos** – encontros entre os acontecimentos que representam *forças culturais* – são identificados

A ARTE E A CULTURA NA ESCOLA...
HÁ POTÊNCIA NA ESCOLA PARA CONSTITUIR-SE COMO UM ESPAÇO CULTURAL E ARTÍSTICO POR MEIO DA
FORMAÇÃO ESTÉSICA E DA MEDIAÇÃO CULTURAL

211

nas cartografias por pontos de cor preta. Trazem consigo dois ou mais acontecimentos, que podem ser de conteúdo cartográfico ou área de conhecimento – as artes, no nosso caso –, ou de expressão, manifestação, movimento – os meios de aproximação dos sujeitos com a arte e a cultura na escola ou nos espaços culturais. "O que existe são agenciamentos maquínicos de desejo assim como agenciamentos coletivos de enunciação" (Deleuze; Guattari, 2011, p. 45). Os maquínicos compreendidos como de corpos, de ações e de paixões, e os coletivos de enunciação, de atos e de enunciados. Para este estudo, interessa-nos classificar todos como enunciação, forças culturais, que representam, neste encontro entre as artes no fazer escolar, dentro ou fora da escola, as possibilidades de culturalização do espaço escolar.

O interesse investigativo em problematizar esses encontros de acontecimentos parte do princípio de que há potência artística e cultural na escola, que o movimento cultural que nela existe pode ser intensificado a partir dos agenciamentos sinalizados pelos sujeitos da pesquisa, que aprendermos pela razão é tão relevante quanto o vivenciar pelos sentidos. Agenciamentos – encontros de acontecimentos – que se intensificados tornam-se forças culturais, grandes fontes potencializadoras da estesia e da culturalização da escola.

Torna-se relevante relembrar que as cartografias, que trazem à tona esses agenciamentos, foram elaboradas nas rodas de conversa, em parceria com o pesquisador. Ao se abrir as caixas contendo os elementos artísticos e culturais previamente selecionados pelos sujeitos da pesquisa, o grupo procurou debater a respeito do movimento cultural da rede, bem como refletir em torno das fontes de expansão para potencialização da identidade cultural da escola. A cada fotografia, convite, produção artística dos alunos, elementos que foram retirados das caixas e compartilhados pelo grupo, fora possível estabelecer que cada linguagem artística ali representada receberia na cartografia uma linha de cor diferente. Coletivemente também se determinou que cada uma dessas linhas representaria um acontecimento dentro da escola. Durante a roda de conversas, frente às linhas que iam sendo registradas, o grupo percebeu que encontros aconteciam entre as linhas, ou seja, as áreas artísticas ali representadas caracterizavam as zonas de expansão, os agenciamentos que por vezes passam despercebidos pelos sujeitos da escola. Apresento a seguir as imagens e registros fotográficos que compuseram a cartografia.

IMAGEM 7: ACONTECIMENTOS E AGENCIAMENTOS SEGUNDO OS COORDENADORES PEDAGÓGICOS
FONTE: Acervo fotográfico do pesquisador

A ARTE E A CULTURA NA ESCOLA...
HÁ POTÊNCIA NA ESCOLA PARA CONSTITUIR-SE COMO UM ESPAÇO CULTURAL E ARTÍSTICO POR MEIO DA FORMAÇÃO ESTÉSICA E DA MEDIAÇÃO CULTURAL

213

Como já socializado, os agenciamentos foram sinalizados por um ponto preto; isso não significa que os demais não sejam relevantes para a culturalização, mas, para esta conversa, defini como critério para ser considerado como força cultural o encontro que envolveu e agenciou mais de três linhas [acontecimentos]. No intuito de não tornar a socialização de nossa análise cansativa ao se discutir os agenciamentos, optamos em trazer à baila na discussão dois exemplos, um de cada cartografia. Na cartografia, sinalizei com um círculo o agenciamento que envolveu: MIC, artes visuais, dança, música, cultura, atividades de inclusão, literatura, teatro e Programa Cultura e Travessura. Ao se observar as sinalizações dentro do círculo em questão, pode-se perceber que a MIC, representada pela linha preta, se encontra – agencia – com diversas áreas artísticas e culturais presentes na escola. Essa identificação convida-nos a reconhecer que ações como essa podem oportunizar uma diversidade de vivências estésicas, uma vez que amplia-se as possibilidades de contato com a arte e a cultura. Importante registrar que, tanto na cartografia como no discurso proferido pelos coordenadores pedagógicos, no momento de sua elaboração, ficou evidenciado que há uma força cultural presente na rede municipal de ensino: a **Mostra de Ideias e Curiosidades – MIC.**

Ressalto que, tanto para os coordenadores como para os supervisores de gestão, a inciativa é salutar, mas merece maior investimento. Para tanto, <u>defendo a necessidade da formação estésica de todos os envolvidos a fim de ampliar as discussões sobre a proposta, visto ser uma força cultural que possui potência artística e cultural para contribuir com a constituição da identidade cultural de cada escola e da rede.</u>

Podemos relembrar o antigo agenciamento que envolvia diversas áreas do conhecimento, de manifestação da·arte e da cultura, bem como a multiplicidade de meios de promoção, apreciação e difusão da cultura, da rede, chamado de **Atos e Fatos**. Um movimento artístico e cultural que mobilizava todas as escolas, comunidade escolar, empresas, grupos independentes de artistas, músicos, costureiras, cozinheiras, iluminadores etc., que aconteceu entre 1998 e 2004.

Um evento estésico que era organizado por meses nas salas de aula e nos espaços culturais, que exercia uma força cultural, uma fonte potencializadora, quando acontecia em uma semana de julho, no Centro de Eventos da cidade de Itajaí. Nesses dias o transporte escolar conduzia o povo itajaiense e seus vizinhos para apreciarem resultados de projetos de pesquisa que envolviam as mais diferentes áreas do conhecimento, assim como as mais variadas formas de expressão da arte e da cultura. A iniciativa foi deixada de lado com o passar dos anos, e a logística, o investimento e o olhar gestor deram maior ênfase às práticas realizadas no ambiente escolar. Estas são relevantes, mas o que estava em jogo era a ampla socialização, o movimento de troca, a apreciação do movimento cultural de outras realidades. Isso demonstra que a escola é o lugar do pedagógico, mas que também é o espaço para a cultura e a arte no currículo.

Nas últimas décadas, outras inciativas seguiram a lógica de contribuir com o movimento cultural da rede: os festivais de dança, os sarais literários, as exposições na rua Hercílio Luz, o teatro montado nas aulas de Língua Portuguesa ou de Educação Física, os corais escolares etc. No entanto, inúmeras práticas vêm perdendo espaço no currículo escolar, que se encontra demasiadamente preocupado com os *rankings* de aprendizagem focados na razão. Nesse cenário, há de reconhecermos que o trabalho com as artes apura o inteligível, pois o pleno desenvolvimento do ser humano dá-se pela aprendizagem cognitiva, aliando o racional – inteligível – com os sentidos – a sensibilidade. Compreendo que, atualmente, os eventos são outros, como, por exemplo, o festival

A ARTE E A CULTURA NA ESCOLA...
HÁ POTÊNCIA NA ESCOLA PARA CONSTITUIR-SE COMO UM ESPAÇO CULTURAL E ARTÍSTICO POR MEIO DA FORMAÇÃO ESTÉSICA E DA MEDIAÇÃO CULTURAL

215

de música, gincanas digitais, feiras de livros etc. Nestes também há potência para a formação estésica e a mediação cultural, o que precisamos é aproveitar a oportunidade, o movimento.

O que proponho é identificar as forças culturais presentes na rede de ensino, trazendo à tona sua potência artística e cultural, envolvendo os diversos objetos propositores, professores mediadores, curadoria estésica, proposição cultural, formação estésica e a mediação cultural para desvelar como vem ocorrendo o processo de culturalização dos espaços escolares, assegurando que a estesia seja uma possibilidade de aprendizagem mais humana e sensível. Para Meira e Pillotto (2010, p. 42):

> Unindo a inteligência e o sensível, a partir do seu potencial de associações e imaginação e de suas necessidades interiores, professores podem ampliar seus processos [...] Esse movimento contribui para que ele melhor compreenda as relações afetivas e emocionais, articulando-as às suas construções cognitivas, e a dos estudantes.

Esse processo não é estático, ele pode retroalimentar-se na arte e na cultura.

Os supervisores de gestão evidenciaram que os agenciamentos são muitos, mas que precisam ser intensificados pela escola. Diante das verbalizações proferidas no momento da elaboração do rizoma, ao se dialogar sobre a relação de cada área do conhecimento com o meio de manifestação escolhido pela escola, ao se registrar linha a linha, cor a cor, eles deixavam em destaque a necessidade de se investir mais em práticas artísticas e culturais. Para eles, o Portal da Secretaria da Educação, é o maior canal de agenciamentos da rede, pois nele podemos encontrar o registro de todas as práticas artísticas e culturais mobilizadas pelas escolas. Essa constatação sinaliza uma força cultural em destaque, um agenciamento de enunciação, uma marcação que nos permite perceber o grau de abrangência do Portal da Secretaria de Educação de Itajaí, onde podemos encontrar diversos acontecimentos e agenciamentos.

Para o supervisor de gestão 3: *"Temos muita coisa boa nas nossas escolas. Tá certo que poderia ser mais. Para mim o site da secretaria poderia ser melhor organizado tanto para registro como para agendamentos".* Concordamos com os supervisores de gestão e complementamos afirmando que o portal pode ser um grande aliado na divulgação das ações culturais que acontecem na cidade e que, na maioria das vezes, não são de conhecimento dos professores. Mais do que registrar no portal os acontecimentos, vimos a necessidade de continuar a promover momentos culturais na escola ou fora dela, pois esses agenciamentos, encontros entre as linguagens artísticas, áreas do conhecimento e os meios de apreciação, promoção e difusão da arte e da cultura são múltiplas forças culturais.

> Um acontecimento como a dança, que se encontra com a música e as artes visuais em um momento dedicado à semana do livro, por exemplo, representa um agenciamento de olhar estésico, de mobilização humana, de contextualização do conteúdo com práticas vivenciais, de oportunidades, de incentivo à apreciação artística, de aproximação do cognoscível com o sensível, dentre outros aspectos. Um agenciamento de acontecimentos artísticos, pedagógicos, inteligíveis, culturais e sensíveis, que se caracteriza como uma força cultural, que atua como potencializadora do espaço escolar, se receber sua devida atenção.

Como vimos, forças, ou seja, agenciamentos de encontros, que podem ser entre as áreas do conhecimento ou com os meios de promoção, apreciação e difusão da arte e da cultura. Não foi a classificação

> Eu vejo ainda fraco diante de tanta coisa bonita, tanta coisa boa, que eu acho que as crianças deveriam ver, e nem todos têm a mesma oportunidade [...].
> (coordenador pedagógico 7)

A ARTE E A CULTURA NA ESCOLA...
HÁ POTÊNCIA NA ESCOLA PARA CONSTITUIR-SE COMO UM ESPAÇO CULTURAL E ARTÍSTICO POR MEIO DA FORMAÇÃO ESTÉSICA E DA MEDIAÇÃO CULTURAL

217

de agenciamento de maior ou menor intensidade que nos interessou, todo encontro no processo de culturalização do espaço escolar é bem-vindo se envolver estesia, sensibilização. O que consideramos relevante foi a possibilidade de cada força cultural ser uma fonte potencializadora do movimento estésico no espaço escolar, uma vez que são ações possíveis, reais e em andamento, carecendo apenas de um olhar mais apurado, estésico e mediador. Nesse processo, a formação estésica e a mediação podem contribuir. A primeira, no investimento no campo da sensibilidade, por meio de experiências artísticas e culturais que promovem a estesia; a segunda, pela constante postura de mediar, de convidar a aproximações entre as diferentes formas de manifestação das artes e das culturas com os conhecimentos constituídos pela razão.

Como podemos observar nas marcações realizadas nas cartografias, há um relevante registro de acontecimentos artísticos e culturais nas escolas e, consequentemente, na rede de ensino. Dentre os sinalizados pelos sujeitos da pesquisa em ambas cartografias, por meio de linhas, identificamos o teatro, a música, a literatura e a dança; encontram-se entre si ou com os demais acontecimentos registrados, que chamamos de meios de promoção, apreciação e difusão, escolhidos para realizar momentos estésicos que envolvam as artes e a cultura na escola: a Semana do livro, a Mostra de Ideias e Curiosidades, a Kizomba, o Programa Cultura e Travessura, atividades de inclusão, o Portal da Secretaria de Educação, o cinema, o museu e a galeria de arte. Como já vimos ao longo desta obra, por meio dos discursos dos sujeitos da pesquisa há movimento cultural na rede de ensino, mas que precisa ser aprimorado.

Lembremos que, para os sujeitos da pesquisa – supervisores de gestão, como coordenadores pedagógicos –, há movimento cultural e artístico nas escolas, o que caracteriza a rede municipal de ensino como engajada às questões artísticas e culturais.

No entanto, a maioria afirmou ser um movimento ainda fraco, singelo, que caminha a passos lentos e que poderia ser melhor explorado. Assim como nos relembra o discurso do coordenador pedagógico 7, afirmando que há movimento a ser intensificado por iniciativas que busquem a constituição da identidade cultural da escola. Definimos como forças culturais os agenciamentos de acontecimentos artísticos já em andamento ou que recebem investimento por parte da escola.

Approprio-me do título do livro de Manoel de Barros, *Meu quintal é maior do que o mundo* (2015), para reconhecermos que as escolas e a rede de ensino de Itajaí possuem uma gama de possibilidades em constituírem espaços culturais maiores do que o mundo. Podemos não conseguir chegar a todos os lugares no mundo de forma física, mas, por meio de agenciamentos de acontecimentos, pelo investimento na potência das forças culturais de cada escola, podemos ultrapassar as possibilidades pedagógicas, galgar voos literários, visuais, sonoros, gustativos e táteis possíveis pelo exercício da criatividade, da sensibilidade, e da imaginação. O que seria da escola se ela não permitisse um desbravar das palavras, um descortinar de imagens, um apreciar os efeitos sonoros, um experimentar novos alimentos, sentir novos cheiros, construir saberes? Nesse pensar, perguntamo-nos: Quais seriam as possibilidades que a rede tem para colocar em prática atividades artísticas e culturais?

Para tanto, há de identificar-se na escola quais são os agenciamentos, a fim de investir-se em formação estésica e mediação cultural que venham ao encontro dos acontecimentos específicos da escola e, assim, dedicar energia humana e material para que sejam de fato forças potencializadoras. Não há necessidade de recomeçar do zero; pelo contrário, o espaço escolar já tem suas escolhas, o que cabe agora é ampliar essas possibilidades vivenciais, mediadoras e formativas. Se houver interesse, aí sim, complementar o processo. Quando, por exemplo, em uma aula de Língua Portuguesa o pro-

A ARTE E A CULTURA NA ESCOLA...
HÁ POTÊNCIA NA ESCOLA PARA CONSTITUIR-SE COMO UM ESPAÇO CULTURAL E ARTÍSTICO POR MEIO DA FORMAÇÃO ESTÉSICA E DA MEDIAÇÃO CULTURAL

219

fessor apresenta um texto histórico de forma provocativa e convida a pensar no lugar de apenas informar, está instigando o grupo de alunos a trazerem à baila uma multiplicidade de olhares e pensares. Imaginemos, então, se, em parceria com outros professores e sujeitos da escola – os mediadores –, ou ainda com os diversos espaços culturais disponíveis, quanto o processo ensino e aprendizagem seria oxigenado artística e culturalmente? Esse é apenas um exemplo dos inúmeros meios que a escola pode optar para ofertar aos seus alunos e à comunidade escolar vivências estésicas. Há potência na rede de ensino, há um fluxo de possibilidades de atividades a serem exploradas. Apresento a seguir algumas delas, zonas de expansão, forças culturais...

Atividades promovidas pelas empresas privadas, por meio da Lei de Incentivo Fiscal: O teatro vai à escola, A música na escola etc.	Atividades realizadas no cotidiano da sala de aula pelo professor regular ou por projetos interdisciplinares: vivências, exposições, rodas de leitura, montagem de espetáculos teatrais e de dança etc.
Atividades realizadas nas salas de arte, ateliês, oficinas, auditórios, ou outro espaço mediador constituído pela escola.	Atividades constituídas pelas escolas de música, dança, teatro e que abrem as portas à comunidade local.

Atividades que acontecem na própria escola, promovidas em parceria com a comunidade escolar: semanas temáticas, feiras culturais, festivais de dança, homenagens cívicas, etc.

Atividades promovidas pela Lei de Incentivo à Cultura.	Atividades promovidas pela Secretaria de Educação ou Prefeitura de Itajaí: Programa Cultura e Travessura, Prêmio Mérito Educacional, Regata Volvo Ocean Race, Desfile Cívico, Festival Itajaiense de Teatro, Festival de Música, Salão Internacional de Arte etc.	Atividades promovidas pelos espaços culturais: Fundação Cultural, Casa da Cultura, Museu, Biblioteca Pública etc.

Atividades promovidas pela Lei de Incentivo à Cultura.	Atividades promovidas pela Secretaria de Educação ou Prefeitura de Itajaí: Programa Cultura e Travessura, Prêmio Mérito Educacional, Regata Volvo Ocean Race, Desfile Cívico, Festival Itajaiense de Teatro, Festival de Música, Salão Internacional de Arte etc.
	Atividades promovidas pelas universidades e abertas à comunidade: Proler, ContArte, Pibid etc.
	Atividades promovidas por órgãos destinados à arte e à cultura: Contação de Histórias do Sesc, Exposições intinerantes etc.

Ao falar de potência pedagógica, artística e cultural na escola, senti-me convidado a refletir sobre as práticas artísticas e culturais realizadas no cotidiano da escola ou na cidade, na possibilidade de renovar, ou até inovar o fazer pedagógico, abrindo caminho para aulas que considerem a vida humana e a necessidade de humanizar os processos de aprendizagem. Assim sendo, perguntei aos sujeitos da pesquisa se eles acreditavam na potência da escola como espaço de cultura e de manifestação das artes. Todos, sem exceção, coordenadores pedagógicos das escolas e supervisores de gestão da Secretaria de Educação, responderam que "*sim*". Acredito que para que essa potência seja efetivada, há de investir-se na formação estésica e na mediação cultural. Para alguns dos coordenadores pedagógicos, a escola é um espaço em que a cultura e arte se fazem presentes naturalmente: "*acredito que no espaço escolar é onde pode ocorrer a 'mudança do olhar', ampliando-se o leque de atividades artísticas, amplia-se a oportunidade de se observar o 'impossível' e até mesmo de se quebrar alguns paradigmas*" (sujeito 1).

Ao tratar-se do acesso à cultura na escola, não se quer negar sua existência em outros espaços sociais e culturais, trata-se de

A ARTE E A CULTURA NA ESCOLA...
HÁ POTÊNCIA NA ESCOLA PARA CONSTITUIR-SE COMO UM ESPAÇO CULTURAL E ARTÍSTICO POR MEIO DA
FORMAÇÃO ESTÉSICA E DA MEDIAÇÃO CULTURAL

221

> É a cultura em seu sentido pleno [...], que precisa ser considerada como matéria-prima do currículo quando o que está em jogo é o entendimento do direito do cidadão, numa sociedade democrática. Por isso, conteúdos relacionados à arte, à ética, à política, ao cuidado pessoal, ao uso do corpo etc. devem ser incluídos no rol de elementos culturais componentes do ensino fundamental (Paro, 2001, p. 505).

convidar a refletir sobre a relevância de entrelaçarmos os saberes sensíveis aos saberes científicos no currículo escolar, e, nessa tarefa, a escola tem potencialidade, por meio das forças culturais aliadas à formação estésica e à mediação cultural. Esse movimento potencializador convoca a escola a conectar-se ainda mais com as atividades que acontecem na comunidade, interligando-se às possibilidades de atividades que acontecem também fora dela. O processo de formação precisa ser mais humanizador e, para isso, falar de vida e reconhecer a utilidade dos saberes no cotidiano é essencial.

Contextualizar a experiência de vida dos alunos com os conteúdos escolares no processo de construção cognitiva é uma questão inegável; assim como o contato com as artes e a inserção em um processo de mediação cultural torna-se de suma importância na transformação da escola em um espaço cultural. A afirmação de que a experiência dos alunos pode ser o ponto de partida para o que é ensinado pela escola é constante no discurso dos professores, porém muitos concordam que se trata de um desafio para a construção de práticas culturais que superem a "tradição monocultural" da escola, a fim de aproximar a experiência de vida dos alunos com os conteúdos escolares e a implantação da transdisciplinaridade e da transculturalidade no currículo.

Como vimos nos escritos de Paro, a matéria-prima do currículo é a cultura, a arte, a ética etc. Para ele, há a necessidade de a escola implementar um currículo cultural. Nesse contexto, precisamos considerar os critérios utilizados para a seleção dos conteúdos artísticos e culturais que compõem a prática docente. Esse conteúdo pode ser desde uma imagem, um dado histórico, uma vivência estésica, uma obra de arte, uma letra de música, ou um filme; há sempre uma possibilidade para a realização de uma prática mais transversal, sensível e estésica no espaço escolar.

Há uma diferença entre a cultura artística encontrada nos museus, nas galerias ou nos teatros e a encontrada na escola – referimo-nos à curadoria, à coletânea e à seleção do aporte cultural que permeia as disciplinas escolares. É uma diferença que precisa ser considerada, pois, se a escola é uma instituição cultural, investir na formação estésica vem contribuir para a constituição de um espaço de cultura, de acesso aos diferentes saberes, no sentido da superação, do aperfeiçoamento e da com-plementação. São espaços educativos, que também ensinam, mas seus objetivos são bem diferentes dos objetivos da escola – sim, são lugares diferentes porque tem objetivos diferentes, mas que podem se encontrar ao se estabelecerem algumas ati-vidades estésicas.

As disciplinas escolares poderiam propor atividades trans-disciplinares que envolvam mais o corpo, a criatividade, os objetos de arte, e o desenvolvimento da criatividade, por meio de práticas mais estésicas frente aos conteúdos escolares, contextualizando o que se vivencia na sala de aula com a vida em sociedade. A arte e a cultura superando a lógica ilustrativa em um currículo ou de didatização para serem de fato uma área do conhecimento reco-nhecida por todos como uma disciplina de extrema importância para a formação estésica dos sujeitos. **Em cena, a necessidade de constituir um currículo transversal por meio da formação estésica e da mediação cultural.**

Defendo a necessidade de diminuir essas diferenças, por vezes conteudistas, e aproximar sempre que possível a cultura

A ARTE E A CULTURA NA ESCOLA...
HÁ POTÊNCIA NA ESCOLA PARA CONSTITUIR-SE COMO UM ESPAÇO CULTURAL E ARTÍSTICO POR MEIO DA
FORMAÇÃO ESTÉSICA E DA MEDIAÇÃO CULTURAL

223

artística promovida nos espaços culturais formais com os conteúdos abraçados pela escola. Entendamos bem: escola é escola e museu é museu; cada um tem sua função específica, mas, por meio de um currículo transversal, podemos experimentar aproximações conceituais e atividades focadas na estesia, aliando a racionalidade à sensibilidade.

> Há de se identificar saberes, olhares, sujeitos e possibilidades, posturas de curadoria estésica ou de proposição cultural, estabelecer parcerias com os espaços culturais, bem como investir nas forças culturais em prol da constituição de um currículo mais transversal. Há a necessidade da identificação das forças culturais de cada realidade escolar, e sob elas intensificarmos a formação estésica e a mediação cultural, assim como mobilizarmos coletivamente a escola para abrir-se ao seu entorno, passando a considerar as manifestações artísticas e os artefatos culturais produzidos pela comunidade escolar. Para constituir-se a identidade cultural da escola, precisamos reconhecer as singularidades de cada espaço escolar e a sua relação com comunidade local. Partimos dos espaços locais para, na sequência, atingirmos os espaços da cidade. Nesse processo, há de se dedicar energia nas zonas de expansão, ou seja, cada força cultural exige dedicação e investimento para que possa atuar como potencializadora. Há potência na escola...

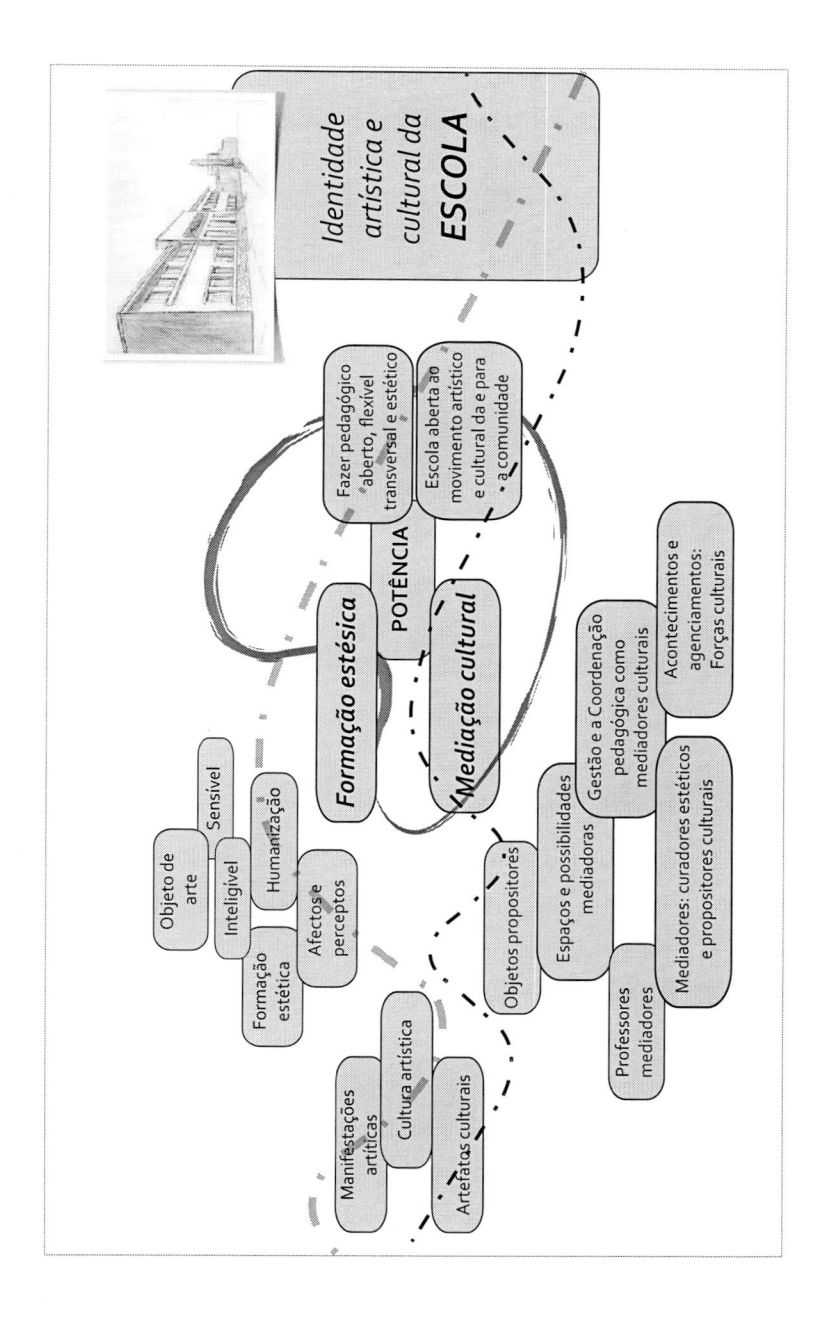

IMAGEM 8: A POTÊNCIA PEDAGÓGICA, ARTÍSTICA E CULTURAL DA ESCOLA

FONTE: Elaborada pelo autor para fins de pesquisa

A ARTE E A CULTURA NA ESCOLA...
HÁ POTÊNCIA NA ESCOLA PARA CONSTITUIR-SE COMO UM ESPAÇO CULTURAL E ARTÍSTICO POR MEIO DA
FORMAÇÃO ESTÉTICA E DA MEDIAÇÃO CULTURAL

225

Já dizia Vinícius de Moraes: **_A vida é a arte dos encontros!_** Se assim o é, podemos pensar que a escola cumpre seu papel de possibilitar a formação dos sujeitos quando se constitui um espaço de inúmeros encontros sensíveis e inteligíveis. Um espaço de aproximações, de mediação cultural. Arroyo (2011, p. 347) acrescenta que as experiências da escola trabalham com a cultura, com os valores, com a discussão de identidades, e que "[...] a diversidade cultural chega às escolas nas vivências, valores, memórias, representações e identidades" que vão constituindo os sujeitos sociais. Assim, se a escola for um ambiente cultural que propicia vivências ricas para a sensibilização e a humanização, o sujeito terá mais chances de perceber-se como cidadão atuante na sociedade.

O aprendizado passa a ser saber constituído· quando permite a efetivação de práticas escolares estésicas que contextualizam o processo de escolarização e a vida com os conhecimentos científicos, artísticos, culturais e do senso comum. Se a escola não envolve os sujeitos na constituição de um currículo mais cultural, sensível, transversal e humanizado, tornando-o vivo, transparente, flexível e real; ela tende a permitir que este se fragilize, distanciando-se, assim, da realidade e da sociedade. Precisamos ampliar nosso olhar e perceber a escola como um espaço de multiplicidades, de transversalidade, de encontros, de agenciamentos, de mediação – as forças culturais são fontes potencializadoras em ação.

A transversalidade precisa entrar em cena. Ela é uma grande força cultural que possibilita encontros artísticos e culturais que podem permear as práticas escolares flexibilizando e contextualizando saberes diversos. Falar das diferentes linguagens artísticas em prol da culturalização do currículo e humanização dos sujeitos é almejar um currículo que proporcione a fruição artística e cultural, seja dentro ou fora da escola. Um currículo que reconheça que "[...] as artes possibilitam o contato com a dimensão estética da existência. Nesse sentido, a obra de arte nos ensina a ver o mundo esteticamente" (Suanno, 2009, p. 9654). Essa fruição desencadeia a construção de um conhecimento por diferentes olhares, desperta o interesse e convida para a transversalidade; uma vez que envolvidos fruitivamente, os sujeitos sentem-se mais valorizados, motivados e respeitados no currículo em exercício.

> A potência da escola para constituir sua identidade cultural está na formação estésica e na mediação cultural, assim como na necessidade de o espaço escolar abrir-se ao seu entorno estabelecendo parceria com outros espaços artísticos e culturais.

Defendo a ideia de uma escola – espaço cultural – que considere o acesso às artes e à cultura em parceria com os objetos propositores, os professores mediadores e os espaços culturais. Uma escola que continue a incentivar o estudo, mas que contextualize a vida e os conteúdos diversos por meios dos sentidos, que promova um aprendizado estésico, vivencial, transversal e flexível. Para tanto, faz-se necessário pensar em um currículo que priorize a cultura, que convide a refletir sobre o refinar da sensibilidade e, consequentemente, a humanização por meio das práticas educativas e culturais, fomentadas no cotidiano da escola ou no estabelecimento de parcerias com os múltiplos espaços que se dedicam à arte e à cultura, presentes na comunidade escolar. Precisamos reconhecer que a formação estésica e a mediação cultural são partes integrantes e fundamentais nesse processo de culturalização dos sujeitos, dos processos e dos espaços. Ela está alicerçada na dimensão cultural por meio das relações sociais estabelecidas dentro e fora da escola.

A ARTE E A CULTURA NA ESCOLA...
HÁ POTÊNCIA NA ESCOLA PARA CONSTITUIR-SE COMO UM ESPAÇO CULTURAL E ARTÍSTICO POR MEIO DA
FORMAÇÃO ESTÉSICA E DA MEDIAÇÃO CULTURAL

227

É HORA DE TERMINAR!

As artes e as culturas sempre me encantaram...

O meio artístico e cultural sempre esteve presente na minha trajetória de vida.

Talvez essa seja a verdadeira essência de viver!

Compreender que, na vida, uma coisa puxa a outra!

Educação, arte e cultura. Três possibilidades de vida!

E como tenho vivido!

Entre erros e acertos, entre tropeços e conquistas, tenho vivido plenamente cada segundo!

Às vezes, me pego a pensar na suposta fala de Michelangelo sobre seu "Davi"[37], quando afirmou que uma escultura é a arte de tirar excessos até que libertemos o que dentro do mármore se escondia. Chego a hipotetizar a ideia de que, como ser humano, por vezes, sou uma escultura humana lapidada pelo tempo, pelos espaços, pelas vivências estésicas, pela arte, pela cultura, pelo convívio familiar e profissional.

Por certo, somos como algumas obras de Michelangelo que, aparentemente, se encontram inconclusas,

em pleno processo de lapidação, de refinamento humano, de desevolvimento do olhar sensível,

---

[37] Davi é uma das esculturas mais famosas do artista renascentista Michelangelo. A obra é considerada uma das mais importantes obras do Renascimento e do próprio autor. A escultura atualmente encontra-se em Florença, na Itália, cidade que originalmente a encomendou. Devido à genialidade que sempre foi atribuída à obra, ela foi escolhida como símbolo máximo da República de Florença (Itália). Michelangelo levou três anos para concluir a escultura (1501-1504). Michelangelo, nessa obra, faz uma grande inovação, pois retrata o personagem não após a batalha contra Golias (como Donatello e Verrochio antes dele fizeram), mas no momento imediatamente anterior a ela, quando Davi está apenas se preparando para enfrentar uma força que todos julgavam ser impossível de derrotar. Disponível em: http://www.historialivre.com/arte/davi_michelangelo.pdf. Acesso em: 20 nov. 2015.

dos sentidos e da multiplicidade de olhares inteligíveis frente à vida.

Escrever esta obra também foi como esculpir uma obra de arte nunca concluída de fato, mas que, em decorrência do tempo preestabelecido pela academia, precisa ser findada. Certamente, muito ainda haveria de ser descortinado, revelado, problematizado, compartilhado. Mas, como pesquisador constituído, bem sei... Uma pesquisa nunca termina, pois ela sempre convida, provoca e instiga a outros pensares!

A caminhada, a lapidação desta obra de arte continua...

Em outros tempos, outros contextos, com outros sujeitos talvez!

O que fica? Ficam os achados que mudaram meu ser, complementaram minha estesia e me deram forças para prosseguir, apesar de tudo, de todos, de minha realidade velada aos olhos do outrém...

Há quem diga: ninguém sabe o amor e a dor de viver do outro!

Que esta obra, estes achados, esses pensares possam contribuir com a sociedade do mesmo modo que influenciaram intensamente meu viver!

Enfim, chegou o tempo de encerrar este texto!

Não de parar, mas de este ciclo fechar, para que outros sejam abertos!

HÁ POTÊNCIA NO FAZER PEDAGÓGICO, ARTÍSTICO E CULTURAL DA ESCOLA

Certo dia, tudo mudou com a chegada
de uma professora que adora histórias,
poesias, canções e alegria.
A partir daí, no lugar de medo o menino
Passou a sentir coragem. [...]
No lugar da proibição, veio muita inspiração!
Quem não quer uma escola assim?
(José, 2007)

A constituição da identidade cultural da escola perpassa os escritos literários de Elias José, no livro intitulado Uma escola assim eu quero pra mim, que retrata o dia a dia de uma escola que começou a mudar quando a professora Dona Celinha veio para substituir a professora Dona Marisa. Com a chegada da nova docente, a prática pedagógica embrutecida, linear e estanque dá lugar ao fazer docente estésico. A música, a brincadeira, a poesia, o teatro, o violão, os jogos, os desenhos passaram a fazer parte do cotidiano dos alunos, em especial de Rodrigo. O autor aborda a recepção do outro, a superação do olhar preconceituoso, a aceitação da diversidade, o refinamento dos sentidos e as diferentes

IMAGEM 9: UMA ESCOLA DIFERENTE
FONTE: FTD (2015)

formas de ver a vida, a formação estésica e a mediação cultural, tanto na fase da infância quanto durante o aprendizado escolar.

Envolvidos por essa escola que convida ao movimento cultural, à formação humana e estésica por meio das artes, senti-me provocado a pensar o título da obra *A ARTE E CULTURA NA ESCOLA...* A escolha deu-se por acreditar que há potência na escola para constituir-se como um espaço cultural e artístico, um espaço que permite aos sujeitos afirmarem: **Uma escola assim eu quero para mim!** A cultura e a arte que se vive na escola passaram a nortear nossos olhares, pensares e problematizações, até reconhecermos que existem encontros, agenciamentos e forças culturais que desencadeiam muitas outras histórias. Para esta pesquisa, escolhi aquelas que considerei provocadoras de sentidos, de ampliação do olhar e de possibilidades de mediação cultural.

No processo de pensar escola, estabeleci como questionamento principal: "a escola como um espaço cultural?". Era chegada a hora então de pensar a escola, suas vivências promovidas dentro ou fora do espaço escolar, de problematizar, de buscar diferentes estudos e múltiplos olhares sobre esse espaço que se reconhece como espaço do conhecimento, e que, ainda, caminha para autorreconhecer-se como um espaço sensível e cultural. Com base nesse e em outros tantos olhares, foi estabelecida a ideia de que: *há potência na escola para constituir-se como um espaço cultural e artístico por meio da formação estésica e da mediação cultural.*

Para defender essa afirmação, foi preciso chamar ao palco um olhar misto, múltiplo, analítico, interpretativo, que apresentasse seus achados, que compreendesse que há qualidades em vários espaços e sujeitos, que as imagens, as palavras e os signos falam por si, mas que também revelam o subjetivo, o intencional, o registro do processo, do movimento, das forças culturais, dos agenciamentos e das aproximações. Assim, esta obra esteve alicerçada na pesquisa exploratória, uma investigação no campo da educação que foi concebida e realizada em estreita ação coletiva

– dos coordenadores pedagógicos das unidades de ensino, dos supervisores de gestão da Secretaria de Educação do Município de Itajaí e do próprio pesquisador em parceria com sua orientadora – um contexto cooperativo e participativo.

No desenvolvimento desta pesquisa exploratória, foi possível olhar atentamente os dados levantados no período do doutoramento por meio da realização de entrevistas, as rodas de conversa, visitas *in loco* às escolas, construção e análise de cartografias elaboradas pelos sujeitos, leitura e interpretação de documentos. Além disso, estudos teóricos de pesquisadores que representam uma fonte de encontros que permitiram considerar o movimento atual ou recente da escola, da rede municipal de ensino e seus sujeitos sociais. Esta pesquisa de cunho educacional possibilitou uma reflexão acerca da escola, da rede de ensino de Itajaí (SC) e da atuação da coordenação pedagógica. Este estudo caracterizou-se na abordagem qualitativa e buscou atingir o objetivo de ***problematizar a potência da escola como espaço cultural e artístico, de forma a discutir sua identidade a partir das possibilidades de mediações culturais e de formação estésica.***

Para alcançar o objetivo proposto, foi preciso problematizar acerca de alguns conceitos: cultura, cultura artística, movimento cultural, arte, potência, formação estésica, mediação cultural, agenciamentos, forças culturais etc. Esses conceitos foram matéria-prima para discutir como a escola pode potencializar sua identidade de espaço cultural e artístico; discutir como ocorre o processo de culturalização do espaço escolar; analisar quais são as ações de promoção, de formação, de difusão e de circulação que fortalecem a identidade cultural e artística do espaço escolar; e identificar a frequência e a sistematização dedicada ao processo de culturalização do espaço escolar.

Como resposta ao problema, foi preciso definir a **cultura** como um constante movimento complexo de construção, de des-

A ARTE E A CULTURA NA ESCOLA...
HÁ POTÊNCIA NA ESCOLA PARA CONSTITUIR-SE COMO UM ESPAÇO CULTURAL E ARTÍSTICO POR MEIO DA
FORMAÇÃO ESTÉSICA E DA MEDIAÇÃO CULTURAL

233

construção e de reconstrução, pautado nas interações individuais e que, por meio das diferentes manifestações artísticas e culturais, pode ser provocadora de sensações, afetamentos e agenciamentos. A cultura, por ser temporal e contextualizada historicamente, pode ser interpretada, esclarecida, pode ser construída, elaborada e constituída, duradoura, cumulativa, assegura continuidade, cultua um patrimônio; já a arte, é matéria-prima para apreciação, deleite, investigação ou negação, mostra-se efêmera, particular, atemporal, dispensa a continuidade, não acumula, está focada no instante, na unicidade.

A **arte** é fruto do desejo, da liberdade, por isso é ímpar, única, independente; visa primeiramente atender ao artista, e depois, quem sabe, ao grupo que pode ou não apreciar a criação. A arte é subjetiva, mexe com o emocional, provoca, incomoda e gera pensares, nela encontramos pequenos, mas grandiosos em significado, fragmentos de um sujeito que não tem a intenção de comunicar ou tampouco influenciar com suas ideias, mas que busca representar, expressar seus pensares e sentimentos, seu ideal para si mesmo; busca socializar, externalizar para o mundo o que vem refletindo a respeito do que vive. Talvez, por isso, que toda obra de arte, por querer ser única, exclusiva, por vezes pode até ser considerada de risco, pode desestabilizar sentimentos, anunciar mudanças conceituais e está pautada na singuralidade.

Propus pensar que ambas possuem importante papel na escola, desde que os movimentos culturais sejam de promoção da cultura artística, e não da cultura de civilização. Que a promoção e a difusão da arte seja envolvente e convidativa, superando a função utilitária, e que possibilite a sensibilização, a culturalização voltada à apreciação e à criação artística.

Reconheci nos teóricos e no discurso dos sujeitos a potência da escola para tornar-se espaço de culturalização, e isso pode ocorrer pelo viés artístico, que considera que <u>a escola é uma</u>

instituição cultural que se caracteriza como um espaço rico propício para a promoção da cultura artística, superando a lógica da transmissão de informações. Que a formação estésica pode, por meio do contato com a arte e das vivências culturais, possibilitar aos sujeitos o refinar de seus sentidos e seu olhar. Esse processo poderá ser desencadeador de práticas estésicas, por meio dos objetos propositores e dos sujeitos mediadores que perceberem as possibilidades de parceria com diferentes espaços culturais. Assim, a escola pode afirmar sua identidade de espaço cultural mediante os acontecimentos, os agenciamentos e as forças culturais. Ao se evidenciar essa concepção de uma escola como instituição cultural plena, foi preciso identificar que não se tratava apenas do ambiente escolar como encontro de diversas culturas, mas que, também, se caracteriza como espaço de vivências artísticas e estéticas.

Ainda, para responder à problemática apresentada, foi necessário repensar a escola e, nesse processo, entender que a prática docente está diretamente associada à mediação cultural como aproximação. Assim como compreender que as práticas escolares carecem tanto do sensível como do inteligível, que esse movimento pode ser fruto de um currículo que propicie a constituição de um ambiente escolar promovedor de formação estésica. Dessa monta, a potência da escola está vinculada à incansável busca de expandir-se, superar-se, agrupar-se e tornar-se ainda mais forte, melhor e maior, sem repouso; é a capacidade de efetivar-se, nesse instante, como um espírito livre, um homem cultivado, a constituição de uma liberdade cognitiva, com olhar ampliado e um pensar transversal.

A arte, se bem explorada, apreciada, vivenciada, é um ascender dos sentimentos que, aliada ao inteligível, possibilita a todos uma percepção mais humana e menos passiva diante da vida. Buscamos trazer nesta obra um ponto de vista que con-

A ARTE E A CULTURA NA ESCOLA...
HÁ POTÊNCIA NA ESCOLA PARA CONSTITUIR-SE COMO UM ESPAÇO CULTURAL E ARTÍSTICO POR MEIO DA
FORMAÇÃO ESTÉSICA E DA MEDIAÇÃO CULTURAL

235

sidera a estesia, por meio da arte, como desencadedora da humanização que aqui é entendida como condição humana, resultante do processo pelo qual surge e desenvolve-se a cultura, por meio do refinamento do olhar sensível e da valorização das sensações, as quais são provenientes do contato com os objetos artísticos nos diferentes espaços culturais. Uma humanização que, para Deleuze, Nietzsche e Schiller, se constrói e se reconstrói nas relações de forças que compõem singularidades. Humanizar-se está, portanto, associado ao processo de reflexão; de interação com a forma e o conteúdo; de socialização; de desenvolver a racionalidade, a sensibilidade ou a criatividade; de equacionar ou de resolver problemas; de se autoconhecer e de saber relacionar-se com os outros neste mundo que vivemos. *O processo de formação dá-se via escola, por isso a relevância do movimento da formação estésica de toda a comunidade escolar, bem como a constituição de um ambiente estésico onde os artefatos culturais e as manifestações artísticas compõem um currículo que possibilita o desenvolvimento humano, o ressurgir de um espírito-livre, ético, estésico, e de um homem cultivado.* **Estar mais sensível ao mundo e à vida é permitir-se vivenciar e ser provocado a conhecer por meio dos sentidos!**

Reconheci nesta pesquisa que para a constituição da escola como espaço cultural, foi preciso identificar que a mediação se dá na relação entre os sujeitos mediadores (professores, gestores, coordenadores pedagógicos etc.), os objetos propositores, os espaços mediadores dentro ou fora da escola e os agenciamentos (forças culturais); bem como a real necessidade de os mediadores estarem em frequente processo de formação estésica. **Sim! Uma mediação cultural torna-se mais rica se for fruto de uma formação estésica!**

Abracei, ao longo de todo o texto, a escola como um espaço de múltiplas possibilidades de mediação, por ser um espaço cultural, e que é preciso estabelecer relações com outros sujeitos, objetos e espaços que promovam a cultura, a arte e as ciências no sentido mais amplo. A escola está inserida em um rizoma, uma rede, uma multiplicidade de oportunidades e olhares, como vimos em Deleuze e Guattari, e assim invoca parcerias. Ao se estabelecer a mediação de diálogos e parcerias com demais espaços e mediadores culturais, possibilita-se a ampliação da oferta de vivências estésicas e culturais e, consequentemente, o desenvolvimento do potencial criador, da percepção, da receptividade e da multiplicidade de olhares. Esta obra evidencia que um sujeito em processo de formação estésica e sob uma mediação cultural poderá vivenciar afectos e perceptos em maior intensidade que outrém que reproduz o pensamento do senso comum.

Outro conceito fundante desta pesquisa é sobre a importância dos mediadores culturais, em especial o professor, o coordenador pedagógico e a gestão escolar. Investir na mediação cultural, por meio do coordenador pedagógico, é investir na sua postura de ser humano e de mediador de diálogos com uma postura democrática e participativa, de diferentes olhares estésicos, processos decisórios inerentes à gestão, ao estabelecimento de parcerias que visam à dinamização do processo formador dos demais sujeitos da comunidade escolar e a constituição de uma gestão que privilegia a cultura e a arte no ambiente escolar.

A obra revela como mediadores culturais podem assumir a identidade de **curadores estésicos**, de admiradores, de observadores, de seletores, de colecionadores de elementos, de meios e olhares que, por meio da mediação, auxiliam no desenvolvimento cultural, sensível e inteligível dos sujeitos. Agentes culturais em ação, que observam no entorno as possibilidades que podem promover ao seu grupo de alunos e à comunidade escolar. Não se contentam com o espaço da sala de aula, querem ir além do ambiente escolar, adentrarem nos museus, nas galerias, nos teatros, nos

A ARTE E A CULTURA NA ESCOLA...
HÁ POTÊNCIA NA ESCOLA PARA CONSTITUIR-SE COMO UM ESPAÇO CULTURAL E ARTÍSTICO POR MEIO DA
FORMAÇÃO ESTÉSICA E DA MEDIAÇÃO CULTURAL

237

ateliês etc. Como seletores, garimpam as possibilidades de ampliarem as vivências, exigem parceria da equipe. O olhar deles não se satisfaz com a execução dos conteúdos, escavam espaços e possibilidades mediadoras, inovam e renovam suas estratégias de ensino. Se dedicam a contextualizar os conteúdos com seus achados estéticos, possibilitando em sua aula momentos de estesia, que permitem, por meio de vivências, compreender o conteúdo teórico e estabelecer sentido à vida e, consequentemente, com o processo de mediação.

Ao articularem parcerias e proporem espaços, agora como **propositores culturais,** eles se abrem para esses espaços, passando a atuar como aqueles que auxiliam na busca, na experimentação, na vivência artística ou na revisitação de espaços e conceitos. Olham para o entorno e enxergam espaços que podem ser visitados, potencializados como ricos parceiros. Diferente dos curadores, eles não fazem exposições teóricas ou vivências apenas em sala de aula, mas aproveitam os espaços que estão no entorno para levar os grupos até eles, e vice-versa. Não somente proporcionam a ida a outros espaços, mas atuam no sentido de convidar a leituras complementares sobre o assunto, sobre o artista ou sobre a obra em questão, agenciam os encontros estésicos, levam as turmas até o museu, incentivam a participação do grupo em exposições etc.

Dessa forma, quando anuncio a premissa de que a escola tem potência cultural, que necessita ser explorada, penso em sua vocação para a postura de um propositor cultural, que, pelo estabelecimento de parceria com diferentes espaços culturais, pode promover a formação estésica, a constituição de um currículo aberto, sensível, transversal. Um perfil emancipador, um propositor cultural [professor mediador] que deseja mais que um compreender de seus alunos, que busca desafiar o pensar no lugar de reproduzir as explicações, pois a arte não existe para ser explicada, mas para ser vivenciada, sentida por meio das aproximações estabelecidas dentro ou fora da escola. Trazemos à reflexão a ideia de que escola é um espaço de encontros, de acontecimentos, de agenciamentos e de aproximações estésicas.

Acredito que, por meio da formação estésica dos professores e pela atuação como mediadores culturais que envolva a estesia, a curadoria, a proposição, a provocação e a aproximação no lugar da explicação, pela constituição do perfil emancipador por meio da arte e da cultura, poder-se-á reconhecer a importância da sistematização dos espaços na formação humana dos sujeitos, bem como na constituição de uma atitude mediadora. *"Je crois que l'attitude de 'médiateur', tout comme celle de 'communicateur', devrait être une compétence de tout acteur social"* (Caune, 2003, p. 15)[38].

Este estudo reconhece que há sempre uma intencionalidade [atitude] envolvida, seja nas visitas ou na organização dos espaços culturais, que merece ser potencializada. Seja o olhar, o ouvir, o apalpar, o degustar, **e até mesmo o apenas passar!** Tudo que pode ser percebido ou apropriado e servir de matéria-prima para a criação e a recriação por parte do professor e dos estudantes, dentro e fora da escola, influencia diretamente no modo de ver e agir de cada sujeito. <u>**Toda visita e todo espaço carrega consigo uma gama de multiplicidades, de aproximações, de estranhamentos, de afetamentos, de acontecimentos, de mediações e de formações.**</u>

Nesse cenário, precisamos de mediadores emancipadores, caso contrário, corremos o risco de termos explicadores, condutores de interpretação, ou, ainda, manipuladores de pensares que condicionam o olhar, ou até uma dependência da presença de um mestre explicador no lugar de um mestre emancipador nos

---

[38] "Eu acredito que a atitude de 'mediador', bem como a de comunicador, deveria ser uma 'competência' de todo ator social." (Caune, 2003, p. 15, grifos do autor).

A ARTE E A CULTURA NA ESCOLA...
HÁ POTÊNCIA NA ESCOLA PARA CONSTITUIR-SE COMO UM ESPAÇO CULTURAL E ARTÍSTICO POR MEIO DA
FORMAÇÃO ESTÉSICA E DA MEDIAÇÃO CULTURAL

239

espaços culturais. Segundo Bernard Darras (2003, p. 21): *"Ma conception de la médiation est celle d'un chercheur. Elle n'est pas celle d'un agente de la manipulation douce"*[39]. O que está em pauta, portanto, **não é o querer do mediador do espaço cultural, mas a necessidade de pesquisa para a realização de uma medição pela aproximação no lugar da condução ou do repasse de informações sobre**, por exemplo, a obra de arte.

Ao perguntar, na roda de conversa realizada com os coordenadores pedagógicos, sobre essas possibilidades, os sujeitos evidenciaram que, se as parcerias entre ONGs, secretarias, companhias, grupos folclóricos, museus, galerias e bandas for mais efetiva, certamente a difusão da arte e da cultura terá proporção maior no ambiente escolar. A escola precisa de aliados nesse processo, ela não tem como dar conta de tudo sozinha. Os sujeitos não afirmam que não existem aliados, mas reconhecem que a quantidade e a logística, tanto para levar os alunos como para trazer os artistas até a escola, poderia ser melhor explorada. Observamos relevância nas falas dos coordenadores pedagógicos, em especial quando tratam da necessidade de serem firmadas parcerias. Também evidenciamos que, em algumas comunidades, **há espaços formais e não formais mobilizados à disfusão da arte próximos à escola e que poderiam ser importantes parceiros: artistas locais, escolas de música, cursos comunitários de dança, e até artesãos. Uma praça, uma calçada, um corredor também se constitui como espaço cultural e artístico**, se ali houver um movimento.

Há um movimento cultural na cidade que precisa ser visto. Na escola, por vezes, reproduzimos a lógica de que o contato com a arte e a cultura se dá apenas com artistas renomados. A necessidade de mapearmos o que na comunidade pode ser apro-

---

[39] "A minha concepção de mediação é de um pesquisador. Não é a de uma manipulação doce." (Darras, 2003, p. 21).

ANDREY FELIPE CÉ SOARES

veitado como espaço informal é de extrema relevância. Há movimento ao redor da escola, nas famílias dos alunos e nos espaços formais. A cultura não está apenas nos grandes movimentos artísticos, precisamos valorizar o que acontece no entorno. Nesse pensar, a escola tem potência para ser um espaço cultural além dos seus muros – não centrada apenas na lógica de trazer o movimento da arte e da cultura para

> A percepção é um elemento sutil, que dificilmente é reconhecido pelo professor de imediato, mas que acompanha diariamente as atividades humanas, a forma pessoal de cada indivíduo na apropriação dos significados internalizados do entorno, portanto fundamental nas práticas educativas. [...] (Meira; Pillotto, 2010, p. 45).

dentro da escola, mas de ir até esses movimentos; ou promover ações nesses múltiplos espaços pode desenvolver essa potência em estabelecer parceria com os espaços que são possibilidades de formação estésica e de mediação cultural. Compreendi que o professor sozinho não consegue dar conta desse olhar do que acontece no entorno da escola, por isso o coordenador pedagógico, o gestor, e todos os outros membros da equipe gestora são importantes mobilizadores e parceiros nesse sentido. Há de investir-se na percepção do entorno e, principalmente, da cultura que pode estar presente na escola, e não nos damos conta.

Os supervisores de gestão também reconhecem que a escola tem potência para promover ações artísticas e culturais. Dentre as respostas apresentadas por eles nas entrevistas uma merece destaque:

> *As atividades culturais são extremamente significativas no espaço escolar. [...] Cabe a escola abrir seus portões para as programações culturais sugeridas pela secretaria, pelos programas e, além disso, encontrar parceiros que atuem diretamente com ações culturais (exposições, peças teatrais, danças) além de investir na produção artística com seus alunos e professores. (supervisor de gestão 1)*

A ARTE E A CULTURA NA ESCOLA...
HÁ POTÊNCIA NA ESCOLA PARA CONSTITUIR-SE COMO UM ESPAÇO CULTURAL E ARTÍSTICO POR MEIO DA FORMAÇÃO ESTÉSICA E DA MEDIAÇÃO CULTURAL

241

Como vemos, parece haver uma sincronia, um diálogo, uma complementação entre os pensares de ambos, coordenador pedagógico e supervisor de gestão, quando o assunto é a escola e a oferta de atividades culturais. Essa afirmação reafirma que a escola possui potência para ser mais agregadora frente à comunidade escolar e que as atividades sistematizadas por ela podem contemplar mais momentos de apreciação e produção de arte e de culturas locais.

Vimos nesta pesquisa que as forças, ou seja, os agenciamentos de encontros entre as áreas do conhecimento e os meios de promoção, apreciação e difusão da arte e da cultura, são fontes de potência para a identidade cultural da escola, uma vez que são ações possíveis, reais e em andamento. Nesse processo, a formação estésica e a mediação podem contribuir. Observamos, no último capítulo, por meio das cartografias, que há um relevante registro de acontecimentos artísticos e culturais nas escolas. Há de acreditarmos que cada escola, ao identificar quais são seus agenciamentos, abrirá um leque de possibilidades de investir em práticas que se dedicam à formação estésica e à mediação cultural, para que sejam de fato forças potencializadoras. Cabe agora ampliar essas possibilidades vivenciais, mediadoras e formativas no espaço escolar, complementando o processo de formação humana, pois, como fora sinalizado, há potência na rede de ensino, um fluxo de possibilidades de atividades a serem exploradas.

Esse movimento potencializador sugere que a escola se conecte ainda mais com as atividades que acontecem na comunidade escolar. Defendo a ideia de uma escola – espaço cultural – que considere o acesso às artes e à cultura, os objetos propositores, os professores mediadores e os espaços culturais. Uma escola que continue a incentivar o estudo, mas que contextualize a vida e os conteúdos diversos por meio dos sentidos, que promova um aprendizado estésico, vivencial, transversal e flexível. Para tanto, faz-se necessário pensar em um currículo que priorize a cultura, que convide a refletir sobre o refinar da sensibilidade e, consequentemente, a humanização por meio das práticas educativas e culturais fomentadas no cotidiano da escola ou no estabelecimento de parcerias com os múltiplos espaços que se dedicam à arte e à cultura, presentes na comunidade escolar. Precisamos reconhecer que a formação estésica e a mediação cultural são partes integrantes e fundamentais nesse processo de culturalização dos sujeitos, dos processos e dos espaços.

Esta obra buscou mobilizar saberes, olhares e possibilidades sobre a escola. Ela sinaliza que, por meio de posturas de curadoria estésica ou de proposição cultural, a escola pode estabelecer parcerias com os espaços culturais e investir nas forças culturais que a identificam como espaço de cultura. Sugere a necessidade da identificação das forças culturais de cada realidade escolar e afirma que a formação estésica e a mediação cultural são processos essenciais para a identidade cultural da escola. Tudo que viemos afirmando nos permite dizer:

HÁ POTÊNCIA NA ESCOLA...

A ARTE E A CULTURA NA ESCOLA...
HÁ POTÊNCIA NA ESCOLA PARA CONSTITUIR-SE COMO UM ESPAÇO CULTURAL E ARTÍSTICO POR MEIO DA FORMAÇÃO ESTÉSICA E DA MEDIAÇÃO CULTURAL

243

REFERÊNCIAS: FONTE DE ENCONTROS

O homem é um ser de encontro: constitui-se, desenvolve-se e aperfeiçoa
fundando relações de encontro...
(Quintás, 1993)

ABBAGNANO, N. *Dicionário de Filosofia*. Tradução Alfredo Bosi. Revisão e tradução dos novos textos de Ivone Castilho Benedetti. 5. ed. São Paulo: Martins Fontes, 2007.

ABRUNHOSA, P. *Quem Me Leva Aos Meus Fantasmas*. Mojim. 2007. Disponível em: https://mojim.com/usy136689x3x29.htm. Acesso em: 21 fev. 2016.

ARROYO, M. G. *Currículo, território em disputa*. 2. ed. Petrópolis: Vozes, 2011.

ARROYO, M. G. *Ofício de mestre*: imagens e auto-imagens. 14. ed. Petrópolis: Vozes, 2013.

BACHELARD, G. *A poética do espaço*. Tradução de Antônio da Costa Leal e Lídia do Valle Santos Leal. 2003. Disponível em: http://pt.scribd.com/doc/57089481/BACHELARD-Gaston-A-Poetica-Do-Espaco#scribd. Acesso em: 21 fev. 2016.

BARBOSA, A. M. Uma introdução à Arte/educação contemporânea. *In*: BARBOSA, A. M. (org.). *Arte/Educação Contemporânea*: consonâncias internacionais. 3. ed. São Paulo: Cortez, 2010.

BARROS, M. de. *Memórias inventadas*: as infâncias de Manoel de Barros. São Paulo: Planeta, 2008.

BARROS, M. de. *Poesia completa*. São Paulo: Leya, 2010.

BARROS, M. de. *Meu quintal é maior do que o mundo*. Rio de Janeiro: Objetiva, 2015.

BRASIL. Lei Nº 9.394/96, de 20 de dezembro de 1996. Lei de Diretrizes e Bases da Educação Nacional. Estabelece as diretrizes e bases da educação nacional. *Diário Oficial [da] República Federativa do Brasil*, Brasília, DF, 23 dez. 1996. p. 27833.

BRASIL. Resolução Nº 4, de 13 de julho de 2010. Define Diretrizes Curriculares Nacionais Gerais para a Educação Básica. *Diário Oficial [da] República Federativa do Brasil*, Poder Executivo, Brasília, DF, 14 jul. 2010a. Seção 1, p. 824-828.

CAMINHA, I. de O. Liberdade pela arte segundo Schiller. *Perspectiva Filosófica*, Recife, v. 2, n. 28, p. 105-120, jul./dez. 2007.

CARVALHO, C. Da relação com o saber em arte. *In*: PINO, A.; SCHLINDWEIN, L. M.; NEITZEL, A. de A. (org.). *Cultura, escola e educação criadora*. 1. ed. Curitiba: CRV, 2010.

CARVALHO, C.; FREITAS, A. A.; NEITZEL, A. A. Salas de Arte: espaço de formação estética e sensível na escola. *Educação, Sociedade & Culturas*, Coimbra, n. 42, p. 67-86, 2014.

CAUNE, J. La culture scientifique; une médiation entre sciencies et société. *Lien social et politiques* [online], n. 60, p. 37-48, automne 2008.

CAUNE, J. Au XX siècle, le concept de médiation... Entretiens avec Jean Cáune, Bernard Darras et Antonie Hennion par Marie Thonon. *In*: THONON, M. (org.). *Médiation e médiateurs*. Paris: Auteurs & Éditions de l'Harmattan, Université de Paris VIII – UFR-SAT de communication, 2003. p. 11-34.

CANDIDO, A. *Vários escritos*: o direito à literatura. 5. ed. Rio de Janeiro: Ouro sobre Azul, 2011.

CHIOVATTO, M. O Professor Mediador. *Boletim*, n. 24, out./nov. 2000.

COELHO, T. *A cultura e seu contrário*: cultura, arte e política pós-2001. São Paulo: Iluminuras: Itaú Cultural, 2008.

COSTA, F. C. B. Espaço Estético do Colégio de Aplicação da UFSC: possibilidades de mediação na escola. *In*: BARBOSA, A. M.; COUTINHO, R. G. (org.). *Arte/Educação como mediação cultural e social*. São Paulo: Unesp, 2009. p. 237-260.

COSTA, D. O Pibid de artes visuais da Univali: concepções e estratégias para a educação estética. *In*: NEITZEL, A. de A.; CARVALHO, C.; BRIDON, J. (org.). *Cultura, escola e educação criadora*: formação estética e saberes sensíveis. Itajaí: Univali; Joinville: Univille, 2015. p. 140-161.

CUCHE, D. *A noção de cultura nas ciências sociais*. Bauru: Edusc, 2002.

DARRAS, B. As várias concepções da cultura e seus efeitos sobre os processos de mediação cultural. Tradução Silvana Bernardes Rosa *et al. In*: BARBOSA, A. M.; COUTINHO, R. G. (org.). *Arte/Educação como mediação cultural e social*. São Paulo: Unesp, 2009. p. 23-52.

DARRAS, J. Au XX siècle, le concept de médiation... Entretiens avec Jean Caune, Bernard Darras et Antonie Hennion par Marie Thonon. *In*: THONON, M. (org.). *Médiation e médiateurs*. Paris: Auteurs & Éditions de l'Harmattan, Université de Paris VIII – UFR-SAT de communication. 2003. p. 11-34.

DELEUZE, G. *Proust e os signos*. Tradução de Antonio Piquete Roberto Machado. 2. ed. Rio de Janeiro: Forense Universitária, 2006.

DELEUZE, G.; PARNET, C. *Diálogos*. Tradução de CMF Paris, Flammarion, 1996.

DELEUZE, G.; GUATTARI, F. *O que é filosofia?* Tradução de Bento Prado Jr. e Alberto Alonso Muñoz. 3. ed. São Paulo: Ed. 34, 2013.

DELEUZE, G.; GUATTARI, F. *Mil Platôs*: Capitalismo e Esquizofrenia. Tradução de Ana Lúcia de Oliveira, Aurélio Guerra Neto e Célia Pinto Costa. 2. ed. São Paulo: Ed. 34, 2013. v. 1.

DESCARTES, R. *Discurso do método*. Tradução de Ciro Mioranza. São Paulo: Escala Educacional, 2006.

DUARTE JR., J. F. *O sentido dos sentidos*: educação (do) sensível. 5. ed. Curitiba: Criar, 2010.

EBERT, R. *Samsara*. 2012. Disponível em: http://www.rogerebert.com/reviews/samsara-2012. Acesso em: 16 fev. 2016.

FRANCO, M. L. P. B. *Análise de conteúdo*. 3. ed. Brasília: Líder Livro, 2008.

FREIRE, P. *Pedagogia da autonomia*: saberes necessários à prática educativa. 48. ed. Rio de Janeiro: Paz e Terra, 2014.

FTD Educação. *Uma escola assim, eu quero pra mim*. 2015. Disponível em: http://www.ftd.com.br/detalhes/?id=2748. Acesso em: 19 fev. 2016.

GALLO, S. *Deleuze e a Educação*. Parte um: Deleuze e a filosofia. 2007. Disponível em: http://www.ufjf.br/grupar/files/2014/09/deleuze_e_a_educacao_parte_um.pdf. Acesso em: 22 fev. 2016.

GAUTHIER, C.; MELLOUKI, M. H. O professor e seu mandato de mediador, herdeiro, intérprete e crítico. *Educação & Sociedade*, Campinas, v. 25, n. 87, p. 537-571, maio/ago. 2004.

GIL, A. C. *Como elaborar projetos de pesquisa*. 4. ed. São Paulo: Atlas, 2007.

HERNÃNDEZ, F. *Cultura Visual*. Mudança educativa e projeto de trabalho. Porto Alegre: Artmed, 2000.

KANT, I. *Crítica da razão pura*. Tradução e notas Fernando Costa Mattos. 3. ed. Petrópolis: Vozes; Bragança Paulista: Editora Universitária São Francisco, 2013. (Coleção Pensamento Humano).

KASTRUP, V. O método da cartografia e os quarto níveis de pesquisa-intervenção. In: CASTRO, L. R. de; BESSET, V. L. (org.). *Pesquisa e Intervenção na infância e juventude*. Rio de Janeiro: Trarepa/ Faperj, 2008. p. 465-489.

KING, S. M. *O homem que amava caixas*. 1997. Disponível em: http://www.mundojovem.com.br/datas-comemorativas/pai/o-homem-que-amava-caixas?dt=1. Acesso em: 21 fev. 2016.

LOPES, N. *Formação de professores em leitura literária*. 2014. Disponível em: http://gestaoescolar.abril.com.br/formacao/formacao-professores-leitura-literaria-600445.shtml. Acesso em: 6 maio 2015.

LÜDKE, H. A. L. M. *et al.* (org.) *O professor e a pesquisa*. 3. ed. Campinas: Papirus, 2004. v. 1.

MAFFESOLI, M. *Elogio da Razão Sensível*. Tradução Albert Christophe Stuckenbruck. 4. ed. Petrópolis: Vozes, 2008

MARTINS, M. C. Arte, só na aula de arte? *Revista Educação*, Porto Alegre, v. 34, n. 3, p. 311-316, set./dez. 2011.

MARTINS, M. C. Expedições instigantes. *In*: MARTINS, M. C.; PICOSQUE, G. *Mediação cultural para professores andarilhos na cultura*. 2. ed. São Paulo: Intermeios, 2012.

A ARTE E A CULTURA NA ESCOLA...
HÁ POTÊNCIA NA ESCOLA PARA CONSTITUIR-SE COMO UM ESPAÇO CULTURAL E ARTÍSTICO POR MEIO DA FORMAÇÃO ESTÉSICA E DA MEDIAÇÃO CULTURAL

247

MARTINS, M. C. Mediações culturais e contaminações estéticas. *Revista Gearte*, Porto Alegre, v. 1, n. 2, p. 248-264, ago. 2014a.

MARTINS, M. C. *Mediação*: provocações estéticas. São Paulo: Universidade Estadual Paulista, Instituto de Artes, v. 1, n. 1, 2005.

MARTINS, M. C. *Pensar juntos mediação cultural*: [entre]laçando experiências e conceitos. São Paulo: Terracota, 2014b.

MARTINS, M. C.; PICOSQUE, G. *Mediação cultural para professores andarilhos na cultura*. 2. ed. São Paulo: Intermeios, 2012.

MEIRA, M. *Filosofia da criação*: reflexões sobre o sentido do sensível. 3. ed. Porto Alegre: Mediação, 2009.

MEIRA, M. R.; PILLOTTO, S. S. D. *Arte, afeto e educação*: a sensibilidade na ação pedagógica. Porto Alegre: Mediação, 2010.

MINUTO MS. "Só Dez Por Cento é Mentira" é a atração do Bocacine Cine Clube deste domingo. 2015. Disponível em: http://www.minutoms.com.br/tres-lagoas/so-dez-por-cento-e-mentira-e-a-atracao-do-bocacine-cine-clube-deste-domingo. Acesso em: 15 fev. 2016.

MURRAY, R. *Caixa*. 2014. Disponível em: http://www.roseanamurray.com/poemas.asp. Acesso em: 21 fev. 2016.

NEITZEL, A. de A. *et al*. A formação estética na escola de ensino médio: algumas experiências. *In*: NEITZEL, A. A.; CARVALHO, C. (org.). *Formação Estética e Artística*: saberes sensíveis. Curitiba: CRV, 2012. p. 37-54.

NEITZEL, A. A.; CARVALHO, C. (org.). *Formação Estética e Artística*: saberes sensíveis. Curitiba: CRV, 2012.

NEITZEL, A. A.; CARVALHO, C. A movência do leitor na literatura do literário. *Revista Raído*, Dourados: Universidade Federal da Grande Dourados, v. 8, n. 17, jul./dez. 2014.

NEITZEL, A. de A.; CARVALHO, C.; BRIDON, J. (org.). *Cultura, escola e educação criadora*: formação estética e saberes sensíveis. Itajaí: Univali; Joinville: Univille, 2015. p. 140-161.

NEITZEL, A. A.; SOARES, A. F. C. O coordenador pedagógico e a educação estética. *In*: NEITZEL, A. A.; CARVALHO, C. (org.). *Formação Estética e Artística*: saberes sensíveis. Curitiba: CRV, 2012. p. 119-132.

NIETZSCHE, F. W. *Vontade de Potência*. Tradução de Mario Ferreira dos Santos. Petrópolis: Vozes, 2011.

NIETZSCHE, F. W. *Humano, demasiado humano*: um livro para espíritos livres. Tradução de Paulo César de Souza. São Paulo: Companhia das Letras, 2015.

NOGUEIRA, M. A. *Formação cultural de professores ou a arte da fuga*. Goiânia: UFG, 2008.

NÓVOA, A. *Os professores e a sua formação*. Lisboa: Dom Quixote. 2001

OLIVEIRA, T. R. M. de. Mapas, dança, desenhos: a cartografia como método de pesquisa em educação. *In*: MEYER, D. E.; PARAÍSO, M. A. (org.). Metodologias de pesquisas pós-críticas em educação. Belo Horizonte: Mazza Edições, 2012

PARO, V. H. O currículo do ensino fundamental como tema de política pública: a cultura como conteúdo central. *Ensaio*: avaliação e políticas públicas em Educação, Rio de Janeiro, v. 19, n. 72, p. 485-508, jul./set. 2011.

PERRENOUD, P. *Ensinar*: agir na urgência, decidir na incerteza. Porto Alegre: Artmed, 2001.

PESSOA, F. *Poemas escolhidos de Álvaro de Campos*. Edição Fernando Cabral Martins e Richard Zenith. Portugal: Assírio & Alvim: Porto Editora, 2013.

PESSOA, F. *Passagem das horas*. 1996. Disponível em: http://www.insite.com.br/art/pessoa/ficcoes/acampos/445.php. Acesso em: 1 maio 2015.

QUINTÁS, A. L. *Experiência estética, fonte inesgotável de formação humana*. 2000. Disponível em: http://hottopos.com/videtur19/quintassilvia.htm. Acesso em: 22 fev. 2016.

RANCIÈRE, J. *O mestre ignorante* – cinco lições sobre a emancipação intelectual. Tradução de Lílian do Valle. 2. reimp. Belo Horizonte: Autêntica, 2011.

RANCIÈRE, J. *O mestre ignorante*: cinco lições sobre a emancipação intelectual. Tradução de Lílian do Valle. 3. ed. 2. reimp. Belo Horizonte: Autêntica Editora, 2013.

RIBEIRO, S. L. Espaço escolar: um elemento (in)visível no currículo. *Revista Sitientibus*, Feira de Santana, n. 31, p. 103-118, jul./dez. 2004.

ROSSI, M. H. W. A compreensão do desenvolvimento estético. *In*: PILLAR, A. (org.). *A educação do olhar no ensino das artes*. 2. ed. Porto Alegre: Mediação, 2001.

RUBY, C. *Schiller ou l'esthétique culturale*: apostile aux nouvelles lettres sur l'éducation esthétique de l'homme. Bruxelles: La Lettre volée, 2007.

SAVIANI, D. Sobre a natureza e especificidade da educação. *In*: SAVIANI, D. Pedagogia histórico-crítica: primeiras aproximações. 10. ed. Campinas: Autores Associados, 2008. p. 11-22.

SCHILLER, F. *A educação estética do homem*: numa série de cartas. Tradução de Roberto Schwartz e Mário Suzuki. 7. reimp. São Paulo: Iluminuras, 2013.

SCHILLER, F. Parábola do delírio. *In*: BODEI, R. As formas da beleza. Tradução de Antonio Angonese. Bauru: Edusc, 2005.

SCHWENGBER, M. S. V. O uso de imagens como recurso metodológico. *In*: MEYER, D. E.; PARAÍSO, M. A. (org.). *Metodologias de pesquisas pós-críticas em Educação*. Belo Horizonte: Mazza Edições, 2012.

SOARES, A. F. C. *Coordenação Pedagógica*: ações, legislação e a necessidade de uma educação estética. 1. ed. Curitiba: CRV, 2012.

STAKE, R. E. *Pesquisa qualitativa*: estudando como as coisas funcionam. Tradução de Karla Reis. Porto Alegre: Penso, 2011.

SUANNO, M. V. R. Formação Cultural de professores: conhecimento e sentipensar. *In*: CONGRESSO NACIONALDE EDUCAÇÃO, 9., 2009, Curitiba. *Anais eletrônicos* [...]. Curitiba: PUCPR, 2009. Disponível em: http://www.pucpr.br/eventos/educere/educere2009/anais/pdf/3458_1871.pdf. Acesso em: 1 maio 2015.

TARDIF, M. *Saberes docentes e formação professional*. 14. ed. Petrópolis: Vozes, 2012.

THEOPHILO, R. *A transdisciplinaridade e a modernidade*. 2000. Disponível em: http://www.sociologia.org.br/tex/ap40.htm. Acesso em: 5 maio 2015.

URIARTE, M. Z. *O PIBID como espaço de mediação cultural*: uma sinfonia. 2015. 250 f. Tese (Doutorado em Educação) – Universidade do Vale do Itajaí, Itajaí, 2015.

VASCONCELLOS, C. S. Coordenação do trabalho pedagógico: do projeto político pedagógico ao cotidiano da sala de aula. São Paulo: Libertad, 2009.